岩波現代文庫／学術 284

社会の読み方入門

脱常識の社会学 第二版

ランドル・コリンズ
井上 俊・磯部卓三［訳］

岩波書店

SOCIOLOGICAL INSIGHT
An Introduction to Non-Obvious Sociology
Second Edition

by Randall Collins

First Edition published 1982.
Second Edition 1992 by Oxford University Press, Oxford.
This Japanese edition published 2013
by Iwanami Shoten, Publishers, Tokyo
by arrangement with Oxford University Press, Oxford

まえがき

どんな学問も次の二つのことをめざさなければならない。すなわち、明快であること、そして当たり前でないこと、である。

真の知識は伝達できるものでなければならない。つまり、ひとにわかるように言い表すことができなければならない。しかも、何か言うに値すること、これまで知られていなかったことで、それを知れば知る前とは何かが違ってくるようなことがそこにふくまれていなければならない。

社会学は、これら二つのどちらに関しても評判がよくない。その抽象的な特殊用語《ジャーゴン》は悪名高い。社会学の文章は、最悪の場合、まったく理解不能なものと見なされている。そしてしばしば、読者がようやくその抽象概念と専門用語を解読してみると、実際にはほとんど何も言われていないことに気づくのである。社会学者は、誰もがすでに知っていることを述べ、人間世界に関する当たり前の事実を例証し、ありふれた事柄に新しい名前をつけているだけのように思われる。だから、社会学者は仲間うちでつくった特殊な言語のかげに身を隠さざるをえない、と言われてきたのも無理はないのである。もし社会学者が自分の言うべきことを平明な言葉で述べれば、中身が何もなくなってしまうだろう。

こうした非難は多少とも当たっている。社会学はときに必要以上に晦渋であり、またともすれば中身の空疎なものになってしまうことが多かった。社会学という分野は今なお枝分かれをくり返し、哲学的なものから数学的なものまで、さまざまの新しい術語群を生みだし続けている。しかし、一部の社会学者をもふくめて人びとは、果たしてそこで何か言うに値することが言われているのかどうか、疑問に思い続けているのである。

にもかかわらず私は、社会学は不当な非難を受けてきたと思っている。それは、かなりの程度まで、社会学そのものの側に責任のあることかもしれない。概念と定義の煙幕、哲学論議、極度に手の込んだ方法論などが、ひとつの重要な事実をおおい隠してきた——すなわち、社会学には、有意義ないくつかの発見をもたらしてきた真の中核とでも言うべきものがあるという事実を。社会学はたしかに、この世界を動かしている重要な原理のいくつかを認識している。それらは単なる概念化や定義の問題ではない。これらの原理によって私たちは、なぜ物事がある一定の仕方で起こり、別の仕方では起こらないのかを理解することができる。しかもこれらの原理は、私たちの日常的信念の表層よりも深いところで作用している。だから、これらの原理の発見は、いく人かの過去の偉大な思想家をふくむ専門の学者たちの手によるほかなかった。つまり、これらの原理は決して誰の目にも明らかな当たり前のものではないのである。

当たり前のものではないから、それらを抽象概念や専門用語で飾り立てる必要はない。単純明快な言葉で述べても、謎めいた術語で装うのに劣らず、あざやかな印象を与えることができる。知的な人なら誰にでも理解できるように、わかりやすく言いかえることができるかどうか――それが真の知識の試金石である。

本書の核心は、はじめの二つの章で示される。まず最初に、社会学的分析を、世界に対する他の多くの――そして、より当たり前の――アプローチから区別する中心的な問題をとりあげる。それは、合理性の限界という問題である。そしてここから、決して当たり前とはいえない脱自明的な結論が導かれる。すなわち、人間の理性の力は非合理的《ノンラショナル》な基盤に支えられているという結論であり、また人間社会は合理的な協約によってではなく、特定の人びとの間に信頼の社会的絆をつくりだす深層の感情的過程によってまとまりを保っているという結論である。社会はさまざまの集団から成り立っている。そしてそれらの集団は、しばしば相互に対立している。しかしそれぞれの集団は、集団としてのまとまりを保っているかぎりにおいて活動しうるのであり、そのためには、共通の感情と理念とを生みだす何らかの非合理的なメカニズムが必要とされる。

社会的連帯を生みだすこのメカニズムはどのようなものか。第2章では、社会学の意外な発見をもうひとつ――今度は、宗教の本質に関するものを――検討することによって、この問いへの答えを探究する。宗教は、社会的相互作用の特定の形式がどのようにして集団の連帯感を生みだすかを示す恰好の例である。この章では、宗教が人びとの生活のなかで実際にどのような意味をもっているかについて認識すると同時に、宗教のもつさらに広範な意義をも明らかにしよう。ここで示す宗教理論は、社会学の多くの分野にとって、重要なという意味でたいへん重要である。社会的儀礼は、社会的儀礼の一般理論へ道を開く建築ブロックとなるものだ。というのも、儀礼は、集団をつくりだし、また集団を感情的に重要な意味をもつ社会的シンボルに結びつける小さな社会機構《マシーン》にほかならないからである。

これらの分析用具を手にして、続く四つの章では、個別的な主題に関して社会学的分析を試みる。権力と犯罪は、非合理的過程の影響がはっきりと見られる領域、つまり通常の合理的計算によって理解し統制しうる範囲が非合理的過程によってかなりはっきりと制約されている領域である。にもかかわらず、権力も犯罪も、それぞれに、脱自明的社会学の観点に立てば理解できる逆説的様相をもっている。第5章では、性、愛、そして女性の社会的位置という相互に関連しあった主題をとりあげる。ここでも、表層には社会的シンボルが、そして深層には逆説的構造が見いだされる。そしてここでもまた、脱自明的社会学の洞察が、性や愛や女性の地位に関して今まさに起こりつつあるさまざまな様相変化の方向性を見定めるのに役立ってくれる。

最後の章では、宇宙時代という潮流のなかに社会学を置いてみる。そして、もし人間と同様な知能をそなえたコンピュータをつくろうとするなら、それは社会学者によってプログラムされるべきだということを示そう。人間と同等の創造性をもつ真の人工知能は、人間的感情をそなえていなければならないであろう。この章で私たちは、いわばひと巡りして、そもそもの出発点であった合理性と儀礼の諸理論へと戻っていくことになる。もし人間の合理的能力が社会的儀礼という非合理的基盤に依存しているのであれば、コンピュータもまた、儀礼的相互作用に参加しないかぎり、人間と同じように象徴体系《シンボリズム》を扱えるようにはならないであろう。

したがって、本書は結局、実際に何か言うべきことをもっている学問としての社会学への案内、ということになる。本書で私は、エミール・デュルケムやアーヴィング・ゴフマン、ハロルド・ガーフィンケルやマンサー・オルソン、カール・マルクスやマックス・ヴェーバー(そして現代のマルクス主義者やヴェーバー学派の人たち)の最も重要な議論のいくつかをとりあげて、その概略を示した。また、さまざまの領域における近年の研究や理論も参考にした。

社会学は、常識が示すことをはるかに超えたところまで私たちを導く知的冒険をおし進めてきた。それは世界についての私たちの知識を広げてゆく楽しい営みである、ということがわかってもらえるはずだ。私はまた、社会学の実際的な成果についても、いくらかふれた。そのなかには、組織の権力、犯罪、性差別といった問題に対処するうえで社会学が示唆するいくつかの巧妙な方策などもふくまれている。

もちろん、社会学は決して完全なものではない。その理論にしても、すべてが確立されているわけではない。妥協の余地のない見解の対立が見られる領域も少なくないし、今後さらに研究されねばならないことも多い。本書は、あちこちでさまざまの理論に言及しているとはいえ、社会学のあらゆる主題とあらゆるアプローチをカバーしようとしたものではない。また逆に、ある特定の立場だけを詳述したものでもない。本書が提供するのは、社会学の最も興味深い、そして最もエレガントないくつかの発想への簡明な案内である。本書が社会学へのさらなる興味をかき立てることを願っている。

R・C

リバーサイド、カリフォルニア
一九九一年八月

目　次

1　合理性の非合理的基礎

私たちは合理的であることを誇りにしている。理性的であることはよいことであり、理性に従わないのは、愚か者やばか者のしるし、あるいは幼い子どものしるしである。理性を用いる能力が人間性の最も重要な特徴であることは疑いのないことのように思われる。人類は、学術用語ではホモ・サピエンスと呼ばれている。つまり、私たちは理性的な動物なのである。私たちが何かをするのは、本能によるのではなく、そうする理由があるからなのだ。

このように考えると、日常生活のいろいろな活動をはじめとして、仕事やビジネス、政治や行政など、私たちのすることのほとんどは、合理的な思考過程に基づいているということになろう。一連の実用的および理論的な学問分野が、これらのそれぞれの領域における合理的原理を示している。科学と工学とは、物理的世界に対する私たちの行動の基準となっており、経済学は売買活動に関して、そして政治哲学と行政学は政策決定と公式組織の分野に関して、私たちの行動の基準となっている。さらに、最も個人的なレベルの事柄に関してさえ、個人の行動を報酬の追求と罰の回避とによって直接決定されていると見なす心理学の学派がある。どの方面から見ても、私たちは合理的なのである。

しかし社会学は、合理性に対するこのような常識的信仰に異議を唱える点で際だった存在である。社会学の中心的発見のひとつは、合理性は限られたものであり、一定の条件の下においてのみ生じるということである。それだけではない。社会そのものが、究極的には論理的思考や合理的協約に基礎をもつのではなく、非合理的《ノンラショナル》な基盤の上に立っているのである。

このことは、いかにして論証しうるだろうか。

合理性の万能を疑う最も単純な理由は、合理性を唱える人たちの間にしばしば意見の不一致が見られることである。経済学者たちがいずれも理路整然とした議論を展開しながら、お互いの結論は正反対ということがよくある。政治家や行政官は、自分たちの方針が高度に合理的で、敵対者の方針は誤ったものと考える。しかし、かつて敵対者側が政権の座にあったときには、その誤った政策が実行に移される機会もしばしばあったのである。したがって合理性を唱える人でも、ときには物事が合理性によってではなく、合理性とは正反対のものによって決められることを認めざるをえないであろう。もちろん問題は、どちらの側が合理的か、ということである。この問いに対する答えは、どちらの側に尋ねるかによって違ってくる。

意見の不一致や対立の存在は、合理性の万能を疑うひとつの理由である。さらに進んで、それ自体としては高度に合理的であるような政策が実際には発案当事者が望ましくないと考えるような結果をもたらすことがあるという事実を示すこともできよう。たとえば、官僚制は高度に合理的な組織をつくるという意図の下に設計される。合理的な計画と報告とは、まさに組織を官僚制たらしめるものである。専門家は、起こりうるあらゆる事態に対処しうるように計画を立てる。規則や手続きは、万事が最も能率的に処理されるように定められる。あらゆることを精確に報告しうるように記録がとられる。ところが実際には、ほとんどの人が知っているように、文書業務というものは、うんざりするような遅滞のもととなりうるし、規則や規定というものは、実際に生じる特定の状況にはまったく不適当な場合がある。官僚制は、最大の能率をめざしてつくられているのに、非能率で名高いのである。

社会学はしばしば、まさにこの点に焦点を当ててきた。マックス・ヴェーバーは、官僚制を合理的計算を用いる文書業務の専門家から成る組織と見なす立場から官僚制の理論をうち立てた人だが、同時に彼は、合理性にはさまざまな相対立する形態があることを認めていた。機能的合理性は、一定の結果がいかにすれば最も能率よく得られるかを冷静に計算する手順に従うことから成る。実際、私たちが普通、合理性と呼んでいるものはこれである。だが機能的合理性は、目的に至る手段にのみ関わるものである。これに対して、実質的合理性は、目的そのものを考える。

ヴェーバーは一九二〇年に没したが、その数年後に、この点はカール・マンハイムによって詳しく論じられた。機能的に合理的なやり方がまさに、実質的に不合理な結果をもたらすことがある。官僚制は、専門家のネットワークから成るが、その専門家は、特定の目標を達成するための最も能率的な方法にのみ関心をもつ。目標が何であるかということ自体は、他の誰かの考えることであって、彼らの与り知るところではない。官僚制組織とつきあわなければならない人たちにとって、官僚制が大きな不満の種となるのはこのためである。自分の職務にしか関心のない専門家たちは、自分の守備範囲外のことはすべて他人事と考える。官僚にとって責任回避はたやすいことであるが、官僚制組織に苦情を訴えるとき、いらいらさせられるのは、まさにそのためである。そしてこのことは、単に関係する官僚個々人の怠慢の問題ではない。官僚が全体としての目的を見通すことができず、自分たちのしていることがそれにかなったものであるか否かを考ええないとすれば、そのような結果をもたらしているのは組織の合理性そのものなのである。

全体としての結果を把握するのは、トップ・レベルの管理者の責任であると考えることもできる。問題は、組織が官僚制的になればなるほど、管理者自身がますます官僚制機構のわなにはまるということである。彼らは、現状を知らせてくれる専門家の計算と報告を頼りにしており、したがって彼らの物の見方はこれらの組織上の手続きそのものによって決定されている。トップ・レベルの管理者は、彼らに報告をする会計士や技術者の目を通して物事を見るのである。マンハイムが論じたように、機能的合理性は実質的合理性を駆逐してしまう傾向がある。この観点からすれば、二〇世紀の政府は、制御を失った官僚制機構の最たるものである。どの行政官僚制においても、計画は慎重に立てられ、合理的に実行に移される。にもかかわらず、結果はしばしば浪費に終わり、古い問題のかわりに予期しなかった新しい問題を生み出すだけになってしまう。失業を減らすための施策がインフレーションを引き起こすことになったり、安全推進のための規則がとてつもない出費のもとになり、生産性を低下させることになったりするのである。

極端な場合、機能的合理性は文明の存続そのものを脅かすことになりかねない。たとえば、慎重に計算され、科学的根拠に基づいて行なわれる、軍事的防衛のための準備行動は、軍備拡張競争を生みだしたが、その競争はいつ核戦争による全面破壊に至るかわからない。第二次世界大戦以前のことだから、マンハイムは原子兵器を予想して書いているわけではない。しかし軍備拡張競争の発生源となる、根本にある組織形態を明らかにした点で、彼の主張はとりわけ説得的である。人びとがより大きな目的に目を向けることができなくなっているとすれば、それはまさに実質的合理性に対する機能的合理性の優越のためである。誰もが自分の職務を果たすことだけに一生懸命で、目的に対する最も有効な手段を計算しながら、大きな機械の歯車の歯のようにふるまう。歯の目的は、特定の歯車を回すことである。歯車の歯としてふるまう人は、そもそもなぜ歯車が回らなければならないのか、機械全体を解体して別のものにとりかえた方がよいのではないか、といった点については判断ができなくなってしまう。このようにマンハイムは、現代の政府は望むと望まざるとにかかわらず戦争にひきずり込まれていくと考えた。このようなことがなぜ起こるのかと言えば、それは、政府自身の機能的合理性が他の行動の可能性を奪ってしまうからである。

合理的方法から不合理な結果が生じるという事実は、軍事や政治の領域に限られたことではない。一九世紀にカール・マルクスによって始められた分析の方法はさまざまの形で多くの現代の社会学者によって踏襲されているが、それによれば経済の領域にも同じ力学が見られる。というのは、資本主義の本質は、マルクスが指摘したように、あらゆることを利潤計算に還元する傾向に他ならないからである。この過程において人間的価値は経済的価値に従属させられ、人間に対する配慮は資本主義の機構のなかで失われてしまう。さらに、このシステムの経済的結果さえも、長期的に見れば不合理なものである。マルクスは、資本主義的利潤追求が失業と倒産の危機を引き起こし、それらの危機が最後には資本家階級さえも破滅させてしまうと考えた。マンハイムの言葉を借りていえば、資本主義の機能的合理性がその実質的不合理性の根本をなしているのである。

このように、さまざまの社会学理論が、それ自体としては合理的なものとして出発したさまざまの行為の意図せざる結果に焦点を当ててきた。社会学の持ち味は、結果として合理的でないような諸過程の研究だとさえ言える。けれども、重要な点で私たちはまだ問題の表面にふれているだけである。私たちは、不合理な結果に終わる合理的行動の例を考えてきた。しかし、合理性そのものがそもそも社会の存立基盤ではないことを示す、もっと根本的《ラディカル》なアプローチがある。

この点の分析は、世紀の変わり目の頃に、エミール・デュルケムによって定式化された。彼はヴェーバーよりわずかに年長ではあるが同時代人である。重要な点で、現代社会学はデュルケムに始まる。彼は、フランスで社会学の最初の講座を開いた人であり、社会学の多くの基本概念と方法を提供した。しかし、デュルケムの理論のある側面については今日異論の多いことも指摘しておく価値がある。デュルケムは社会を、すべての部分が全体の調和的統合に貢献するような生物有機体と同型のものと見なす。機能主義として知られるこの種の分析は、それぞれの社会制度を社会秩序に貢献するものとして解釈しようとする。ヴェーバーやマルクスの知的伝統に立つ人たちをはじめ、現代社会学のいくつかの学派がデュルケムの機能主義的アプローチを拒否している。これらの学派の人たちは、逆に、社会生活のあり方を規定する主要因として、階級や集団間の闘争と支配とを強調する。私自身の好みは、(ヴェーバーがそうしたように)マルクスのいくつかの着想をとり入れながら、ヴェーバーの闘争《コンフリクト》理論を重要な拠り所とすることである。にもかかわらず、デュルケムのいくつかのアイディアは、社会学理論にとってやはり決定的な重要性をもっている。社会、そして合理性そのものが非合理的な基盤の上に立つものだという彼の論証、そして集団の連帯が生みだされるメカニズムとして儀礼をとらえた彼の儀礼論がそうである。実際、以下で示したいと考えているのだが、ヴェーバーやマルクスの闘争理論は、その基礎にデュルケムのこれらのアイディアをとり入れなければ、本当に役立つものにはならないのである。

言いかえれば、私はデュルケムの理論のすべてではなく、一部を使わせてもらうつもりである。ということは、デュルケムの微視社会学《ミクロ》を彼の巨視社会学《マクロ》から切り離し、後者よりも前者の方を利用するということである。デュルケムのマクロ社会学は、ひとつの巨大な単位としての全体社会の統合を強調しているが、それは、まさにヴェーバーやマルクスが拒否するところである。デュルケムのミクロ社会学とは、小集団における儀礼の理論である。私の考えでは、社会の全体としての構造は、互いに闘争する諸集団——そこには支配する集団と支配される集団がある——の所産として最もよく理解しうる。しかし闘争や支配が起こりうるのは、集団がミクロ・レベルで統合されているかぎりにおいてである。デュルケムの理論は、今なお、この過程を理解する最良の導きの糸である。さらに、合理性や儀礼に対するデュルケムの洞察は、現代社会学の最も注目に値するミクロ社会学者たちによって追求されてきている。ハロルド・ガーフィンケルのエスノメソドロジーは、多くの点で合理性の非合理的基盤に関するデュルケムの分析の再現である。アーヴィング・ゴフマンの研究は、デュルケムの儀礼論を日常生活の細部に関係づけている。

以下で私は(最近の理論家の集めたさらなる証拠をつけ加えながら)、社会は非合理的基盤の上に成り立つものだというデュルケムの論証を辿ろうと思う。次章ではデュルケムの儀礼論を紹介する。彼の儀礼論は、非合理的連帯がいかにしてつくりだされるかを示してくれるだけでなく、多様な社会形態を説明しうる、さまざまの種類の連帯の理論を提供してくれる。この理論は、デュルケムの宗教社会学に源泉をもつが、それをはるかに超えて政治やイデオロギーといった問題にも適用しうるものである。後に見るように、それは、ゴフマンの手にかかると、現代の日常的出会いという世俗的、非宗教的世界における儀礼の理論に発展する。この理論は、後の章で権力や犯罪の問題を分析する場合に、さらには性的支配と解放にまつわる闘争を分析する場合にさえ、私たちが必要とする道具のいくつかを提供してくれる。

私たちは、人びとが少なくとも一定の他の人びととの連帯感情をもっていると同時に、自分自身の利己的な利益を追求していることにも気をつけることにしよう。合理性と計算も、その非合理的基盤とともに、この図式のなかにその地位を占めているのだ。しかし、根本の出発点は、デュルケムの非合理的連帯の理論である。それは、社会学の最も重要な、常識を超えた洞察のひとつであり、社会学の他の多くの部分が依拠する礎石である。

契約の前契約的基礎

社会について語る場合、社会契約の概念を用いる、伝統的で合理主義的な語り口がある。合衆国憲法は次のように始まる。「われわれ合衆国人民は、より完全な連邦を形成し、正義を確立し、国内の安寧を保証し、共同の防衛の備えをなし、一般の福祉を促進し、自由の恩恵をわれわれとその子孫に確保する目的をもって、アメリカ合衆国のために本憲法を制定する」。これは、一政府の創設に言及したものであるが、考え方自体はきわめて一般的なものである。ホッブズやルソーといった政治理論家たちは、社会の起源を契約だと考えた。その契約とは、共通のルールに従い、社会的協同の利点を獲得するために、熟慮のうえで団結した人びとによって太古に結ばれたものである。原始時代に最初の社会契約が結ばれたというのは比喩かもしれないが、基本的な構想はきわめて現実的なものとして主張されている。結束して社会をつくる人びとは、ばらばらでは得られない大切なものを手に入れる。それゆえ社会をつくることは、合理的選択である。私たちはたぶん、社会とそのルールを支持することによって得る利益に気づくたびに、この合理的選択というものを再確認し続けているのだろう。

けれども、厳密に合理的な観点の論理を辿っていくなら、正反対の結論に達する。人びとが純粋に合理的な基礎に立って行動するなら、結束して社会をつくることは決してできないだろう。

これは逆説のように聞こえるかもしれない。結束すれば、分業によって経済の生産性を高めることができるではないか。国家をつくることによって、人びとは法の支配の保護の下で暮らすことができ、外部からの攻撃に対してみずからを護ることができるではないか。このように考えれば、社会の利点は明らかであり、合理的な諸個人ならその利点を知り、協同生活の手筈を整える何らかの社会契約を結ぶのは当然ということになる。なぜこの当然の議論が社会の存在の説明にならないのか。

デュルケムが指摘したように、問題は、まさに契約がいかにして結ばれるのかという点にある。というのは、あらゆる契約は本当は二つの契約だからである。ひとつは、私たちが意識的に結ぶ契約である。つまり、社会をうち立てたり、政府をつくったり、組織を創設したり、一定の価格で商品を引き渡したりするために結ぶ契約である。この部分に関しては何の問題もない。だがもうひとつ、第二の、隠れた契約がある。すなわち、あなたとあなたの相手が第一の契約の規定を守るという暗黙の契約である。

このことは何を意味するのか。それは、現実的な実業家や、抜け目のない政治家なら誰でも知っているはずの要点、つまり誰かが欺く可能性の問題を提起している。契約を結ぶことに価値があるためには、相手が約定を守るという確信がなければならない。

さらに、人びとが純粋に合理的個人であって、起こりうる損得を慎重に計算するとすれば、どちらの側も契約に同意することは不可能になってしまう。合理的個人は疑い深い政治家のように、起こりそうなことを現実的に考慮に入れなければならない。つまり相手は契約の諸規定を守るかもしれないし、守らないかもしれないのである。相手は欺くかもしれないので、あなた自身が規定を守るか守らないか、どちらかを合理的に選ばなければならない。そしてこのような計算のために、抜け目のない取引者はいかなる協定をも警戒するようになるだろう。

あなたが契約に従って自分の守るべきことを守ったが、相手が欺いたとしよう。その結果はどうなるか。あなたは、契約につぎ込んだすべてのものを失ってしまい、相手はただで何かを手に入れることになる。これは立場が反対の場合でも同じである。つまり、あなたが欺いて、相手が欺かなかったとすれば、あなたは相手の出資したものを手に入れ、自分自身は何も出さないことになる。

それゆえ、純粋に合理的に考えれば、欺くのが得である。あなたの相手が正直であれば、あなたはすべてを手に入れ、何も失わない。相手も欺いたとすれば、あなたは少なくとも何も失わなくてすむ。すなわちこの場合、双方とも何も出資せず、何も得ずということになり、あなたは出発点に戻ったことになる。

だが、双方が約定を守ったらどうなるのか、という疑問が出てくるだろう。この場合、双方とも得るところがあるではないか。そのとおりである。しかしこの場合、ただで何かを手に入れる者は誰もいない。そこにあるのは交換である。この場合、双方が何らかの利益を得ることになるだろう(いつもそうとはかぎらないが)。これを、一方が他方をうまく欺く場合とくらべてみれば、双方が約束を守って取引きを完了する場合より、自分の方からうまく欺く場合の方が利益が大きいことがわかるだろう。

したがって、要点は、欺くことと約束を守ることとでは、欺く方が合理的戦略だということである。欺けば、最悪の場合でも何も失わず、最良の場合には多くを手に入れることが保証される。これにくらべて、約束を守れば、最悪の場合失うものは多く、よくても得るものは少しということになる。かくして、合理的個人は必ず欺く。

この世が完全に合理的なものなら、誰も社会契約を結びはしないし、世界は永遠に互いに信用しあうことのない、孤立した諸個人の世界になるだろう。社会は決して形成されないだろうが、それは、社会以前の世界がともかく野蛮で未発展であるからではなく、あまりにも合理的だからである。

デュルケムがこの議論を持ちだしたのは、社会組織が不可能であることを示すためではなかった。明らかに、社会組織は可能である。なぜなら、それは存在しているのだから。彼が示そうとしたのは、社会組織は、つまるところ契約に基づくものではないということだった。現代社会においては今日種々の契約――所有契約、商業契約、雇用契約、保険契約、その他あらゆる契約――が存在するが、それは、これらの契約の基底に、あるいはこれらに先んじて、何かが存在するからである。ともかく人びとは、第一の明示的な契約の規則を守るという、第二の暗黙の契約を結んだのである。

だが、これもまた比喩にすぎない。契約の根底にあるのは、明らかに、契約に関する何か別の約定のようなものではない。第一の契約について述べたのと同じ論理がここにも当てはまる。合理的で、利己的な個人が、契約を守るという契約をするだろうか。否である。合理的な人は、相手がこの契約をも破るだろうと予期しなければならないだろうし、最良の戦略は、先に欺くことだと判断するだろう。それゆえ第二の「根底的な」契約がうまくいくためには、第三の、さらに根底的な契約――つまり契約を守るという契約を守るという契約――がなければならないことになる。これは、明らかに無限後退に陥る。いかなる協約についてもひとたび損得を問題にし、計算しはじめると、論理的な停止点はないのである。

デュルケムの結論は、契約というものは非合理的な何ものかに基づくということである。彼は、それを「前契約的連帯《プリコントラクチュアル》」と呼ぶ。これは、要するに、社会が信頼に基づくものだということである。人びとが協同しうるのは、そうすることが得であると合理的に考えるからではなく、他の人びとが契約を守るものと信じてよいという感覚をもっているからである。人びとがどんな得をするか、どんな損をするかを合理的に判断しなくてよいからこそ、社会は機能するのである。人びとはこのようなことを考える必要がない。そして、このことが社会を可能にしているのだ。

以上のことは論理的に反論の余地のないもののように思われるかもしれない。私は、合理性は決して社会的紐帯をうち立てえないこと、そして合理性を超えた何ものかを持ちださなければならないことを合理的に示した。合理性はみずからの限界を指し示しているのである。幸いなことに、合理性を超える何ものかがあるように思われる。つまり、前契約的、非合理的連帯である。それは、私たちに助け舟を出してくれる。

だが、この議論を私たちが知っている世の中の実際に照らして考えてみれば、まだ釈然としない点がある。ひとつには、孤立した個人として働くよりも、うまくできた協同組織に参加した方が多くを獲得するということは明らかなはずである。社会は分業を可能にする。そして協同する人たちは一人一人ではとてもできないような家を建て、道路を通し、さまざまの食物や衣類、贅沢品、その他数えきれないものをつくることができる。合理的個人なら、このことに目をとめ、大規模な協同のもたらす利益をあげるために欺くのをやめるという合理的判断をしうるはずである。

交換の合理的モデルの観点からすれば、このことは、各個人が約束を守る場合の、あるいは守らない場合の、短期的な損得だけではなく、長期的な損得も計算すべきであるということを意味する。欺く方が合理的に思われるとすれば、それは短期間の結果だけを考えているからだ。長期的にみれば、契約が支障なく効力を発揮するようにする方が誰にとっても利益が大きい。たとえ一回ごとの取引きでの利益は少ないにしても、長い期間のうちには、それは積み重なり大きな富と満足になりうる。そしてそれは、欺いて一度に獲得しうるものより、はるかに大きいのである。

にもかかわらず、私は、デュルケムの議論は揺るがない基盤に立っていると思う。右に述べた過程のどの時点においても、個人は欺こうとする誘惑に駆られるだろう。壺のなかにある富が多ければ多いほど——たとえば、順調な協同の長い歴史によって富が積み上げられてきた場合——その富の誘惑はますます強くなるだろう。そして、私たちが、単に論理的であるだけでなく、現実的でもあろうとすれば、裏切りの可能性はいつも私たちとともにあり、純粋に合理的な個人は常に裏切りを警戒しなければならないと言わざるをえないだろう。それゆえ、裏切りの報酬が絶えず増大するにつれて、打算の働く状況はくり返しあらわれる。合理的な個人は、自分だけでなく、相手もこの報酬の魅力に気づくであろうことを知っているだろう。かくして、私たちは、出発点であった同じ相互不信の手詰まりに戻ってしまう。

ただ乗り《フリーライダー》問題

右の点は、現代的な形で最近盛んに論議されている。そこでは、問題は、何が社会を可能にするかということよりも、社会が存在するとして、社会が諸個人をいかにしてみずからに結びつけているかということである。社会は、いかにして諸個人を全体に貢献させるのか。問題は、個人は、その合理的な私利を追求するままにしておくと、他の人びとが全体としての社会に対して行なった貢献を不正に利用するということである。

運賃無料の共用バスを考えてみよう。全員がバスの経費を寄付し、ときおりガソリン代を出しあい、運転者の給料分を寄付するよう依頼されている。しかし寄付は完全に任意で、運賃はまったくとらない。誰でも、好きなときにバスに乗ることができる。人びとは、財布を忘れてはいないか、きちんと小銭をもっているか、といったことを心配しなくてもよい。要するに誰でもバスを利用することができる。

さて、このような状況ではどのようなことが起こるだろうか。人びとが純粋に合理的であれば、彼らはいろいろなやり方の費用と利益とを計算するだろう。もちろん、寄付する人がいなければ、バスがなくなるのは、たぶん誰にもわかることだ。したがって人びとにバスの経費を寄付してほしいと思うことは合理的である。しかし、注意してほしいのは、あなた自身は除外して、他のすべての人に寄付してほしいと考えるのが合理的であることである。最良の策は、ただ乗りである。つまり、他のみなにコミュニティ・サービスの費用を払わせ、自分はただで乗ることである。けれども誰もがそうすれば、バスを走らせる費用はまかなうことができなくなってしまう。

このような話を持ちだしたのは、この種の理想主義的地域計画が不可能であることを示すためではなく、人びとの合理性を頼りにするだけでは実行しえないことを示すためである。無料のバスがうまくいくのは、ほとんどの人びとが強い無私の感覚、あるいは義務の感情をもっているか、あるいは自分たちがつくりつつある無料化社会について熱烈な感情に満たされている場合である。重要なのは、これらは合理性を超えた《トランスラショナル》感覚――つまり情動、道徳感情――であり、合理的計算ではないということである。このような改革の主唱者が、自分たちを単に知的で合理的な人間であり、コミュニティの誰もが利益を得るような計画を立てたにすぎないと考えているとしても、このことは変わらない。たしかに彼らの計画は合理的である。ただし、集団の観点から見た場合にのみそうである。あなたが諸個人を集団に愛着させ、彼らに自分たちを他の多くの人びとと同じく集団の一員だと考えさせようと試みるときには、あなたは合理性を越えようとしているのである。しかし、一個人としての立場からすれば、合理的なやり方は、他のみんなをコミュニティのよき市民として行動するよう奨励し、自分はただ乗りすることである。

無料バスは、単に架空の例かもしれないが、この問題の実例はたくさんある。たとえば、ニューヨーク市で起こった有名な殺人事件がある。多くの人が事件を見ていたが、誰も何もしなかった。キティ・ジェノヴィーズという女性が、夜、団地を横切って歩いていたとき襲われた。男がナイフで彼女を刺し、彼女は助けを求めて叫んだ。近くのアパートに住んでいた何十人かの人たちが窓際にやってきた。男は逃げ去った。しかし、その後何も起こらなかった。キティ・ジェノヴィーズは、傷ついて道路に倒れたままだった。誰も助けに行かなかった。警察に電話する者もいなかった。そのうち殺人犯は、彼女を助けに来る者がいないのを知って、引き返し、もう一度彼女を刺した。たぶん身元を知られたくなかったので、とどめをさしてこの重要目撃者を消してしまおうと決心したのであろう。

殺人犯は、少なくとも最後の行動に関して冷徹な合理性に基づいてふるまっていたように思われる。高い窓という安全地帯からのぞいていた傍観者たちは、単に臆病者だったのかもしれない。そうかもしれないし、さらには、彼らが警察を呼ぼうとさえしなかったのは、彼らの人間的同情心や道徳的関心が非常に低かったことをあらわしていると言えるかもしれない。しかし、これらの人びとのしたことはあまりほめられたことではないけれども、だからと言って彼らが被害者の女性の運命に無関心であったとは必ずしも言えない。そうではなくて、一種のただ乗りを実行しただけなのかもしれない。

この解釈を裏づける別の証拠がある。社会心理学者が、実験室における実験でこの状況を再現した。状況の中心要素は、窓際に大勢の人がいるということである。彼らは、窓の下で何かが起こっていることに気づいており、さらに重要なことだが、他の多くの人たちもそれに気づいていることを知っている。窓から外を見ている人たちは、窓際にいる他の人たちを見ることができるのである。キティ・ジェノヴィーズを助けに行く人が誰もおらず、警察に電話をする人が誰もいなかったのはまさにこのためである。誰もが他の誰かがするだろうと思いこんでいたのである。誰もが次のように考えたのだろう。「結局、誰か他にしてくれる人がいれば、自分がする必要はない。電話をかけるだけのことだし、こんなに大勢いれば、自分が電話する前に他の多くの人がきっと電話しているだろう」。皮肉なのは、誰もが同じようにそう思ったことである。

とすれば、事件の目撃者たちは、必ずしも道徳性と同情心がまったくなかったのではなく、道徳性をどう発揮するかという点で合理的だっただけである。誰か他の人がすでに警察に電話しているとすれば、電話しても何の役にも立たないし、たいしたことはないとはいえ、面倒なだけである。反対にあなたの電話が最初だったとすれば、あなたは警察の証人として事情聴取され、調書をとられることになるだろうし、さらに場合によっては証人として法廷に呼び出されるかもしれない。もしこれらの人びとの誰か一人がキティ・ジェノヴィース襲撃の唯一の目撃者だったなら、彼らのほとんどは、起こりうる面倒についてのこのような計算を超えて、警察に通報したであろう。人びとが、誰か他の人がやってくれる場合と比較して自分がする場合の費用と利点とを計算してもかまわないと感じたのは、大勢の傍観者たちがお互いの存在を知っていたためである。すなわち、誰もが当然のように他の誰かが「バスの経費を払う」だろうと確信しており、まさにそのために、彼らは道徳的にただ乗りをしてもよいと思ったのである。皮肉なことだが、キティ・ジェノヴィーズの死を決定的なものにしたのは、閉じた窓の内側からお互いを見ることができたという、このときの群衆に固有の構造であった。

ただ乗り問題には、他に、これほどメロドラマ的でない実例もある。そのひとつは、私たちの身の回りにどこにでも見られる、ごみの投げ捨て、つまり歩道や公園やその他公共の場所に投げ捨てられるごみである。人びとは、ごみを投げ捨てれば、環境が悪くなることが分っていながら、なぜそうするのか。主な理由は、おそらく個人的原因と集合的結果との不均衡である。一個人の側からすれば、チューインガムの包み紙一枚あるいは紙コップひとつを捨てるだけである。それだけとってみれば、ごみはたいしたことなく、ほとんど気づかないくらいのものだ。風致が損なわれるのは、大勢の人びとがそれぞれにごみを捨て、それが積もり積もって公共の場所をごみだらけにしてしまうからである。

さて、合理的行為者としての個人を考えてみよう。合理的な人間は、ごみを捨てる人がいなくなれば、街路はずっと清潔になるであろうことを知っている。しかしあなた自身が車の窓からソフト・ドリンクの缶を捨てるのをやめ、くず箱が見つかるまで律儀に待つことにしても、たいした効果はないだろう。たとえあなたが、ごみを投げ捨てないだけでなく、他人の捨てたごみを拾ってまわるような人であったとしても、あなたひとりでは、本当に公共の場所の風致を改善することはできないのである。たとえあなたが、まわりの世界をもっときれいにしたいと思っていても、公共の場所にごみを投げ捨てないようにすることは、あまり合理的なことではない。あなたは、一個人としては、この目標を達成することはできない。したがって、このことはあきらめ、くず箱を探すという面倒なことをせずにささやかな便益を享受するのが合理的である。

ところで、私がこのようなことを言うのは、公共の場所にごみを投げ捨ててもよいと説くためではない。私個人としては、投げ捨てをしない人びとがおり、またわざわざ他人のごみを拾う人びとさえいることを嬉しく思っている。私の言いたいのは、このような賞賛に値する行動は、合理性によってではなく、より深い何か――それは道徳感情であるかもしれないし、あるいはひょっとしたら単に不合理な不潔恐怖症かもしれない――によって動機づけられているということである。私個人としては、このような恐怖症がもっと強くなるべきだと思っている。しかし、環境をきれいにするには、個々人の努力でそれができると人びとを合理的に納得させるだけで足りるとは考えられない。

実際これらの例から言えることは、社会生活の多くは明確に組織された、集合的な形で行なわれなければならないこと、そうでなければまったく不可能であるということである。ただ乗り問題のひとつの解決法は、物事を個々人の自由選択に任せたままにしないことである。環境の汚れを一掃するには、たとえば二つの方法がある。ひとつは道徳的十字軍を起こし、清潔に対する広範な情緒的願望をつくり出すことであり、もうひとつは特定の行政機関の処置に頼ることである。第一の方法は不可能ではないが、予定を立てたり計画したりすることは難しい。いろいろな機会に、公共の環境に対する人びとの関心を引き起こす感情の流れがさざ波をたてながら社会を横断していくことがあるが、このようなことが起こるのは私たちにとって幸運なことである。しかし、このような感情はいつも当てにできるわけではない。それゆえ街路や公園をきれいにしておく方法としては、行政がごみを拾ってくれる人を特別に雇うのが普通である。

言いかえれば、ただ乗り問題は、物事をただにしておかないことによって克服しうる。私は、無料バスなるものがどこかで試みられたことがあるかどうかは知らないが、イギリスにはよく似た実例があった。医療の社会化が最初に行なわれたときのことである。すべての医療サービスに対する支払いは国家が行ない、誰でも、いつでも無料で医者にかかることができた。まず起こったのは、人びとが医者にかかる頻度が大幅に増えたことであった。次いで膨大な数の苦情が出てきた。医者は患者の来診に圧倒されていると感じ、症状の曖昧な人、あるいははっきりした症状のない人が大勢おしかけていると宣言した。このために、医療サービスは誰にとっても混雑したものとなり、医療サービスの公費利用者の間に不満が広まった。言いかえれば、人びとは個人として状況の吟味をし、実際に彼らが医療サービスを必要としなかったとしても、またこのことが診療所の混雑を招き誰もが迷惑するようなことになったとしても、無料医療サービスを個人的に最大限に利用しようと決心したのである。

そのうち、医療制度を管理していた人たちはひとつの解決策を思いついた。一回の通院ごとに少額の料金、つまり一ドル相当を徴収することにしたのである。医者にかかる患者の数は大幅に減少し、医者は、病状を訴えてくる人たちの数が正常な範囲に戻っていると感じた。なぜこのようなことが起こったのか。基本的な変化は、もはやただ乗り状況はなくなったということである。人びとは今や自分たちが医療サービスを受ければ支払いをするという、正常な状況に戻ったことを感じ、したがって、自分たちが医者にかかる費用を負担するほど具合が悪いのかどうかを計算しはじめたのである。

奇妙なことだが、この例はこれらの「合理的」判断の象徴的性格を示している。何かが「ただ」であるかないかは、現実の費用の問題以上の問題であることがわかる。厳密に実際的な観点からすれば、課せられた料金はごくわずかなものであり、本当に病気の人ならまず誰でも、この代金ならば医療サービスを安いと考えるはずである。事実はむしろ次のようであったと考えられる。すなわち、もし集合体が何かを提供する際に、人びとに対して、他の人びとがそれを利用する権利を妨げないようにする責任をまったく負わせないなら、ただ乗りの誘惑は一般にほとんどの人にとって抗しがたいものだということである(同じようなことが戦争においてもあったことが指摘されている。兵士たちは、補給の困難のために、何日も食糧の割当のないままに過ごすことがしばしばあった。それからようやく補給が行なわれると、彼らは、今や豊富になった食糧の多くを浪費し、昨日の自分たちと同じ状況にあるかもしれない他の隊のためにそれを取っておくことをしなかった)。国家が医療サービスを完全に無料で提供しているかぎり、誰も浪費するのにためらいを覚えることはなかった。だが、名目的なものにせよ料金を払わなければならなくなるや否や、彼らはもはやこの「ただでいただけるものはいただく、他の人たちなど、どうでもよい」式の態度をとらなくなったのだと思われる。

このことは貨幣の象徴的性格について何かを語っているとさえ言える。経済的交換に関するかぎり、二つ三つのコインの価値は小さなものである。しかし、にもかかわらず、このしるし程度のものが、「無料」と「有料」の違いをつくりだし、そしてこの違いが社会関係に対するまったく異なった接近法を誘発するのである。実際、貨幣は、この意味で、われわれが思っているよりはるかに象徴的なものかもしれない。節約することの価値は、客観的に見れば、多くの場合、たいした結果にはならない。たとえば、スーパーマーケットで缶詰の値段の一セント、二セント単位の差をつぶさに調べてみたところで、節約できるものは普通ごくわずかである。とくに、レストランや映画に行って、節約した額よりははるかに多額の金を使ってしまう場合を考えるとそうである。皮肉なことだが、人びとにとって、家や新車を買うといった大きなこと——それは、スーパーマーケットで何年もかかって節約しうるものを台無しにしてしまうような買い物である——よりも、小さなことで節約する方がやさしいのである。しかし社会的観点からすれば、この種の小さな節約は理解しえないことではない。大きな買い物よりも小さな買い物をする回数ははるかに多いから、非常に高価なものに関する一回の買い物の場合よりも、小さな買い物の場合の方が上手な買い物をしていると感じる機会がずっと多いのである。

多くのことについてそうであるように、重要なのは、私たちの手にする実際の利益の客観的な価値よりも、世界についての私たちの主観的な感情である。私たちが計算するとしても、それは、象徴的な計算にすぎず、計算することはよいことだという、計算を離れた感情を示しているだけなのかもしれない。結局、社会をまとめているのは計算ではなく、まさにこの種の深い感情なのである。

契約社会の台頭

デュルケムの支持者は、歴史的事実に訴えることもできる。たとえば経済的契約の問題にこだわるなら、実のところ、順調な商業契約というものは、比較的新しい発明である。伝統社会における商取引きは、高度に祭礼的《セレモニアル》で非経済的なやり方で行なわれるか、そうでなければ、強い猜疑心をともなうものであった。一方では、特定の家族間の伝統的な取引きの仕組み、あるいは決まったやり方で相異なる部族間を循環する祭礼的な事物があった。そこには多くの信頼《トラスト》があったが、真の経済的な計算はほとんどなかった。ある世帯は、決まった祭の日に、姻戚連中にひとかごのヤムイモを届けなければならなかった。そのかわり子どもが生まれると、逆にひとかごの魚をもらった。部族経済の多くを形成していたのは、この種の伝統であって、実際の売買ではなかった。そこでは、生産性を高めたり新製品を考案する気を起こさせるようなものは何もなかった。

他方、中世のヨーロッパや中国のような社会では、真の経済取引きがあった。遠方からやってくる商人は、生存のためではなく、儲けるためにつくられた品物を運んでくるのが普通だった。そこには真の市場があった。しかし取引きをする者はお互いに顔見知りではなかったから、双方とも高度の猜疑心をもって取引きを行なった。誰もが現金を手渡す前に品物を手に入れたがった。また正気なら誰も、極度の予防策をめぐらさずに掛け売りなどしようとしなかったものである。世界中のどこでも、古代社会や中世社会が近代的な資本主義的産業社会をつくりだしえなかったのはこのためである。

一般的に言って、これらの社会は、経済的生産性に必要な物的資源の欠乏のために停滞したのではなかった。また中世の中国人やイタリア人、あるいは古代のギリシャ人があまり合理的でなく、猜疑心を減らして長期の契約を結ぶ方が利益の大きいことがわからなかった、と言うこともできない。逆に、私たちの見方からすれば、これらの商人は合理的すぎたのである。彼らは、短期の収支だけでなく、長期の利益と損失にも気を配っていた。もし現代のアメリカ人が突然彼らの前にあらわれ、右の議論をくり返すなら、まちがいなく彼らは、こう答えるだろう。疑わなければ、長期の金銭的損失はもっと大きくなってしまうだろうと。そして、彼らの言うことはたぶん正しかったのである。

決定的なことは、近代的契約社会が発生したとき、それはまさにデュルケムの議論が予測するような形で誕生したということである。近代的契約社会が成立するためには、新しい信頼の紐帯がつくられることが必要であった。資本主義の台頭は疑いもなく、中世の、極度の猜疑心に満ちた取引きからの転換であった。商取引きをする者は、数多くの取引きを何度もくり返すことによって得られる小さな利益のゆっくりとした、堅実な蓄積を重視しはじめたが、このことは契約の条項を守ることを意味した。長期契約が中世の商人の後暗い駆け引きや一回かぎりの取引きにとってかわりはじめた。大量生産を実際的なものにしたのは、このことであった。販売の見込みがないなら、機械を動かして多くのものをつくったところで何になろうか。このように、近代経済を可能にしたのは、工業技術ではなく、商取引きのやり方のこうした変化であり、これが産業革命の技術的発展を可能にしたのである。

私の議論にとって決定的な重要性をもつのは、高度の契約社会へのこのような転化は、「前契約的連帯」の変化と併行して起こったという事実である。資本主義の離陸《テイクオフ》と産業革命は、宗教上の革命といっしょに起こった。このことはプロテスタンティズムの倫理がいかに資本主義の精神に影響を及ぼしたかという点に関する、マックス・ヴェーバーの有名な議論へと私たちを導く。ヴェーバーの研究は、実は普通考えられているよりももっと複雑な理論なのだが、ここでふれておく必要のあるただひとつの点は、プロテスタント型の宗教道徳が商取引きをする人びとを、正直にふるまい、買い手を欺くのをやめるよう動機づけたこと、さらには、たぶん、純粋に世俗的な利益に心を寄せるのをやめるよう動機づけたということである。要するに、宗教革命は、経済的不信の雰囲気に長い間慣れ親しんでいた社会のなかに信頼の小宇宙《ポケット》をつくりだしたのである。そして、まさにこれらの信頼の小宇宙のなかから新しい契約中心の経済が起こり、ついには世界を席巻するようになったのである。

権力と連帯

デュルケム流の議論に対する反論は、ここにいたって分が悪くなっているはずである。だが少なくとももう一点、可能な反論がある。たしかに、契約は、関係する諸個人の利己主義によって支えられるものではない。この点については反論はないかもしれない。だが、なぜ神秘的な連帯とか信頼感といったものに依りかからなければならないのか。本当に必要なのは、契約が破られた場合に契約を守るよう強制するものだけである。欺く人がいたら、必ず法廷につき出すことができる。何かを盗まれたなら、泥棒をつかまえさせることができる。契約は、その履行を強制できることがわかっているから、合理的に信用することができるのである。このように、契約を可能にするのは何らかの非合理的な感情ではなく、裁判所と警察の存在なのだ。

さて、この答は的はずれではない。純粋なデュルケム的論法は、一種の完全な抽象論にとどまっているようにみえる。それを現実の世界へと引きおろしてみるなら、当然ながら、そこには裁判所があり、警察があることを認めなければならない。商取引きに関わったことがある人や、法曹界にいたことのある人なら誰でも、今日の高度の契約社会においてもまだ人を欺き、そのかどで裁判所に引き出される人がいることを知っている。

加えて、この見解は、歴史的に資本主義社会がいかに発生したかという点に関して、多くの重要な細部を補う利点をもっている。結局、ヴェーバーはプロテスタンティズムの倫理に関心を寄せただけではなかった。彼は、近代国家、警察、軍隊、そして社会秩序を強制する力をもつその他もろもろの機関の構造とあいたずさえて法体系が発達してきた過程にも多大の注意を払った。商契約を強制するような裁判所と政府がつくられてはじめて、資本主義のテイクオフは可能になった。近代資本主義の基盤は、宗教だけでなく、国家である。前契約的連帯とは、本当は信頼の問題ではなく、強制力の問題のように思われる。人びとが契約を守るのは、望むと望まざるとにかかわらず、そうしなければならないからなのだ。

これは、きわめて実際的で現実主義的な主張であり、私たちが見逃してしまいがちな、社会史のいくつかの重要な部分に注意を向けさせる。にもかかわらず、デュルケムの議論は、この主張によって一歩後退させられはするものの、何ら傷つくものではない。国家が契約についての法を支えているとしよう。では国家を支えるのは何なのか。つまるところ、国家は社会組織である。それは、何らかの政治的目的を達成するために協同することに同意した人びとの関係を調整するものである。国家を形成する人びとは、なぜ彼らの間に交わされた契約を守るのか。この問いは、私たちを出発点につれ戻すことになる。国家の官吏は、なぜ命令に従うのか。この場合も欺いて自分の利益を追求する方が得であるのに。そして、もちろん、他の官吏たちも同じように合理的な人間だとすれば、彼らもまた欺き、あなたは彼らにつけこまれることを覚悟しなければならないだろう。純粋に合理的な観点からすれば、国家が他の組織よりもばらばらになりにくい理由は何もない。このように、国家は、それ自身がある種の前契約的連帯の基礎の上に立たなければ、社会契約をバックアップすることはできない。

この議論に対する最終抗弁がひとつある。国家の成員——官吏や警察、そして軍の兵士——が命令を守るのは、そうしなければ、国家によって罰せられるからだという主張である。たしかに、そのとおりである。しかしそれは国家が今日すでに存在しているからこそ言えることである。だが国家のような組織をつくることがいかにして可能だったのか。国家の強制力はたしかに個人に対して恐るべき力を行使しうる。しかしそれが強力であるのは、国家が存在するかぎりにおいて、つまり命令を守るという契約が国家を形成する人びとの間で成り立っているかぎりにおいてである。ここでも、歴史的および今日的現実が、このことを自明視することはほとんどできないということを示している。国家や軍隊は、それらを構成する人びとが自分たちを集団の一員と考えることをやめ、それぞれの自己利益のみを考えるとき、ばらばらになってしまう。兵士があわてふためいて全面撤退しようとするのは、軍隊が「みんなわが身第一」と考えるときである。国家に属する誰もがこのように考えるとき、国家は革命に瀕する。

　以上の理由から、私たちは、国家も、他のあらゆる組織と同じ方法で、つまりある種の前契約的または非合理的な連帯によって維持されていることを認めざるをえない。ヴェーバーは、国家の基礎はその正当性にあるといった。それは、私利私益の合理的計算ではなく、国家が正当で強力だという信念である。正当性は人びとの心のなかにのみ存在するものかもしれない。しかし正当性が人びとの心に存在するなら、それは国家を強力にする。国家が強力なら、国家は人びとを服従させることができ、このことが今度は国家をより正当なものにする。全過程が完全に一巡する。その根拠が何であれ、国家に対する不合理な信念がそれ独自の実在をつくりだすのである。合理的諸個人は、契約を結ぶことだけによって相寄り、国家をつくることは決してできなかったけれども、共通の感情をもつ人びとは国家の基礎を提供する。そしてこの国家の力はすべての人を強制しうる。

　このことは、国家が存在するためには、すべての人がお互いに対して連帯を感じなければならないということではない。統治は軍事独裁制かもしれないし、特定の政党の一時的支配かもしれない。政治の基本的な性格は、さまざまの分派間の不一致と闘争である。だが重要なのは、どの分派も、それ自身の成員間の連帯を欠いては、他を支配することはできないということである。集団がこの連帯をもつためには、その成員はお互いの関係のなかでは自分自身の利益を計算することをやめ、集団としての共通の利益のみを考えるようにならなければならない。そのためには、ただ乗りするかわりに集団に貢献したいという気持ちを起こさせるような非合理的感情を彼らがともかく共有することが必要である。イデオロギーやシンボル、そして感情が政治においてとくに重要なのはこのためである。

社会の全体が完全な連帯の巨大なかたまりだと考えてしまうのは誤りであろう。だが反対に、打算的で、自己の利益のみに関心をもつ諸個人以外には何も存在しないと考えるのは、もっと大きな誤りであろう。すでに見てきたように、誰もがいつも計算ばかりしていれば、社会集団はそもそも存在しないだろうし、利己的な人間がそれをめぐって戦ったり、共謀するような事柄もほとんど存在しないだろう。独裁者が統治しうる国家も、横領者がかすめとりうる富も、悪用の対象となる信頼もないだろう。

私たちが認める必要があるのは、非合理的な感情はどんな組織においても決定的に重要なものだということだけである。しかしこれらの感情の広がりや強さはさまざまである。人が一定の集団内の一定の人たちに対して連帯感情をもつということは、誰に対しても連帯感情をもつことを意味するわけではない。家族の成員間の信頼の感情は、家族の結合を維持するのに十分である(そして、この感情は、いつも絶え間なく生じていなければならないようなものではない——ときおりで足りるのであって、それ以外のときには集団内での争いの余地も大いにある)。もし社会がこのような家族からのみ成り立っているとすれば、それらの家族は外部に対してはお互いに大きな不信をもちつつ、内部的連帯の小宇宙《ポケット》のなかで生活することになるだろう。実際、多くの歴史上の社会は、この形態をとってきた。他の形態としては、国家を構成する軍事政体の内部だけに連帯が見られるような場合があるだろう。軍事政体は、支配下の大衆を統治するが、大衆はその主人にいかなる信頼をも抱いていない。これは、もうひとつのタイプの社会であり、歴史はこのタイプの社会も見すぎるほど見てきた。

さらに続けて、さまざまの変種をあげることができる。資本主義経済——それは一定の種類の契約に対するかなり広範な信用をともなう——もまた、もうひとつの形態である。ここでは、人びとは十分な信頼を抱いており、投資するために他人の手に金を渡す。人びとは、月の終わりに支払いを受けることを期待して働く。当座預金から一定の金額を支払うと約束した一片の紙切れによる支払いを受けいれる。これらの、そして他の無数の小さな信用行動が巨大な経済機構を成り立たせる。この社会が対立に満ちており、この社会独特の不信の契機があることもまた明らかである。だが皮肉なことに、不信の契機は根本的なところで信用の契機に依存している。銀行強盗が存在しうるのは、人びとがお金を銀行に預けるからである。貨幣が金融投機家のこみ入った不正取引きの対象になりうるのは、ほとんどの人が一片の紙切れの価値を信用して受けとるからである。

社会学者は、どの部分の説明をも断念しない。社会学者は、階級闘争がいつ、いかにして作動するかを精確に示そうとし、犯罪がなぜ生じるのか、またその他のあらゆることを明らかにしようとする。社会学者は、連帯と闘争の双方に関心をもつ。実際、一方を無視して他方を説明することは不可能である。社会学者はまた、なぜある社会が相互に確執する小さな家族の飛び地であり、他の社会が大きな経済的ネットワークあるいは独裁的国家をもつのかに関心をもつ。どの場合においても、打算的で、利己的な人間は存在する。しかしそうした人たちは、集団をまとめている非合理的な連帯感情をうまく扱うことができなければ、たいした成果をあげることはない。

人は、他人の連帯感情につけこむことによって、彼らを支配することができる。他人に自分は本当にその人たちの仲間であると信じ込ませることのできる人なら誰でも、その人たちをうまく利用するチャンスをもっているといえる。最高の成功を収める収奪者は、他人に、自分が心の底から一番彼らのことを思っているのだと感じさせる人である。つまり、非合理的な連帯感情が作動するその平面《レベル》で、その作動メカニズムを通して人びとに訴えかけるということである。これは、独裁者、信用詐欺師、政治家、そしてたぶん社会において自己の利益を攻撃的に追求したいと思う人たちなら誰でも用いる基本的な武器である。連帯感情は、自己利益の合理的計算よりも深いレベルでしばしば人びとのうちに呼び起こされる。他人のうちにこれらの感情を引き起こす方法を知っている人は誰でも、決定的な武器をもっているのだ――それを善用するにしても、悪用するにしても。

利己的な個人が連帯に関心をもつ必要があるとすれば、自己利益を追求する集団はなおさらそうである。他の集団と対立する集団は、内部のまとまりがあってはじめて生まれる。連帯と対立とは、相互排他的なものではない。連帯は、他の人に対して有利な立場に立ちたいと思う人にとって決定的な武器である。通常、最もよく組織された集団が勝利を手中にするのだが、最もよく組織された集団とは内部連帯の最も強い集団のことである。

階級闘争に関するマルクス主義理論も、ある意味で、このことを認めている。マルクス主義者にとって重要な問題は、いかにして民衆、とりわけ労働者階級が効果的な権力闘争のために組織されうるかということであった。普通この点は、「階級意識」を創出する問題として、つまり個々の労働者に集団としての彼らの利害を自覚させる問題として語られてきた。しかし、この問題は、決して単純なものではない。人びとの連帯感情は、資本家と労働者という、はっきりと分けられた二つの集団をつくるような形で自動的にきれいに分かれるものではない。人びとが純粋に利己的な個人として行動することも多いかもしれない。たとえば、さまざまの企業は、同じ市場をめぐって互いに競争している場合、決して同盟者ではないし、労働者は、特定の仕事や昇進をめぐって競争している場合、団結してはいない。

にもかかわらず、特別な状況下では、個人間のこれらの争いは脇におしやられ、集団が形成される。だが、いくつ集団ができるのか。二というマジック・ナンバーが出ることはさして多くはない。多数の事業関係者が相異なる立場に立つことがしばしばある。すなわち、金融事業家・対・産業経営者・対・小売業者・対・輸出業者・対・自作農など。そして日常政治の実に多くの部分を占めるのは、複雑で巧妙な支持のとりつけなのである。同じように、労働者は職種別労働組合という形の下にまとまるかもしれないが、それらの組合はお互いに反目しあうかもしれない。トラック運転手は、自動車工場労働者と対立するかもしれない。組合員は、非組合員が仕事につけないようにして、仕事を独占するかもしれない。女性労働者は、男性労働者によって差別されるかもしれないし、同じことは、黒人、白人、またさまざまのエスニック・グループの間に起こるかもしれない。

マルクス主義の理論家にとって厄介なことは、この世に階級闘争が少なすぎることではなく、多すぎることである。労働者対資本家という闘争があるだけではない。社会主義社会では、労働者と官僚との闘争、共産党、軍隊、秘密警察の内部における派閥闘争がある。社会科学者はこのことをだいぶ前から知っていた。そして、それは一九八九年からの、東ヨーロッパにおける突如の反乱、ソヴエト連邦における入り乱れた闘争の勃発によって世界中に知れわたるようになった。社会主義社会の崩壊のゆえに、ほとんどの人が資本主義の方がよいと考えるようになった。しかし、一時の興奮のゆえに、私たちの社会をふくめてあらゆる社会は、闘争する——その激しさのレベルはさまざまだが——集団で満ちているという事実を見失ってはならない。ドイツの社会学者ラルフ・ダーレンドルフが指摘したように、どのようなものであれ、命令する人と命令される人とがいるような権力状況は闘争の可能性を意味する。近代的な社会構造はすべて、有力な諸階級間の闘争の可能性をふくんでいる。さらに悪いことには、民族的、人種的、宗教的な所属感《アイデンティティ》というものは、危険なエネルギーに満ちており、みずからが優位に立とうとして闘争し、ときには大量虐殺をしあうのもいとわない。民族的・宗教的暴力の陰鬱な力は、ソ連と東ヨーロッパにおけるソヴエト権力の崩壊によって縛りがなくなった。私たちはまた、インド、中東、その他の地域における、民族的・宗教的対立の破壊的力のおぞましい例を知っている。アメリカ合衆国では、民族問題や宗教問題はいまのところ燃え上がるというよりはくすぶっているが、ここでも論争と侮辱はときとして銃弾や爆弾に変わる。

社会学者から見れば、闘争と連帯とは同じコインの両面である。集団は、外敵に対して動員されるとき内部の連帯が最も強くなることが多い。闘争は、少なくとも一定の集団の連帯をもたらすし、逆もまた真である。私たちが示したいと考えるのは、なぜ時が変われば集団分割の様子がいろいろと変わるのかということである。多数の互いに競争する集団

——経済的・職業的なものであれ、人種的・民族的なものであれ、家族であれ、政党であれ、社会運動体であれ——が存在するのはどのような場合なのか。これらが、わずか二、三の集団へと集約されていくのはどのような場合なのか。すべての集団の全体的連帯が生じ、ただひとつの集団が存在するというようなことはあるのか、あるとすれば、どのような条件の下においてか。またこの対極として、孤立した個人があらゆる集団的紐帯から完全に身をひき、自分の利益のみを追求するのはどのような場合なのか。

これらの問題は、社会学理論によってすべて解決されているわけでは決してない。ただ、これらの生じる決定的なメカニズムのいくつかは判明していると思う。この章で論じてきたことの中心点は、社会組織は合理的計算に依るものではないということである。集団が形成されるのは、マルクスが考えたように、人びとが共通の利害を意識するようになるときではない。意識とか利害というものは、物事の表面にすぎない。その底には、自分たちが同類であり仲間であるという、一群の人びとの感情があるのだ。

このことは、利害が現実的なものではないという意味ではない。利害が物事の表面だというのは、人びとの利害は多岐にわたるもので、そのなかには彼らを他人と結びつけるものもあれば、分離させるものもあるからである。たとえば、医師会に属する医師は、他の医師といっしょになって開業から得られる収入を独占することに「明らかに」利害関心をもっている。だが同時に、患者獲得をめぐって他の医師と競争することも同じくこの医師の利害関心である。同じことは、職業別労働組合に属する労働者あるいはその他のあらゆる集団に属する人たちについても言える。このディレンマは、集団が他の集団と競争するか、あるいは合同するかを選択する場合にも存在する。職種別労働組合にとっては、優遇追求のために他の組合と競争することも、全労働者のためにいっしょになって闘うことも同じくその利害関心である。合理的な利害関心は、人びとを同時に引き寄せまた引き裂く。そして、集団の他の成員を犠牲にして自分のことを最優先するよう人びとを誘惑するただ乗り問題は、いつも私たちにつきまとっている。

にもかかわらず、どの利害関心が勝利を収めるかは、合理的計算の問題ではない。それは、より深いもの、つまり集団のなかで人びとを互いに結びつける道徳感情によって決まる。これらの道徳感情をつくりだす方法は、次に論じるつもりだが、社会的儀礼である。このような儀礼がその機能を果たし、集団の連帯がつくりだされると、その集団において人びとが共有する利害関心は新しい地位を獲得する。利害関心は、道徳的に正当な要求になり、正義という一種の象徴的光輪にとり囲まれるようになる。別の角度から見れば、それはイデオロギーと呼ぶことができよう。重要な点は、集団は相競う利害をめぐって抗争しあうだけではなく、いつもみずからの利害関心を道徳的観点からとらえるということである。後に見るように、そうしなければ、そもそも集団は集団として存在しえないであろう。

このように、階級闘争の基礎を探求する場合にも、契約社会の根底を成す連帯の基礎を考える場合にも、私たちは、他人を信じうると考える人びとがなぜいるのかという問いに行きつく。デュルケムは、このような信頼感情は合理的計算に基づくことはありえず、より深い、無意識の源泉をもつほかはないことを示した。こうして、問題を提起したデュルケムは、次いでその解答を示した。彼の社会的儀礼論がそれである。そしてこれが、次章のテーマである。

2　神の社会学

宗教について私たちがとりうる二つのわかりやすい立場がある。信じるか、それとも信じないか、である。信じる場合には、宗教は、社会学がかかわりをもつすべての事柄を超えた究極の現実にほかならないが、信じない場合には、それは、実在しないものについての不合理な迷信にすぎない。

だいたいにおいて、社会思想家たちは第二の態度をとってきた。功利主義者たちや合理主義的改革者たちは、一般に、宗教を古めかしい不合理な力と見なす傾向が強かった。それは迷信の源泉、つまり目に見えない霊界についての信念の源泉である。法制改革論者たちは、宗教を、宗教裁判や異端狩りの制度と見なした。宗教裁判官や異端追求者たちが、人びとをその信仰のゆえに火刑に処したり、あるいは魔女だという誤った判決を下して火あぶりにしたりする、そういう制度と見なしたのである。急進派の人びとは、宗教を、現状維持の力と見なした。つまり、死後における天国での幸福な生活とひきかえに、この世での経済的・政治的不公平を人びとに耐え忍ばせる、支配階級の代理機関《エージェンシー》のようなものと見なした。合理主義的な知識人たちは、概して神学上の教義《ドグマ》を信じる根拠はないと考え、宗教は中世の暗黒時代の遺物であり、社会が近代化するにつれて結局は死滅してしまうであろうと考えた。

しばらくの間、この予測は実現するかに思われた。たしかに宗教は、ほんの二、三世紀前まで人びとに対してもっていた支配力の大半を失った。もはや魔女が焼き殺されることはないし、悪霊信仰もほとんど見られなくなった。教会は以前ほど教条主義的でなくなり、寛容になった。宗教に対する忠実な支持も衰えた。人びとはもはや、毎日ミサに出ることをしなくなったし、安息日の長たらしい説教を終わりまでじっと座って聞いていることもなくなった。ついに私たちは、日曜の午前中にも店が開いているというだけでなく、教会へ行くのと何の変わりもなくフットボールの試合を見に行ったり、ゴルフに行ったりしかねない段階に到達しつつあるのだ——というふうに思われた。教会は、そのような行動を禁止する力を失ってしまったし、また生活の他のさまざまな面においても、人びとの行動を動機づける力を失いつつあるように思われた。世界中のいたるところで同様の傾向が見られた。伝統的な部族社会や農耕社会が近代化の軌道に参入していくにつれて、それらの社会のさまざまの宗教もまた、その力を失いはじめた。だから、宗教はいずれ完全に消え去ってしまうだろうと予測することもできたわけである。

だが、そういうことにはならなかった。合衆国における宗教は、死滅などということからはほど遠い状態にある。科学技術がきわめて高度に発達し、世界史上にも例を見ないほどに教育が普及しているこの国においてさえ、合理性の進展によって宗教が消滅するという予想は当たらなかった。それどころか、多種多様な宗教的リバイバル現象が見られる。たとえば、熱烈な根本主義派《ファンダメンタリスト》キリスト教の新しい動きがある。彼らは聖書の記述を文字どおりの事実であるとし、現代世界の道徳的欠陥――と彼らが見なすもの――を弾劾する。この宗派は、みずからの立場を受け身の姿勢で防御するにとどまらず、教会の昔日の強制力を取り戻すべく、攻勢をとって現代の政治の世界に積極的に参入している。同時に、東洋のさまざまの宗教が、かつてないほどの勢いで西洋社会に流入してきた。クリシュナの信者たち、ヒンズー教の導師《グルー》たち、仏教の僧侶たちの姿が数多く見られるようになり、また一方ではイスラム教が、とくに黒人層にアピールしている。占星術やオカルトも広範な興味をひきつけ、マス・メディアのなかに浸透している。これらと同種の宗教的、オカルト的運動のいくつかは、現代史のなかに何度もくり返しあらわれてきた。歴史の趨勢が全面的な世俗化と合理主義に向かって着実に進んでいくという予測は明らかにまちがっている。

しかしながら、社会学者にとって重要なのは、宗教に関する右の二つのわかりやすい常識的な立場――宗教に肩入れするものであれ、反対するものであれ――のどちらでもない。どちらとも異なる第三の道がある。デュルケムは宗教に関して常識を超えた脱自明的な理論をつくった。この理論によると、宗教を理解する鍵は、その信条にではなく、信者たちが行なう社会的儀礼にある。宗教は社会的連帯を理解する鍵であり、宗教的信条は、それ自体としてではなく、社会集団のシンボルとして重要である。こうして宗教は、社会生活において大きな役割を果たす非合理的現象の恰好の例として、社会学的に重要な意味をもつことになる。そのうえ、宗教の分析は、たいへん重要な一般理論――社会的儀礼の理解と、社会的儀礼がどのようにして道徳的感情と象徴的観念をともに生みだすのかということについての理解とを可能にする一般理論――へと私たちを導く。この理論は、宗教それ自体の領域から遠く離れたところにも適用できる。それは、政治や政治的イデオロギー、あるいは社会集団間の闘争の前提となる(集団内の)連帯の力学などを説明する助けとなる。さらには、現代生活の私的で世俗的な領域についてさえ何かを教えてくれる。こうした社会的儀礼の意義《レリバンス》は、宗教的な人でなくても、また政治活動に積極的にかかわっている人でなくても、経験的に理解しうるものだ。社会的儀礼は、歴史のなかで常にそうであったように、現代においても生活のあらゆる側面に浸透している。変化したのは儀礼の形式と手順だけである。そこで以下では、デュルケムの宗教社会学からゴフマンの日常生活の社会学へと、社会的儀礼の諸相を辿ってみることにしよう。

原始宗教の奇妙な慣行や信条と、現代生活において当然のこととされている行動とをひとまとめにして同じ理論で扱うべきだというのは、決して単なる思いつきではない。というのも、もし社会が非合理的な基盤の上にしか成り立ちえないものだとしたら、今日私たちが合理的だと自負している思考でさえ、何らかの非合理的な過程に依存しているはずだからである。社会的儀礼の理論は、まさしくこの点に関して説明の助けとなる。神の本質を解明することによって、社会学者は、儀礼と象徴《シンボル》——それらなくしてはいかなる種類の社会集団も成立しえない儀礼と象徴——に関するひとつの説明を見いだしたのである。

宗教の共通基盤

デュルケムの基本的な仮定は、宗教は何か現実的なものを象徴的にあらわしているということである。彼は個人的には無神論者であり、超越的で超自然的な神が存在すると信じる根拠は何もないと考えていた——ましてや、歴史のさまざまの時点で、さまざまの宗教に属する人びとが信じてきた神々や女神たち、天使や悪魔、悪霊や精霊などについては、言うまでもない。にもかかわらず、どうして人びとは、こんなにも長い間、事実上歴史のほとんど全過程を通じて、誤りのなかにとどまり続けることができたのだろうか。どうしてこの種の信念が今日なお多くの人びとの間で支配力をもち続けうるのか。人びとがこれほど強く信じてきたものが、ただ推論の誤りのみに根ざすとは、とうてい考えられない。これらの宗教的信念に対応する何か、人びとが神という形で象徴的に理解してきた何か現実的なもの、があるにちがいない。神々があらわしている現実は、その神々の信者たちが主張するようなものではないけれども、しかしたしかに、何か非常に強い象徴的な力をもっている。人びとは常に、精霊たちや神々を普通の人間よりも強い存在と見なしてきた。とすれば、宗教が象徴的にあらわしているものは、個人よりもずっと強力な何かであるにちがいない。

宗教があらわしているものが何であるかを確かめるためには、どこからはじめたらよいのだろうか。第一歩は比較することである。あらゆる宗教が共通にそなえているものは何だろうか。それは、神に関する一定の教理ではない——エホバとイエス、アラーとマホメッド、クリシュナ、ヴィシュヌ、イシス、ゼウスなどの神々はそれぞれに異なっている。単一の神が存在するという考え方も、必ずしもすべての宗教に共通ではない。複数の神をもつ宗教もたくさんある。ゾロアスター教のアフラ・マズダとアーリマンのような善悪の対をなす二神、オリュンポス山に住む古代ギリシャやローマの多数の神々、古代ヒンズー教のたくさんの神々と女神たち、そしてその他にも無数の例がある。さらには、いかなる神であれ、ともかく神の概念をもつということでさえ、あらゆる宗教に共通とは言えない。たとえば、仏教は明らかにひとつの宗教であるが、その基本概念である「悟り」はまったく無神論的なものである。また、多くの部族宗教においては、礼拝の対象となるトーテム動物や植物、岩石などはあっても、神は存在しない。

あらゆる宗教に共通しているのは、むしろ次の二つの事柄、つまりすべての信者が抱いている特定の信念と、信者たちが集合的に遂行する特定の儀礼とである。

基本的な宗教的信念は、世界が聖と俗という二つの範疇に分かたれるということである。聖なる事物は何であってもよい。精霊、目にみえない神々、特定の動物や樹木、祭壇、十字架、聖書、入信者だけが口にできる特別な言葉、入信者だけが歌える歌など、何でも聖なるものたりうる。聖なるものについて特徴的なことは、それが危険なものであり、最高度に重要なものだということである。聖なるものに対しては、厳粛な態度で、敬意をもって、そして適切な準備をしたうえで近づかなければならない。一方、俗なるものは、世界から聖なるものを差し引いた残りのすべてである。すなわち、聖なるもの以外のもので、私たちが事務的な態度で、自分の思いのままの気分で扱ってよいすべてのもの、そして自分にとって役に立つとか望ましいと思われるどんな目的にでも用いてよいすべてのものである。

聖と俗の二元論、これが基本的な宗教的信念である。そして、この信念には基本的な宗教的行為、つまり儀礼がともなう。儀礼は、日常的な行動とは非常に異なっている。道を歩くとか、仕事をするとか、店で買物をするといった日常の実際的な行為は、さまざまな仕方で行なうことができる。そして、その行為をうまくやりとげて目的を達成するかぎり、行為の仕方はどうであってもかまわない。一方、儀礼はきわめて厳密に規定されている行動である。儀礼においては、重要なのは形式である。お祈りをすること、賛美歌を歌うこと、原始的な供儀を行なったり儀式的なダンスを踊ること、列をなして行進すること、偶像の前にひざまずくこと、十字を切ること――こういった場合には、行為は正しいやり方で行なわれなければならない。儀礼は、実際的な行為とは違って、外的な目的のための手段ではない。目標が達成されるかぎり、そのやり方はどうでもよい、などというわけにはいかない。なぜなら、儀礼の形式はそれ自体が目的なのだから。儀礼は正しい仕方で行なわれてこそ意味があるのであり、やり方がまちがっていれば無価値なのである。

このように、宗教は信念と儀礼から成り立っており、しかも両者は相互に関連している。儀礼は、人びとが神聖と信じるものの前ではその手順に従ってふるまわなければならない、そういう行動の手順である。そして逆の関係もまた成り立つ。つまり、日常的で非儀礼的な行動というのは、俗なるものを前にしたときの私たちのふるまい方にほかならない。後に見るように、デュルケムは信念よりも儀礼を重視した。ある意味では、儀礼を正確に遂行することが、聖なるものへの信念のもとになるのである。

ここで次のような疑問が生じる。いったいどのようにして人びとは、この聖と俗との区別を考えだすことができたのか。なぜ、世界を聖と俗とに分割するというほとんど普遍的な傾向が存続してきたのか。聖と俗との区別を示唆するものは自然界には何もない。動物はこんな区別はしない。物理的世界におけるすべてのものは、おしなべて同じ水準にある。なぜ人びとは、この世界が、目に見えない精霊や神々、ある種の専横な尊敬を要求し、従わないと危険であるような力などに満ちあふれていると想像しなければならなかったのだろうか。たしかに、世界には現実の危険がある。しかし人びとは、実際的なやり方でこれらの危険に対処する方法をすばやく身につけたはずである。純粋に物理的な観点からすれば、宗教は世界を幻覚で満たしたように見える。

しかし、人びとが神聖なものに帰属させているすべての特性をそなえたひとつの現実が存在する。それは、自然物でもなく、また形而上的なものでもない。それは、社会そのものである。というのも、社会はどんな個人よりもはるかに大きな力だからである。社会のおかげで私たちは生きてくることができた。そして社会は私たちを殺すこともできる。社会は私たちに対して恐るべき力をもっている。誰もが、数え切れないほど多くの点で社会に依存している。私たちは、自分で発明したわけではない道具や技術を使い、他の人たちから伝えられた言葉を話している。事実上、私たちの物質的および象徴的世界すべてが社会から私たちに与えられるものなのである。私たちはさまざまの制度のもとで生活を営んでいるが、これらの制度も、家庭生活の形式であれ、経済であれ、政治であれ、あるいはその他のどんな制度であれ、結局は他の人びとによる実践のつみ重ねから、つまりは社会から由来したものなのだ。これこそ宗教があらわす根本的な真理にほかならない。つまり、神は社会の象徴なのである。

それゆえ、何か非常に強力なもの、しかし目に見える通常の物理的現実の一部ではないものが私たち自身の外側に存在すると感じるのは、決して幻覚ではないのである。しかも、この何か――社会への依存の感覚――は、私たち自身の内部にも同時に存在する。宗教においては、人間を超えた聖なる世界と人間自身の内にある聖なる何かとが常に関連しあっている。神は外にあると同時に内にもある。キリスト教やイスラム教のような進歩した宗教には、個人の霊魂《ソウル》(人間の内に宿る霊的存在)という概念があるが、それはもともと神に属するものである。原始部族のトーテム信仰型宗教にも、類似の関連性が見られる。というのも、部族の各成員が、人間であると同時に、トーテム(として崇拝されている動物や植物)でもあると見なされるからである。もし、オーストラリアのある氏族《クラン》の聖なる動物がカンガルーであるなら、その氏族の成員たちはみな、自分は何らかの意味でカンガルーでもあると感じている。この信念もまた、何か現実的なものに対応している。つまり、私たちは社会の要素《パーツ》であり、社会は私たちがあってはじめて集合体として存在しうる、ということなのだ。

さらには、私たちの内なる自我も、外部から由来する要素によって構成されている。私たちの名前、私たちの自己《セルフ》アイデンティティは、私たちが他の人たちとどのように関係し、また他の人たちが私たちとどのように関係するかということによって決まる。私たちは通常、自分の名前によって自分自身のことを考えるが、自分の名前を自分でつけることはめったにない。たとえ両親から与えられた名前を変えたとしても、他の人びとから与えられた仇名によって人に知られているかもしれない。そして、私たちの自己イメージのさらに深い側面は、もっと強く、他の人びととの間で私たちが経験する事柄によって影響されている。あなたは自分自身について、顔立ちがよいと思っているだろうか。十人なみだと思っているだろうか。とても醜いと思っているだろうか。あなたは自分に自信をもっているか。自分は抑制の利くタイプだと思っているか、それとも自由にのびのびとふるまうほうだと感じているか。不安や焦りを感じてはいないか。人生がうまくいっていると思っているか、それともうまくいっていないと感じているか。この種の自分自身についての感覚というものは、たいてい、他の人びとからどのように扱われてきたかということによって形成される。このように自己イメージが他者に依存しているということは、社会心理学ではよく知られていることだ。私たちは、他の人びとの目をとおして自分自身を見る傾向がある。この事実を示すために、社会学者チャールズ・ホートン・クーリーは「鏡に映った自己」という用語をつくった。

さらに、最も本質的なこととして、私たちの意識そのものがまさしく社会的なものだということがある。私たちは言葉を用いて考えるが、その言葉を自分で発明したわけではない。もし私たちが観念《アイディア》というものをもっていなかったら、私たちはまったく考えることができないであろう。私たちはまた、ある種の理念《アイディアル》に従って自分の行動を律している。しかし、こうした観念や理念を自分たちだけでつくりだしたとは言えまい。観念や理念というものは必ず何か一般的なものをふくんでいる。観念や理念は、個別の具体的なものを超越する概念であり、それぞれの個別的なものをより大きな集合《クラス》の一事例と見なすような概念である。しかし、自然は常に個別的なものとして私たちの前にあらわれてくる。決して一般性をもってあらわれてくることはない。私たちが自然の観察から一般概念を思いついたとは、とても考えられない。一本一本の樹木は実際それぞれに独自性をもっている。私たちがさまざまの樹木の間に類似性を認めることができ、したがってそれらを同一の集合に属する要素《メンバー》として扱うことができるのは、私たちが「樹木」という一般観念をもっているからこそである。

この特定の場所におけるこの特定の事物という「いまとここ」を超越する唯一の方法は、別の有利な地点、時間と空間に拘束されない地点に身を置くことであるが、これはまさしく社会の働きによる。だから私たちは、ものを考えるときはいつも、社会的コミュニケーションに源をもつさまざまの概念を用いて考えるのである。コミュニケーションは常に、特定の人の個別的な観点をとび超えて、ある人の現実と別の人の現実とをつなぐ橋、いわば一般性の橋に到達しなければならない。私たちのもつ観念の基本的レパートリーは、観念というものが抽象的な概念であるかぎり、社会的コミュニケーションによってつくられる。そして私たちはこれらの観念を用いて思考するのだから、社会は私たち一人ひとりの心のなかにまで浸透しているわけである。私たちは、たった一人でいるときでさえ、社会から逃れることはできない。私たちが意識をもつ存在であるかぎり、社会は暗黙のうちにそこに存在しているのである。

こうして社会は、私たちの外側にあると同時に、私たちの意識の中核にも入りこんでいる。宗教の象徴体系《シンボリズム》がきわめて強い力をもっているのはこのためである。つまり、宗教の象徴体系は人間存在の本質的事実をあらわしている。だからこそ、宗教の象徴体系のなかに、社会的義務の観念だけでなく人間のアイデンティティの観念も組みこまれているのであり、また宇宙を支配する神や精神的な力の観念だけでなく個人の魂の観念も存在しているのである。また、宗教は社会の主要な事実を象徴化するわけだから、その象徴システムのなかで社会的闘争が常に一定の位置を占めることにならざるをえない。どんな社会も決して完全にひとつにまとまることはないのだから、宗教は常に、ライバル神、異端、悪霊、悪魔などの存在について述べなければならない。宗教の象徴体系は社会的世界を反映するのである。

なぜ人びとは道徳的感情をもつのか

しかし、宗教は単に知的な現実であるにとどまらない。宗教は、何よりもまず、道徳的な力である。そしてこれもまた、すぐれて社会的な事柄だ。正邪に関する観念は本質的に集合的なものである。これらの観念の大半は、人びとの相互関係を規制する。すなわち、殺すこと、うそをつくこと、盗むことなどを禁止するものであるか、あるいは隣人を愛し助けることを積極的に命ずるものである。これらの規則はすべて、一定の社会的文脈を離れては意味をなさない。たとえ明示的には社会的行動に言及していない道徳的規則でさえ、その根底には社会的要素がある。儀礼を尊重することが正しく、儀礼に違反することが正しくないのは、集団がそのように定めているからである。たとえば、誰かが聖書につばを吐きかけることは、信者にとってはきわめて不快なことであるが、それはひとえに、その宗教集団が聖書を聖なるものとしたからなのである。

道徳の観念そのものが、いかなる特定の個人をも超えた力、個人にさまざまのことを要求し、違反すれば処罰する力、を含意している。これらの要求と処罰は日常の実際的な性質のものではない。私たちは、自分にとってそれが有益であるか有害であるかということとは無関係に、道徳的義務に従うことを期待される。俗なる世界における実際面での功利的な報酬と罰は、正邪の問題とは関係がない。もし私たちが盗みは悪いことだと信じているなら、たとえ盗みによって莫大な利益がえられるとしても、それはよくないことなのであり、またたとえ決して捕まらないとしても、よくないことに変わりはないのである。道徳的違反に対する処罰は、むしろ、別の領域にある。ちょうど、道徳的行為に対する報酬が天国に——あるいはどこであれ、その社会で聖なる領域と考えられているところに——あるように。

キリスト教の天国と地獄(あるいは、他の宗教においてそれらに対応するもの)があらわしている現実は何なのだろうか。この役を果たしうる現実的な力は、社会それ自体だけである。集団の良き成員として認められるためには、私たちは道徳的に正しくあらねばならない。その報酬として、確固とした所属感がえられるのだ。これが「天国」の象徴していることである。道徳的な悪とは集団への違背であり、それに対する処罰は、厳密に道徳的な平面では必然的に集団からの除名である。キリスト教神学の象徴体系においては、「地獄」は罪びとの「神」からの追放をあらわす。道徳的な罰とは、社会への所属感から閉めだされてしまうことなのである。

なぜ人びとは道徳の戒めに従うのか。何よりもまず、集団がそれを要求するからである。しかしまた、個人が集団に所属したいと望んでいるからでもある。ほとんどすべての人が何らかの社会集団に所属しているから、人びとは何らかの意味での道徳的感情をもたないわけにはいかない。集団に所属することを望むかぎり、人びとはおのずからその集団の道徳に強く結びつけられてしまう。正しいと考えられていること、あるいは正しくないと考えられていることについてのこの種の自発的感情を生みだすのは、社会的な結合なのである。

このことは必ずしも、すべての人が同一の道徳を分かちもっているという意味ではない。また、すべての人が同じくらい強い道徳的感情をもっているという意味でもない。むしろ逆である。道徳が集団所属に由来するのであれば、社会のなかにはさまざまの種類の集団があるという事実、そしてそれらの集団がしばしば互いに闘争状態にあるという事実、また個人は集団に加入したり離脱したり、いろいろ移動があるという事実は、多数の異なった道徳が存在するということを意味する。どの集団に所属したいと思うかということによって、その人がどういう種類の道徳的感情をもつことになるかが決まってくる。もし集団が互いに争っているなら、その道徳もまた対立するであろう。このことは、宗教の領域だけでなく、世俗的な領域にも当てはまる。対立する政党に所属する人たちは、自分たちの立場を正しいとし、政敵の政策はまちがっていると見なす。それは、対立する宗教の信者たちが、自分たちは正しく、相手側は罪びとだと感じるのとほとんど同じである。

だが、たとえどんな集団であろうと、集団に所属することを望むなら、人びとはそのことによって結局、ある種の道徳的義務を感じるにいたるであろう。つまり、集団の成員となるために個人は何かを犠牲にせざるをえないように思われる。その犠牲はまちがいなく現実的なものであるが、しかし、それだけの見返りもある。

集団に所属することの主要な利点のひとつは、あまりにも身近なので、ともすれば見逃されがちである。それは、触知できない無形のものではあるが、まったく現実的なものだ。すなわち、高揚した社会的集まりに参加することによってえられる感情的エネルギーがこれである。一人ではできないこと、あるいはしようとも思わないことが、大勢でならできるのは、この感情的エネルギーの働きによる。大勢でいるとき人びとは、自分が強くなったように感じる。なぜなら、そのとき人びとは、個々人としての自分たちよりもずっと強力な何かの一部をなしているからである。このように群衆の一部をなしているとき、人びとはまた、道徳的に正しいことをしていると感じがちになる。なぜなら、共通の活動に参加することで、人びとは単に自分の私利私欲に基づく行動以上の何かをしているのだから。集団をなしていっしょに行動している人たちが、単独で行動している普段のときにくらべて、はるかに強い力を発揮しうるのは、右に見たような理由による。

これは、スポーツ競技会などの際に、ごく普通に見られることだ。大観衆の応援によって個々の選手が発奮するということもあり、また堅く団結したチームの一員としてプレーしている選手たちが、普通ではとてもできないと自分でも思うような見事なプレーをやってのけることもある。戦場のような非常に危険な状況においても、同種の感情が動員される。普通の状況では、そしてとくに一人でいるときには、人びとの勇気のレベルはそれほど高くない。しかし戦場では、部隊をなす人びとが、烈しい砲火を浴びながらも、ともに踏みとどまって、ほとんど確実な死を受けいれるといったことがしばしば見られる。この種の勇気は、その集団がまとまりを保ち、全員が同じ危険に直面していると感じているかぎり持続する。

一カ所に集合した集団のエネルギーと道徳的力は、このように、きわめて強力なものであると同時に、たいへん危険な可能性をも秘めている。この種の集団的状況によって、個人は高度の愛他性の水準にまで導かれ、英雄的行為や自己犠牲の行為ができるようになる。殉教者にもなれるだろう――とくにその受難が公衆の面前で、強い支援のまなざしのもとになされるのであれば。だが同時に、群衆というものは簡単にいっさいの抑制を失ってしまう。道徳的エネルギーはすぐにも狂信的なものとなり、さまざまな方向に導かれうる。大衆集会の興奮から、十字軍ふうの運動が生まれ、革命がもたらされる。小さな集団は通例、これほどの興奮をもたらすことはないが、それでもやはり、その集団の活動に熱心に従事する人びとのエネルギーのレベルを高める働きはもっている。

だから、自信とエネルギーを獲得するためのひとつの有力な方法は、高揚した集団状況に参加することである。政治と宗教は共通の基盤に根ざしている。とりわけ宗教的指導者や政治的な雄弁家たちは、みずからの社会的役割から高水準の個人的エネルギーを獲得していることが多い。群衆の注意を一点に集めることのできる指導者、そして群衆が共通に抱いている考えをうまく言いあらわすことのできる指導者、そういう指導者の身うちには特別なエネルギーが満ちあふれてくる。集団の興奮が十分に高まれば、集団の指導者はいわば霊感を吹きこまれ、単なる普通の人間以上の存在となる。つまり、カリスマ的な存在となることができ、名士にも、英雄にも、さらには聖人にさえなれるのである。この変身を生みだすエネルギーは、指導者その人に由来するものではない。それは集団のエネルギーである。集合した群衆の間を転々とめぐっていくことによって急速に活性化し、群衆を代弁して群衆に話しかける指導者によって一点に集められる、集団のエネルギーである。指導者は集合的エネルギーを一定の方向に導く水路《チャンネル》であり、そのことが彼または彼女を大衆の一員以上の存在に高めているのだと思われる。しかし、指導者の力の秘密は集団それ自体にある。預言者をつくりだすのは聴衆であり、指導者をつくりだすのは運動である。

指導者は、集団に参加することから最大の報酬を獲得する。集団の理想を代弁する政治的指導者は、最もエネルギッシュな成員となる。ミサを執り行なう司祭は、すべての人びとが見守る儀式の中心にいるので、教会中で最も神聖な人物となる。だが、普通の一般成員もまた、感情上の利益を受けることができる。もとより、指導者とまったく同じエネルギーの高まり、まったく同じ正しさの感覚を手にするわけではないが、一般成員もたしかに、集団の会合への参加から個人的な力と自信を獲得する。その会合の雰囲気にのって熱中すればするほど、人びとが抱く高揚感も強まる。教会や政治集会(あるいは、その他何であれ自分が愛着を感じている集団)への参加によって人びとはエネルギーと自信を強め、そうでなければとても手の届かないようなことも達成できると感じる。

それゆえ、集団の会合は、エネルギー変換のための一種の社会的機構《マシーン》である。集団的状況にプラグをつなぐことで、個人は以前よりも強力で目的意識のはっきりした人間になることができる。宗教やその世俗的な等価物が、いつまでも魅力を保ち続けているのは、このような隠れた利益《ペイオフ》のためである。

聖と俗の二元論、あらゆる宗教的信念の内容を構成しているあの基本的な区別は、社会組織の二つの様相《モード》の交替に対応している。通常のとき、社会は分散している。人びとは俗事にかまけている。つまり、各人の実際的な利害関心に従って生計を立て、食事をし、物を消費している。集合的エネルギーのレベルは低い。人びとは、自分自身の手持ちのエネルギー源に頼るほかないからである。しかし、分散の時期と交互に集合の時期というものがあり、そこに宗教的状況の原型が見られる。それは、何らかの宗教的共同体の集会であるかもしれないし、あるいは部族の慣例的な祝祭であるかもしれない。いずれにせよ、社会が集合すると、エネルギーの力学《ダイナミクス》が変わる。たとえば、オーストラリアの氏族《クラン》が集合するときの雰囲気《ムード》、それは、人びとの気持ちがひとつにまとまり、集まった成員たちの間をまるで電気のように興奮が伝わり、お互いの間で強められていく、そういうムードである。このようにして、共通の感情が形成される。日々の世俗的な仕事の世界にかわって、別のムード、より強烈で、別の目的を指向するムードが支配的になる。そのさまざまな象徴を用いて、集団は今や世俗世界での個人的な仕事ではなく、みずからの集合的自我に焦点を合わせる。日常的世界を超えた高次の領域――いわゆる神聖な領域――という感覚はここから生じる。集団がひとつの精神《スピリット》に参与しそれをともにするという、まさにそのことのゆえに、この領域は精神の領域である。

社会的儀礼の一般モデル

宗教的感情を生みだすのに関係する基本要素について考察を進めていくと、社会的儀礼の一般モデルに到達する。すでに指摘したように、このモデルは、社会的エネルギーの変換機構《マシーン》の公式、そしてまた社会的理念や象徴の創造機構の公式と見なすことができる。

では、この機構の構成要素は何か。

まず第一に、集団は集まらなければならない。自分ひとりではなく、ほかの人びとがその場にいっしょにいるからこそ、エネルギーが流れはじめ、伝染性の感情が形成されていくのである。

しかし、これだけでは十分ではない。集団のなかの個人がみな、同じ感情を抱くようになり、しかもその感情を他の人たちと共有していることを意識するようにならなければならない。それゆえ、行為は儀礼化されねばならない。人びとは、身ぶりや声を互いに調整しあいながら、ひとつの様式《パターン》を実演しなければならない。これは、全員一致の形をとることもあろうし、一定の台本に従って各人がそれぞれに期待された役を演ずることもあろう。全員がともに歌ったり、詠唱したり、踊ったりするという極端な形をとるにせよ、あるいは指導者の言葉に聴衆が拍手喝采するといった、よりゆるやかな関係形式をとるにせよ、儀礼化された行為は規則的で律動的《リズミック》なものである。そして集団は、この種の共通の行為によってはじめて、みずからがひとつの集団であるという自覚をもつことができる。そのとき、集団はもはや諸個人の静態的な集合ではなく、動態的な統一体、各成員が相互に緊密に結びついた統一体となる。

最後に、集団の標徴《エンブレム》、つまり集団がそれ自身について抱いている観念を鮮明に示す象徴的事物がある。集団の力《パワー》とは、その集団のエネルギーであり、またその集団の道徳的な影響力である。しかし、人びとがこの力を直接に理解することはむずかしい。彼ら自身そこに参与しているので、この力をあるがままの姿で見ることができない。そこで、この力の実在を具体的な形であらわさねばならない。人びとは、この力を物象化する。すなわち、ほとんど物理的な実在物と信じるようになる。このようにして人びとは、自分たちを動かし結びつける精神《スピリット》を聖なる客体と考える。人びとがその名のもとに集まるトーテム動物がこれであり、また人びとが祈りを捧げる神もそうである。そして、近代になるとその政治版があらわれ、人びとがそれらのために戦っていると感じる国家や政党や政治理念(たとえば民主主義、社会主義、革命など)が聖なるものとなる。

この種の象徴——それがどんなものであれ——の基盤をなしている現実は、集団それ自体である。もっと特定していえば、集団の成員たちが集まって儀礼を実施するときに感じるムードである。この集団的なアイデンティティの感覚は、ある観念に結びつくが、その観念《アイディア》は同時に理念《アイディアル》でもある。すなわち、諸個人がそれに服従しなければならない実体、そしてその服従の見返りとして安全と感情的な力強さを与えてくれる完全な、あるいは神聖な実体という観念＝理念がこれである。

この観念に付随する感情は、拡散的で伝染性のものである。それは日常的現実を超越する性質をもち、したがってその本質を完全に把握することはできない。それはまた、特定の具体的な事物にまで延び広がっていって、それらの事物に固着するという性質をもっている。神話的なトーテムや全能の神だけが神聖なのではなく、トーテムをあらわす木彫りの標徴や、神を礼拝するための祭壇や十字架もまた神聖なものとされる。そういうわけで、聖なる観念だけでなく、聖なる事物もまた存在し、それらはともに敬意をもって扱われなければならないのである。

聖なる事物の存在によって、宗教はさらにもうひとつの次元をもつことになる。聖なる事物は具体的で物質的なものであるから、それらによって永続性の感覚が与えられる。たとえ集団が集まっていなくても、集団の精神はそれらの事物のなかに生き続ける。たしかに、集まらないでいる期間があまりにも長びけば、集団に由来する高揚感や力強さの感情は消滅してしまう。この感情生産機構《マシーン》は、時が経つうちにその電圧が落ちてくるので、ときどき周期的に運転してやらねばならない。だが、具体的な象徴はいわばバッテリーとして働き、社会的エネルギーをたくわえ、また忠実な成員たちに彼らが信じているものとそれに対応する感情とを思い起こさせることができる。

これらの象徴はまた、集団を再集合させ、その機構を再び始動させるためにも用いられうる。いったん感情的意味を充電されると、聖なる標徴は、新たな儀礼行為の焦点、それを中心として再び儀礼行為が実施される焦点となることができる。このようにして、具体的な標徴は、少なくとも最小限の連帯感を、ある儀礼の挙行から次回の挙行まで持続させる。集団のアイデンティティの連続性は、この種の標徴が持続的に存在することによって保たれているのである。

同様の原理は、物理的客体だけでなく、言葉にも当てはまる。十字架や旗が集団の具体的象徴たりうるとすれば、信仰に関する特定の名前や陳述もまた同様の役目を果たしうる。たとえば、神々の名前はその信者たちにとって常に神聖なものであったし、信者たちがその宗教に関して奉じている特定の教義もまたそうであった。物理的な標徴の場合とまったく同様に、これらの言語的象徴も、集団の成員がひとりでいるときにもその集団への所属感を忘れさせないことに役立ち、また新たな信仰儀式のために集団を再集合させるのに役立つ。特定の名前や教義は、もともとそれらを生みだした儀礼から感情の電荷を獲得し、それゆえに社会的記憶の基礎として、またその儀礼を再び遂行するための糾合点として働く。言葉は物と違って人びとの頭のなかにあり、その人とともにどこへでも運ばれていくので、言葉が聖なる象徴として働くという事実は、社会的所属の「機構」に多大な柔軟性を与えることになる。たとえ物理的な標徴がなくても、人びとは、単に一定の文句を思い出したり、特定の名前――アラーであれ、イエスであれ、何であれ――を唱えたりするだけで、集団的連帯感を再び呼びさますことができる。そして、もし他の人びとといっしょにそういうことをするなら、彼らの会話そのものがいわば即興的な社会的儀礼へと変容していくことになる。

この最後の点は、互いに相手に対してどのようにふるまったらよいかについての手がかりを人びとに与えるという意味で、とりわけ重要である。一方では、もし二人の人間がともに同一の聖なる標徴と同一の聖なる名前に敬意を払い、同一の教義を共有しているなら、彼らはお互いに同一の儀礼共同体に所属しているということに気づくだろう。彼らは、集合的な連帯感と力強さの感覚をもつひとつの集団の成員として互いに認めあうことができる。言いかえれば、より高度の安定感をもたらし、より高度のエネルギー水準へと彼らを高める特別な感情変換機構の一部分としてどのようにふるまうべきか、それを認識するわけである。そして彼らが出会うとき、たとえ短い会話を交わすだけであっても、彼らは、感情的報酬を即刻その場で与えてくれる小《ミニ》儀礼を実演することができる。その小儀礼はまた、特定のアイデンティティ、つまり特定の自己定義の仕方を彼らに与える。オーストラリアの部族社会では、同一のトーテムを崇拝する人びとは共通の名前をもつ。たとえば、カンガルーにちなんだ名前で呼びあう人びとはすべて、自分たちは同族関係にあると考え、お互いに助けあわねばならず、傷つけあってはならないと感じている――それはちょうど、カンガルーを殺してはならないのと同じである。キリスト教やイスラム教においても、同宗者たちは自分たちをそれぞれの宗派《セクト》の名前で呼び、自分たちは信仰上の兄弟だと感じている。彼らはお互いの成功や苦難を自分のことのように受けとめ、互いに助けあわねばならないと感じる。このような絆、つまり共通のアイデンティティと道徳的連帯の絆は、キリスト教やイスラム教にかぎらず、強力な宗教的あるいは政治的な教義の信奉者の間には常に見られるものである。

しかしまた、同じ原理が否定的に働くこともある。聖なる象徴によって私たちは、信頼できない人たちを識別することもできる。というのは、聖なる象徴の存在が、祭式を同じくする信者たちの間に見られる共通のアイデンティティと道徳的紐帯を示しているのであれば、それらの聖なる事物を認めない誰かに出会うことは、それによって集団間の境界が示されるということだからである。少なくとも、同じ象徴を共有していない人たちは、自分たちの間には積極的な感情的紐帯が欠けていると感じる。彼らは互いに異邦人《ストレンジャー》であり、部外者《アウトサイダー》である。

こうした感覚は、はじめはとくに悪感情をともなわない中立的なものであっても、容易にあからさまな敵意へと発展しうる。実際、敵意が発生する機会をつくりだすのは、聖なる事物の存在である。儀礼的な祭式によって、その祭式なくしては生じえないような所属感や共有された道徳性がつくりだされる。そうした儀礼やそれに関連する聖なる事物を冒瀆するような行為は、どんな行為であれ、集団の安定感を脅かす。それゆえ、そのような行為に対しては怒りの反応が生じる。誰かが神聖な場所を汚したり、聖書やトーテム標徴や国旗を焼いたり、神聖な名前をののしったり、政治的信義にもとる発言をしたりすることは、とりもなおさず、そうした聖なる象徴のもとに組織化されている集団に挑戦するということである。集団が共通の信念とみなしている原則に異を唱えることについても、同じことが言える。つまり、そのような異議は社会的異端となるわけである。

十分に強力な集団であるかぎり、どんな集団も、この種の象徴侵犯行為をおかす者を厳しく罰するであろうが、それは当然のことである。侵犯者の行為がほとんど(あるいは、まったく)物理的な実害をともなわないとしても、事情は変わらない。侵犯者は、世俗世界の財産や所有物などよりもはるかに感情負荷の高いものに挑戦しているのであり、したがってそれに対する反応は、単なる原状回復や損害賠償への努力ではなく、むしろ義憤の感情としてあらわれてくるのである。この義というところに、つまりこの反応の道義的な側面に注目しなければならない。儀礼の侵犯に対する集団の処罰が道徳的な怒りの感情をともなうのは、まさしく集団の儀礼こそ道徳感をつくりだすものだからにほかならない。さきの隠喩《メタファー》を使うなら、社会的エネルギーの変換機構に手を出す者は誰でも、高圧のショックを受ける危険をおかすことになるのである。

右に見てきたように、宗教の理論には広範な現象を説明する力がある。この理論の示すところによれば、人間の生活にはまったく異なる二種類の経験がふくまれる。すなわち、諸個人が集団への依存を意識するような経験の領域と、それぞれに自分自身の実際的な利害関心を追求するような領域とである。そして前者のタイプの経験から、私たちは一般的な観念や理念、あるいは道徳感などを引きだす。宗教の理論はまた儀礼と象徴の理論でもある。儀礼とは、集合した集団――その成員に特別の感情的エネルギーを与える集合した集団――の調整された行為であり、象徴とは、集団の経験をあらわす観念や標徴や教義である。象徴は、集団を組織するためにそれらの象徴を使用している人びとによって、神聖なものと感じられている。それゆえ、同じ象徴を共有する人たちは自分たちの間に道徳的な紐帯があると感じるのであり、またそれらの象徴に払うべき敬意を払わない部外者に対して義憤を感じるのである。

こうして私たちは、何が諸集団を結合させ、あるいは分離させるのかということについて、ひとつの説明を与えることができる。また、観念についても、さらには道徳についても、その肯定的な側面と否定的な側面との両面をふくめて説明することができる。そして、これらのことはすべて、前章の要請をひきついで合理性の非合理的基盤を明らかにするものである。

この理論の適用範囲は多方面にわたる。すでに私たちは、この理論が宗教固有の領域を超えていることを見てきた。宗教的な儀礼や観念だけでなく、政治的儀礼や観念——イデオロギーと呼んでもよいもの——もある。もちろん政治に関しては、集合した群衆の儀礼といった側面以外にも、いろいろな面がある。政治を説明する理論は、利害や資源、権力や闘争といった問題をも扱わねばならない。本書の後の章で、これらの問題に再びふれ、儀礼がどこで所有や強制力の問題と嚙み合うかを示すことにしよう。もうひとつの可能性としては、儀礼の侵犯とそれによってひき起こされる義憤というテーマをとりあげる方向があろう。このテーマは犯罪と刑罰の理論につながる。これも後の章でとりあげることにしたい。

さしあたりここでは、宗教現象に密着することにしよう。宗教現象を、その諸形態と歴史的変化という観点から検討してみると、宗教が社会現象であるということのさらなる確証がえられる。そして、この検討をさらに進めていくと、奇妙なことに、現代の世俗的な社会も、実は古い宗教的な力を新たな装いのもとに維持しているさまざまの儀礼に満ちた世界ではないのか、というふうに思えてくる。日常生活の、いくつかのごくありふれた活動のなかに、私たちは、いわば地下にもぐって潜行している宗教を見いだすのである。

神の類型《タイプ》は社会の類型《タイプ》に対応する

神が社会を象徴しているとすれば、違ったタイプの社会はそれぞれに違ったタイプの神をもつということになるはずである。宗教のタイプと社会集団の構造との間には照応関係があるはずだ。社会が変化すれば、それにつれて宗教も変化するにちがいない。

好都合なことに、これがまさしくそのとおりであることは、いくつかの異なる宗教を比較してみればすぐにわかる。

部族社会においては、宗教と社会構造は密接に関連している。デュルケムが記述したオーストラリアの例に見られるように、狩猟採集社会は小規模な集団で、全員が集まっても二、三百人を超えることはめったにない。そこでは事実上、富の所有もなく、階層制もない。部族を構成する各氏族は互いに平等であり、氏族内の各個人もほぼ平等である。そして彼らの宗教もまた、同様の構造を示す。各氏族にはそれぞれの聖なるトーテム(黒オウム、白オウム、カンガルーなど)があり、それらのトーテムが各氏族に名前を与え、また各氏族独特の儀礼と信念の中核となっている。これらのトーテムはすべて、宗教的に見て平等である。各トーテムはそれぞれの集団に特有のものであり、どれかが他よりも傑出するということはない。聖なる事物のこの水平的な多様性は、部族の水平的な組織構造に対応している。

オーストラリアの部族社会に見られる階層分化は、年齢と性別によるものだけである。年長の男たちが、女たちと若い男たちを支配する。この特徴もまた、宗教にあらわれている。女性は宗教的儀式から完全に排除されており、聖なる標徴を見ることさえ許されない。若い男性は、苦痛をともなう成人儀礼をくぐり抜けてはじめて宗教儀式への参加を許される。

次に、一歩進んで、原始的な農耕(または栽培)を行なう部族社会に目を向けると、宗教にも社会構造にも変化が見られる。これらの社会は、右に見てきた社会よりも大規模で、より定住的であり、ある程度の富の蓄積が見られる。そして通例、複雑な親族制度を中心として構造化されている。誰が誰と結婚すべきか、どのような結婚が禁じられるか、花嫁、花婿、そして子どもたちはどちらの家族といっしょに住むべきか、結婚に際して両家の間でどのような支払いがなされねばならないか、といったことに関して複雑なルールが定められている。この種の社会では、女性の役割がたいへん重要である場合が多い。これらの部族の多くは、(子どもが名前と財産を母方から継承する)母系制、あるいは(夫が少なくともある期間、妻の家で妻の家族とともに住む)妻方居住制をとる。女性はまた、経済においても中心的な役割を果たす。織物や陶器づくりのような手仕事だけでなく、農作業の大半も女性が行なう。こうして、富の大部分が女性によって生産される。

このような場合、これらの社会の宗教が女性的要素を強調するものとなりがちなのは、驚くに当たらない。主要な祭儀の中心となるのはしばしば豊穣儀礼であり、そこでは性交および出産が穀物の植えつけおよび収穫と象徴的に同一視される。女性は宗教儀式においいても重要な役割を演じる。聖なる教義はしばしば神秘的な女性に関係しており、そのような宗教の聖なる標徴はしばしば、胸部と性器を誇張した女性をあらわしている。とはいえ男性も、これらの社会において必ずしも従属的な地位にあるわけではなく、とりわけ政治と戦争において重要な役割を演じている。だから、これらの社会の宗教には、女性的な要素だけでなく、男性的な要素もふくまれている。しかし、女性が顕著な役割を果たしているようなタイプの社会では、その宗教も著しく女性志向的であるということは、デュルケム理論のあざやかな例証のひとつである。

農耕社会の経済的生産性が高まれば高まるほど、大規模な社会組織が発展する余地も拡大する。きわめて多様な社会類型とそれらの混合形態が可能になる。特定の集団が牧畜、漁業、商業などを専門とするようになり、町や都市が出現し、軍隊が組織される。これらの社会すべてをひとつの全体として眺めるなら、そこにはまた別の宗教的様相《パターン》が見られる。今や私たちは、それぞれに独自の宗教を奉じる平等な諸集団から、族長支配の地域共同体、軍事連合、そして強力な王権のもとに統合された王国にまでいたる一連の政治組織を見渡すことができる。そして、この多様な政治組織に並行して、それぞれに対応する一定の宗教形態が見られる。

一般的に言えば、ある社会における政治組織が多層化すればするほど、宗教の領域における位階制も複雑化する。貴族や官吏が頂点に立って、より低い地位にある者を支配し、その最底辺に農民や奴隷がいるといった、多層的な政治構造が存在する場合には、神々もまた位階秩序をなしていると考えられやすい——たとえば、立派に成人した神々や女神たちが頂点にいて、未成年の小精霊たちが底辺にいる、といったように。政治組織がさらに中央集権化され、全権をもつ王のもとで位階制が多層化していけばいくほど、宗教も、たとえばオリュンポスの神々を統轄するギリシャ神話のゼウスのように、他のすべての神々を統轄する至上神の観念をともなうようになることが多い。また、国々が互いに他国を攻略しあうようなときには、被征服国の神々はしばしばやおよろずの神々のなかに組み入れられ、征服国を代表する神に従属する低次の宗教的勢力となる。征服国の神々は通例、天上の戦士として、全能の雄々しい存在として、地上の王者中の王者を反映する天上の王者中の王者として表象される。ここでは宗教は、単に社会を反映するだけでなく、上層階級を特別に強力で畏怖の念を起こさせるものと見せるのに役立つことによって、支配の装置の一部としても作用する。

知的に洗練された世界主義的《コスモポリタン》な文明の興隆とともに、宗教のもうひとつの形態があらわれる。古代ローマ帝国の時代、あるいはそれと同時代のインド、中国、ペルシャにおいて、神々に与えられてきたさまざまの名前はすべて唯一の超越的実在をあらわすという考えが出現した。やおよろずの神々は、唯一の神あるいは唯一の神秘的状態へと還元される。キリスト教、仏教、ヒンズー神秘主義、道教、儒教、ゾロアスター教、そして後にはイスラム教――これらはいずれも、唯一の霊的な力が全世界を統べると考えるので、「世界宗教」と呼ばれている。これらの宗教はそれぞれ、唯一の神、唯一の悟りの状態、あるいは唯一の道しか存在しないと主張する。他の神々はすべて偽りか幻想である。

要するに、このタイプの宗教は、普遍的であることをめざす。それは、合理化され知的に洗練された社会、そして強大な政治権力をもつ社会――その時点での既知の世界全体にまたがる普遍国家という観念を育てうるほどに強大な政治権力をもつ社会――に対応する宗教である。

狩猟採集段階の部族から強大な世界帝国にまでいたる、さまざまの種類の社会についてこれまで述べてきたところを全体としてふり返ってみると、それぞれの社会において思い描かれる神々のタイプは各社会の規模と構造に対応して違っているということがわかる。神が社会を象徴するというのは、一般的な意味においてだけではない。個々の社会について見ても、そうなのである。特定のタイプの社会は、それぞれに特定のタイプの神をもつ。

そこで、歴史にかかわる疑問が生じる。宗教と社会と、どちらが先に変化するのか。宗教が社会変動をひき起こすのか、あるいはその逆なのか。右に私たちが見てきたすべてのタイプの社会について、どちらが当てはまるかを証明しようと試みた人はまだいない。しかし、あるタイプの社会から別のタイプの社会への移行という、ひとつの特定の変化に関しての議論ならある。デュルケムとほぼ同じ頃に著作活動を行なったマックス・ヴェーバーは、宗教の領域における変化によって近代の資本主義的産業社会の興隆がもたらされたと主張した。初期の著作では彼はこれを特定の形のプロテスタンティズムの興隆によるとしているが、別のいくつかの著作では、近代世界の政治的・経済的発展の全体を、キリスト教と古代ユダヤ教のいくつかの独特の形態から生じたものとして描いている。

こうした因果の仮定を逆に考える社会学者たちもある。マルクス主義者たちによれば、宗教は、社会構造に根ざして生みだされるイデオロギーであり、支配階級による支配とそれを支える所有形態とを補強する役割を果たす。さらに、クロード・レヴィ＝ストロースらの構造主義者たちがとる第三の道もある。彼らにとっては、宗教の構造(あるいは、一般に観念と神話の構造)と社会の構造とがあいまってひとつの全体をなしている。彼らは、どちらが先かとか、どちらがどちらの原因かとかいうふうに問うことなく、むしろ全体を構成するこれらの構造内の基本的要素を記述することに力を注ぐ。

ここでは、この問題についてはこれ以上深入りしないことにしよう。この問題から派生するさまざまの論点は、今日の社会学において――さらには社会科学と文化科学の全領域において――依然として問われ続けている基本問題のひとつとなっている。

個我の発生

宗教に関する社会学理論は、単に、全体社会の構造や全体社会の歴史的変動といった巨視的《マクロ》レベルの問題に適用されてきただけではない。それはまた、多くの微視的《ミクロ》分析をも生みだしてきた。これは、比較的小さな集団や短期の相互作用――つまりは日常生活の儀礼や象徴を問題とする分析である。

これまでの議論からすると、大規模な現代社会においてミクロ・レベルの儀礼が依然として存在しているというのは、奇妙なことと思われるかもしれない。もし神が社会を象徴するのであれば、社会が大規模化するにつれて、神はますます偉大な存在となり、また遥かに遠い存在となろう。そのうえ、デュルケム自身も指摘しているように、社会が複雑化すれば、神の観念はいっそう抽象的なものになるはずである。社会的分業の複雑化につれて、個々の社会成員の人生経験の特殊化が進み、人びとは互いにますます異質な存在となる。それゆえ、社会全体をあらわすような象徴は、ますます具体的な内容を失っていくにちがいない。神が、オーストラリアのトーテムのような具体的標徴として思い描かれることはなくなる。さらには、ギリシャの神々や女神たちのように、人間の姿で思い描かれることさえできなくなる。大きな世界宗教においては、神または究極的実在は、この世のあらゆる特徴づけを超えたものとされ、したがって、否定形でしか、あるいは抽象的な最上級表現でしか――つまり、果てしない、限りない、終わりない、全知の、最高度に善なるものとしてしか――描きえないものとされる。神を単に一種の超人と見る限定的な見方は冒瀆行為となる。

こうした発展がさらに進むこともある。すなわち、神が十分に抽象的な存在となると、ついにはあらゆる擬人的要素が完全に消滅してしまうのである。デュルケムによれば、産業社会では分業が高度に発達するので、神という一般的な観念さえも消え失せてしまう傾向が見られる。神の観念は、人間性《ヒューマニティ》という一般概念に転化する。神の概念の包括性の度合がだんだんと高まっていくにつれて、宗教がカバーする道徳的境界も拡大してきた。部族宗教は、同じ部族の成員たちの間での道徳的行為を神聖化する一方、他部族の成員たちについては、これを局外者として関心の外に置いたが、宗教的理念の適用範囲が広がってくると、信者が道徳的に対処しなければならない人びとの範囲もどんどん拡大してくる。最初は、同じトーテム集団の成員を殺したり、同じトーテム集団の成員から盗んだりすることが禁じられるだけであったが、ついには、どんな人をも殺してはならず、誰からも盗んではいけない、ということになる。こうして、普遍宗教の観念とともに、全世界にわたる人類家族という道徳観念が生じた。

あいにくなことに、どんな世界宗教もその約束を完全に果たすことはなかった。キリスト教とその内部のさまざまの宗派、イスラム教とその諸宗派、仏教の諸宗派など、いずれも、特定の国家や社会集団と強く結びつき、相互に迫害と闘争をくり返すことが多かった。だが、近代になって世界主義的《コスモポリタン》な社会が発展してくると、こうした道徳的排外主義に対する反動が生じてきた。一八、一九世紀の啓蒙主義の洗礼を受けた人びとは、互いに敵対する宗教の教義や象徴に対しては、どんな宗教のものであれ、不信の念を抱くようになり、それらの宗教的教義にかわるものとして、あらゆる教理上の偏見を超えた道徳性という概念を立てるにいたった。超自然的なものという観念それ自体も消失しはじめた。とはいえ、その観念の根源的な内容は生き続けた。というのも、宗教の基本的な象徴体系が社会をあらわすのであれば、人類の幸福や社会の維持または改善に焦点を合わせる主義主張のなかに、この根源的内容が常に見いだされうるからである。宗教は、一般化と抽象化の極点にいたったとき、政治的理念に転化する。こうして、宗教上の信仰の衰退のなかから、保守主義、自由主義、社会主義といった、近代の政治上の主義主張があらわれてくる。と同時に、それらは新しい形で宗教的関心を持続させてもいるのである。

私たちは依然として、社会全体と、社会全体に奉仕することをめざす教義というマクロ・レベルについて語っている。しかしながら、宗教がしだいにより抽象的な形態に向かい、ついには政治的なイデオロギーに転化していく、この発展過程は、興味深い曲折を経てミクロ・レベルにも及び、そこにマクロ・レベルでの動向に対応する動きをひき起こす。社会が大規模化し複雑化するにつれて、その社会のうちにある諸個人は互いにますます異質化する。部族社会においては、事実上すべての人が他の人たちと同じことをしており、各人のパーソナリティも互いに類似しがちである。複雑な産業社会では、私たちはほぼ正反対の状態にある。各個人がそれぞれに固有の特殊化された世界で生きる、という傾向が強い。このようにして、宗教の遠隔化と抽象化を推進する同じ社会変動が、同時に人びとのいっそうの個人化をもたらすのである。

日常生活における相互作用儀礼

デュルケム学派の思考の流れを受けつぐ論者の一人、アーヴィング・ゴフマンは、右に見た二つの過程を巧みに結びつけた。社会全体をあらわすような宗教的儀礼や信念は、現代社会において、あまりにも一般化し遠隔化したため、事実上、日常生活からは消え失せてしまっている。かつては一日中ほとんど一時間ごとの区切りを示すかのように頻繁に行なわれていた儀式や祈り、食事の際の神への感謝なども、今では過去のものとなってしまった。そして、かわりに、あまりにもありふれているので自明視されて気づかれにくい儀礼があらわれてきた。ゴフマンはこれを相互作用儀礼と呼ぶ。

相互作用儀礼は日常的な会話のなかで生じる。この儀礼はしばしば、私たちが普通、礼儀にかなった丁重さ《ポライトネス》と考えている言動の形をとる。この儀礼に結びついている理念的な(あるいは、聖なる)対象は、個人の自我である。

これはどういうことであろうか。

何よりもまず、ある人の自我《セルフ》はその人の身体と同じではないということだ。身体は物理的世界の一部であるが、自我は社会的世界の一部である。私たちの名前、私たちの自己イメージ、私たちの意識——これらはすべて、デュルケムがすでに述べているように、他の人びととの相互作用から生じる。あなたの自我は、あなたが抱く観念であり、同時にまた他の人びとがあなたについて抱く観念でもある。

とすれば、違った種類の社会的相互作用のもとに置かれた人びとは、違った種類の自我を身につける、ということになる。違った種類の社会とその宗教についてすでに大まかな比較検討を試みたが、これに対応する形で、それぞれの社会において人びとがどのような種類の自我を身につけるかについて比較検討してみることもできよう。そして一般的に言えば、自我の概念は、集団にほとんど埋没している状態から個人主義的な状態にいたる連続体をなして推移する、ということがわかるだろう。

たとえば部族社会においては、個人はみずからを氏族《クラン》の一部と考えている。個人が何か特別な技能や活力をそなえていても、それらはすべて、呪力やトーテムの力といった外部的な力のせいにされるのが普通である。これらの霊的な力は、外側から個人に重くのしかかる社会的影響力の感覚、その強い実感を象徴的に表現する形式にほかならない。より複雑な農耕社会では、すべてを包括するこれらの宗教的力は、いくぶん後退する。とはいえ、例外的な行為や能力は、やはり神や運命、あるいはその他の何らかの霊的な力の介在によって説明される。これらの社会においても、個人を拘束するさまざまの社会的圧力は依然として強い。一般に、人びとはその家族に大幅に依存しており、また厳格な社会的序列に縛られている。プライバシーはほとんどなく、各人の生活が常にまわりの人びとの監視にさらされているような状況である。したがって、当然のことながら、個人の自我という観念もきわめて限られた形においてしか存在しない。人びとは、自分の家族や目上の人に対して申し分なく忠実であることを期待される。結婚の相手や働く場所などに関して選択の自由はほとんどない。法制も個人というものをほとんど考慮に入れていない。家族全体あるいは村落全体がその成員の誰かがおかした犯罪の責任を負わされることがあり、また拷問や手足の切断のような残酷な刑罰も全面的に容認されている。人びとが個人的な意見をもつなどということは想定されておらず、支配的な原則への同調が厳格に強制される。個人の良心などというものは問題にならない。重要なのは、集団への外面的な同調である。

このように見てくると、現代の都市社会は異例のケースと考えることができる。そこには、各個人が内面の自我をもつという考え方があるからである。法においても、今やそれぞれの個人が自分自身の行為に責任を負うものとされ、行為の有罪性・無罪性の程度も主観的意図の問題との関連で決まるようになってきている。ある人物が意識的かつ意図的にこれこれの行為をしたのかどうか。現代の法廷では、このことが判決を左右する。このような基準の定め方によって、次の二つのことが示されている。すなわち、今や人びとは、自分で考え決定することのできる主体的自我をもつ存在と見なされているということ(これは以前のたいていの社会には見られない考え方である)、そしてさらに、こうした自我、つまり個人として責任を負いうる自我に従って行動するよう要求されているということ、である。内的な個人的自我という概念は、現代世界に広く流布したイメージであるだけでなく、現代の道徳が私たち全員にそれをもつように要求するひとつの理想でもある。

このことから私たちは、近代の個人主義がそれ自体、ある意味で、一種の宗教的信仰であることに気づくはずである。私たちは、個人であることを許されているだけではない。個人であるべく期待されてもいるのだ。このことに関しては、社会は私たちに選択の余地を与えていない。

では、個人の内面の意識というこの感覚はどのようにして生じるのであろうか。他のあらゆる道徳的観念が生みだされるのと同じ方法で、すなわち特定の儀礼によって生みだされると考えるべきであろう。そして、私たちが日常の出会いのなかで執り行なっていることをゴフマンが見いだした儀礼こそ、これに当たるものなのである。

今日の私たちの会話は、概して、形式ばらない、くだけた感じで行なわれる。そこには、古風な儀礼を思わせるような厳格な儀式性は、ほとんど存在しないように思われる。しかし、私たちの会話が、個人的自我を賛美する儀礼にふさわしいものとなるのは、まさしくこのくだけた気安さによってなのである。

私たちは、自分が単に外面的な役割を演じているのではなくて自分自身の意見を表明しているのだということを絶えず強調する。今日、冗談や皮肉を言うことがたいへん好まれるが、これらは、私たちが自分をとりまいている圧力や社会組織から心理的距離を保ちうるということを誇示する手段でもある。不平や批判も現代人の会話によく見られるものだが、これらもまた、自主独立の存在として自分自身を保っていく手段となる。ゴフマンが描いているように、独自の自我を演示するこれらの行動様式は友好的あるいは非友好的な競演会《コンテスト》に発展していくことがある。このコンテストでは、人びとは、互いに相手を笑い者にする冗談を言いあったり、皮肉でしのぎをけずったりすることによって、互いに相手よりも「一枚上手《ワン・アップ》」であろうとする。こうしたことすべてが、至上の自我《ウルトラ・セルフ》を礼拝する一種の儀式《カルト》を構成している――つまりそれは、他の人びとが自分に向かって投げつけてくるすべてのものから身をかわす内面的な離脱の層を次から次へと無限につくっていけるということを誇示する儀式なのである。

しかしながら、自我創出的な相互作用儀礼の主要な形態は、競争的なものではなくて協同的なものである。人びとは、互いに協力しあってそれぞれの自己イメージを築きあげていく。人びとの会話のなかには、しばしば、いわゆる「罪のないうそ《ホワイト・ライ》」がふくまれている。日常生活のなかの出来事を実際以上にエキサイティングなものに仕立てたり、自分を実際以上に気の利いた、あるいは冷静な、あるいは裕福な、あるいは成功した人間であるかのように見せかけたり、自分に敵対する者や競争相手を実際以上に悪く描いたり、ともかく人びとはさまざまの誇張を行なう。概して、話のうまい人というのは、この種の誇張を巧みに利用しているものだ。むしろ、話のうまい人にはそういうことが期待されているようでさえある。誰もが、他人に対して、その人自身の世界に関してはいくぶんかの虚偽をふくんだ見解をつくりあげる権利を暗黙のうちに認めているようだ――そのかわり、自分が話す番になったら、同様の権利を認めてもらうわけである。

こうしたことはすべて、個々の会話においては些細なことかもしれないが、結局のところ全体として、各人の内的自我を維持する役割を果たしている。というのも、自我の観念は、あらゆる「聖なる」理念がそうであるように、絶えず外部から補強されることを必要としているからである。会話は自我崇拝を支える一連の小儀礼である。各人が自分なりの自己中心的な世界観を確認してもらうために友人たちに依存しているわけだから、ここに見られる自我崇拝はとりわけ社会的な性質を帯びた自己中心主義であると言える。ゴフマンが述べているように、社会的相互作用はひとつの循環過程であり、そこでは誰もが他者に理想的自我を与え、そのお返しに他の人びとから自分好みの自我を受けとる。

ゴフマンはさらに進んで、どのようにして社会的自我がつくりだされるかについても論じている。彼は社会生活を劇場にたとえる。ただし、この劇場にはいくつもの舞台があり、またいくつもの舞台裏がある。「表舞台」では、人びとは適切な衣服を身につけ、適切な表情をつくり、適切な言葉や身ぶりを用いて、理想化された自画像を演示する。一方、「舞台裏」では、前もって自分が演じる役の準備をし、そして演じ終わったらくつろいで、「舞台上《オンステージ》」での努力に費やしたエネルギーを回復する。舞台と舞台裏には、政治的なもの、職業的なもの、商業的なもの、社交的なものなど、さまざまの種類がある。また、ある場面からいっそう私的で内輪の場面へ、さらにもっと内輪の場面へと次々に移っていく、そういう場面の移動に対応して、舞台裏の舞台裏といったものを考えることもできよう。精神療法や極度に私的な会話などは、現代の最も奥まった舞台裏の例であり、そこでは他の舞台裏では決して明らかにされないような事柄に注意が向けられる。

そういうわけで、近代人の自我はきわめて複雑なものとなりうる。ゴフマンが示しているように、そこには多くの層が、そして層のなかにもまたさまざまの層がふくまれうる。それはつまり、社会的に共有されたさまざまの見せかけ《プリテンス》がふくまれうるということでもある。そしてこれらの見せかけはいずれも、それをうまくこなしていくためには、本人のみならずまわりの人びとをもふくめて、かなりの協同的努力を必要とする。こうした事情についてゴフマンは、彼の後期の著作にしばしばあらわれるメタファーのひとつ、額縁のメタファーを用いて述べている。この場合、額縁はいくつもあり、既存の額縁のまわりに次々と別の額縁が当てがわれていく可能性が常にある。

当然、次のような疑問が生じる。これらのすべての層の背後に、最終的な自我というものが存在するのだろうか。これらさまざまの種類のパフォーマンスをすべてとり去っていけば、最後には、個人の意識の核心に――つまり、すべての操り人形の糸を一手に握っている人形使いに――到達しうるというふうにも思われる。しかし、ゴフマンはそうは考えない。彼が描いたいろいろなタイプの社会的自我は、どれひとつとして、協同的な社会的相互作用なくしては形成されえない。実際、私たち各人が自分の内部にさまざまの層をもちうるのは、ひとえに私たちが現代の複雑な社会的世界に住んでいるからである。この内面的な複雑さはすべて、私たちがさまざまの集団的状況の間を移動しうるがゆえに、またそれぞれの状況にふさわしい理想的自己の呈示を奨励されるがゆえに、生じるのである。

要するに、私たちはおそらく、内面の層を無限につみ重ねていくことができるのだが、決してその中核に到達することはないのであろう。これらの層は、はじめは外部からつけ加えられ、しかるのち、私たちの意識の内部に反映され、定着する。個人のなかに新しい水準《レベル》が形成されるのは常に、他の人びととの間に新しい形の関係が生じることによってである。前社会的《プレソーシャル》な自我は存在しない。孤独な個人的自我というものは、複雑な形態の社会が出現してはじめて生みだされてきたものなのである。

この結論は何ら驚くべきものではない。私たちが見てきたのは、つまるところ、宗教は社会の所産であるということ、そして個人主義は宗教の特殊近代的な形態にほかならないということである。近代社会の構造によって、私たちは他の社会には欠けているプライバシーの「舞台裏」に身を隠すこともできるし、またある人びとと話すときに、その人たちに対して自分の行動を理想化して見せることもできる。独自《ユニーク》の内的自我をそなえた個人という観念は、こうした近代に特徴的な相互作用の様相《パターン》から生じてくるのである。

社会的儀礼によってつくりだされる聖なる対象がすべてそうであるように、近代的自我もまた多少とも神話的なものである。それは決して、みずから申し立てているほど自律的でも個人主義的でもない。だが、これもまた驚くには当たらないことである。なぜなら、あらゆる神話的象徴の背後には同じ現実、つまり社会があるのだから。社会が今や主体的自我という観念のなかに象徴化されているのだとすれば、それは、この観念が、分業の複雑化にもかかわらず私たちが共有しうる唯一のものだからである。

社会的儀礼の世界

社会的儀礼の理論は、このように、宗教に基礎を置くものと言えるが、しかし同時に社会生活の隅々にまで及んでもいる。どんなタイプの社会集団も合理的選択だけに基づいているのではなく、必ずしも合理的とは言えない連帯感情にも基礎づけられているという、すでに述べた基本的な論点を思い起こせば、このことははっきりする。小規模で孤立した同質的な集団は個人に対してきわめて強い圧力を及ぼし、そのことが、超自然的な精霊の遍在に関する宗教的信念のなかに表現されているような感情を発生させる。一方、近代社会における諸個人の社会的経験は大規模な交際関係のネットワークのなかでの多種多様な出会いから成り立っており、そういう人びとの間では、相互作用に関する儀礼はまったく別の形態をとる。にもかかわらず、それはやはり儀礼には違いないのであって、近代に特有のタイプの「世俗宗教」、すなわち個人主義の崇拝を生みだす。しかしそこで崇拝される個人は、合理的な選択主体という常識的観念によって想定される、まったく孤立した自律的人間と同じものではない。ゴフマンも指摘しているように、人は個人であることを許されているだけでなく、実質上そうであることを要求されてもいる。社会的相互作用がこのような形をとる場合、私たちは自分たちに押しつけられる法的責任を負わざるをえないことになる。同時に、この同じ社会的条件によって、近代人は自分に対して意識的で、皮肉屋で、何事にも距離をおくべきだという期待――あるいは、自己呈示の近代的スタイルとしてあらわれている、その他のさまざまな期待――が形成される。形式ばらず、「クール」で、抑制の利いた個人という近代の理想は、社会に対する反抗ではない。むしろ、社会的理想が、今日では、まさしくそういうふうに型どられているのである。

しかしながら、今日の社会においてさえ私たちは、社会関係の絶えず変化する市場に全面的に身をさらしているわけではない、ということも事実である。私たちは、万華鏡のように変化していくさまざまな人びと、さまざまな社会的状況に常に直面しているわけではない。私たちの経験のなかには、たとえば幼年時代の経験や結束の堅い集団や組織のなかでの経験のように、デュルケムが原始宗教の基礎として描いた、あの高密度の経験にむしろ近いものがある。近代社会にはあらゆるものがふくまれており、個人主義を生みだすせわしない社会的市場とならんで、小さな近代の「部族」もまた存在している。そして、まさしくこのようなところ――つまり、小さな町とか、同じ家庭と学校と近隣とに限定された子どもたちの経験とか――においてこそ、連帯にかかわるささやかな部族的儀礼が今なお見いだされるのである。この種の連帯儀礼に対応する信念は、伝統的宗教のリバイバルという形をとるかもしれない。あるいは、スポーツチームや学生の友愛会などに見られる現代版の集団崇拝カルトとなるかもしれない。この種のカルトは、政治の領域や職業活動の領域、あるいは学問の世界などにおいてもみられ、それぞれに強い感情的コミットメントを生みだし、それぞれの集団にとって聖なる象徴的信念を維持する働きをしている。これらはすべて、それぞれの集団が何とか集会をもち続け独自の儀礼を実施し続けるかぎり、現代社会においても、かなり強力に作用する。

すでに見たように、儀礼は、さまざまのことに利用できる一種の社会的技術《テクノロジー》である。この機構《メカニズム》はさまざまの状況に適用できるので、同じ仕組みが多くの違った結果をもたらしうる。ある状況――社会密度の連続体の高密度側の端――では、原始部族の、どちらかといえば狂信的かつ迷信的な信念が生みだされる。別の状況では、皮肉っぽい個人主義というゴフマンの世界がもたらされる。また別の社会的レバーを引くと、大衆政治のイデオロギー的感情や激烈な社会運動などが生じてくる。闘争の儀礼だけでなく、調和の儀礼もある。ときに人びとは、儀礼を意識的に操作することによって、他の人たちに対する自分たちの支配を補強しようとする。またときには、たまたま人びとが対面的状況のなかに他の人びとともに投げこまれたために、自然に儀礼が発生してくることもある。

儀礼の理論によって私たちは、社会生活のさまざまの領域の分析に手を伸ばしていくことができる。以下の諸章では、他のいくつかの脱自明的な社会学的発想とともに、儀礼論をも有効に利用していくことにしよう。

3

権力の逆説

権力《パワー》という言葉は、明白な、単純でわかりやすい意味をもつように見える言葉のひとつである。誰それは、強力《パワフル》な政治指導者であると言われたり、何某氏がビジネス界での本当の実力《リアル・パワー》者だとか、誰々さんたちにはたいへんな権力があるので、彼らの機嫌をそこねるような危険を冒すわけにはいかないとか言われる。制度もまた、強力であると言われる。誰それは、大組合の書記長という有力《パワフル》な地位についているとか、何々の委員会は組織のなかで有力であるとか言われる。そして、もちろん、あらゆる公的な地位は一定の権力をともなっている。

にもかかわらず、権力についての私たちの思いこみを超えて、もっと深いところに立ち入ってみると、権力のありようというものはたいへん不明瞭なものになってくる。権力のあることで通っている人たちも、必ずしも目的を達するわけではない。役人はしばしば、その権限を行使する余地がないほどいろいろな制約を受ける。政治指導者は、計画の実行を約束しておいて、結局は実行しえないままになってしまうことで悪評が高い。最も決定的な権力をもっていると思われる人たち――企業の最高責任者あるいは専制政府の長――といえども、いつも目的を達するわけではない。実業界の巨頭は、秘書をあごで使うかもしれないが、会社の倒産を防ぎうるとはかぎらない。そして最も残虐な独裁者といえども、ときには革命やクーデターによって打倒される。

人間に対する力は、物質界に対する力とまったく同じではない。社会的な力は、電力と同じものではないのである。ボタンを押すだけで、必ず電灯がつくという具合にはいかないのだ。

検討してみれば、権力の本質は、一見したよりもはるかに微妙なものである。この点は、権力が実際に有効に働く場合とそうでない場合との双方を検討するとよくわかる。権力行使の成功者は、単にボタンを押しているだけではない。たいへん複雑な社会的操作にたずさわっているのだ。首尾よく勢力を得て、目的を達しようとする人は、社会組織の法則に逆らうことによってではなく従うことによってそうしなければならない。弾丸を通さず、光よりも速く飛ぶ社会的スーパーマンのようなものは存在しない。権力のある人とは、物事の傾向に合わせて動く人であり、時の社会組織が提供する権力を手にする人なのである。

社会で何かことを起こそうとしている人は、権力の行使にたずさわっている。その人たちは、他人に自分たちの意思を押しつけようと試みている。彼らが選挙によって選ばれた公務員であったり、企業のオーナーであったり、あるいは学級担任教師であるといった場合には、彼らにはそうする公的権利があるかもしれない。にもかかわらず、計画を実現するのは易しいことではない。権力の行使は、つねに逆流をひき起こす。トップ・ランクの下に置かれている人たちは、過度に威圧的な権力行使には、表だってではなくとも必ず抵抗する。彼らが熱心についていくのは、行なわれていることに彼らが同意するかぎりにおいてである。そして、この場合にも、それをいかに行なうか、誰が行なうか、という点についての不一致があるのが普通である。権力は闘争をひき起こす。いかに恵まれた環境においてもそうである。これらの闘争は政治の領域で最も明白であるが、しかし統制する人とされる人がいるような組織なら、どのような種類の組織であっても、物事をどのように行なうかという点をめぐる闘争の底流があるものだ。

闘争の最も一般的な形態のひとつは、経済的なものである。それは、そこで人びとが生計を立てるために仕事をもついかなる組織においても生じる。人びとは、必ずしもマルクス的な観点から自分たちが労働者対ブルジョワジーの闘争にかかわりあっていると考えているわけではない。しかし、経済上の係争はやはりくり返し生じる。ときには、闘争は、労働者のストライキという形であらわれる。またそれは、仕事上のこまごました日常的な問題に関して自己の経済的利益を追求する個人間の争いである場合もある。被雇用者は誰でも、どのくらい熱心に働くべきか、どのくらい努力すべきか、どの程度仕事の上でイニシアティブをとるべきか、といったことを絶えず決めなければならない。言われたことをどの程度まじめにやるべきか。一生懸命に働く価値があるのか。賃金は努力に見合っているか。この種の問題は、潜在的にいつも存在しており、雇用者が他人に何かをさせようとするとき、そこには必ず、微妙な交渉がある。

そのうえ、このような経済上の問題は争点の一部にすぎない。金銭の他にも人びとが欲するものがある。すなわち、自分自身のある程度の権限だとか、仕事の上での自負だとか、まわりに気持ちのよい職場環境だとか、まわりで仕事をする、気のあう人たちなどがそうである。他人に何かをさせようとするときにはいつも、それらをめぐって人びとが相争うような多くの事柄がある。

このことは、権力を行使しようとする試みは、ふつう社会的闘争にまきこまれるということを意味する。これらの闘争においては、最も大きな社会的資源をもつ人びとが概して勝利を収める。しかし彼らが勝ちとるものは、最初彼らが達成しようとしたものには至らないかもしれない。組織が実際に行なうことは、組織内の相対立する多種多様な利害を妥協させることである。同じことは、政治の領域にも、そしてより大きな社会一般にも当てはまる。そこから出てくる結果は、特定の人が意図したものというよりは、進行中の闘争の総体の所産である。

実際にどのようなことが起こるかを理解するひとつの方法は、指導者、経営者、あるいは官吏が部下に対して権力を行使しようとするとき、彼らの用いうるさまざまの戦略をとりあげてみることである。それは、私がとくに管理者寄りの考えをもっているからではない。ただそれが、どのようなことが起こるかを説明するのに便利な方法だからである。この方面での分析から、権力の行使に対して抵抗する人たちが用いうる対抗戦略についてもある程度のことがわかる。ある統制法は、一定の環境においては、他の統制法よりも効果的であるが、しかしそれらの統制法も隠れた欠点をもち、予期しなかった結果をもたらす。まず統制力行使の三つの相異なる方法を検討することにしよう。

三つの戦略——金銭・強制力・連帯

他人に何かをさせる一番わかりやすい方法は、金銭を支払うことである。それには、まずあなたがお金をもっていることが前提となる。だがともかくあなたがお金をもっているとしよう。あなたは、自分の事業を設立したり、政府機関に資金を出したり、学校やその他もろもろのものを設立することができる。そして、あなたの給料支払い名簿にのっている人たちに対して権力を行使しはじめることができる。

しかし、金銭は力かもしれないが、必ずしも非常に有効な力ではない。問題は、あなたが人びとに給料を支払うことができても、それだけでは、彼らの仕事ぶりまで統制することにはならないという点である。毎月の終わりに給料を支払うとしよう。小切手は、彼らがきちんと仕事をしたかどうかにかかわらず、自動的に支払われる。これは、さほど現実ばなれした話ではない。ほとんどの公務員や、その他巨大な官僚制で働く人びとに対する給料の支払いはこのような方法で行なわれている。この場合、監督者の唯一の統制方法は、よく働かないものを解雇することである。しかしそれは、実際に行なおうとすると、やっかいなことかもしれない。公務員問題公聴会あるいは組合の苦情申し立て、さらには他の形式上の手続きを踏まなければならないとすれば、非生産的な労働者を解雇するまでに、数カ月あるいは数年を要することになるかもしれない。だから金銭は、たいした統制にはならない。

そこで出てくる簡明な解答は、支払いのもととなる期間を大幅に短縮するという方法であろう。あなたは、月給のかわりに、週給で支払い小切手を渡すことができるだろう。実際、これは、ほとんどの肉体労働者に対して行なわれている支払い方法である。賃金を仕事量に正確に結びつけようとするいっそうの工夫がある。上級のホワイトカラー職の支払い方法のように月給や年俸で支払うかわりに、仕事時間一時間ごとに一定の額を支払うという方法である。これで、問題はかなりしぼられることになる。人びとは、賃金を得るためには、少なくとも一定時間顔を出していなければならない。しかし、これらの人びとは生きて呼吸はしているにせよ、家に帰る時刻になるまで時計を眺める他に何をしようとするだろうか。人びとが物理的に出勤しているということは、彼らがどれほど働くか、そしてどれほど生産するかとは無関係である。

労働者を管理する最も厳密な方法は、賃金を仕事量に直結させることである。たとえば、工場労働者は、彼らがつくる機械一個につき数セントをもらう。これは、つけ入るすきのない管理法のように見える。管理者は、その日に何個の機械ができたかを数え、労働者にちょうど働き分に見合うだけの賃金——それ以上でもなく、以下でもなく——を支払うだけでよい。だが残念ながら、この方法にも数々の欠点がある。

ひとつには、このような能率給制《インセンティヴ・システム》は、人びとの働くスピードを管理するだけだということである。それは、質を管理しない。たぶん質の計算も可能だろうが、その場合には労働者にスピード・ダウンさせ、より良質の仕事をさせるために、出来高賃金率《ピース・レート》を上げなければならないだろう。加えて、能率給制は、労働者の仕事についての考え方に重大な影響を及ぼすことになる。経営者にとって最も大切なのは、明らかに金銭による統制である。同じことが、労働者にとっても最も重要になる。経営者の目には、労働者の望むのはできるだけ少ない労力によってできるだけ多くのお金を得ることだと映る。経営者のこのような態度がまさにこのことを助長する。その結果、能率給制は、どれだけの仕事に対してどれだけの賃金かという点をめぐる、経営者と労働者との争いになる。

支払い単価を決めるために、経営者が何をしなければならないかを考えてみよう。経営者は、労働者にどの程度の働きぶりを期待するのが妥当かを決め、それから基準賃金を設定しなければならない。もし、高すぎる単価——たとえば一個当たり一ドル——を払うとすれば、労働者は、たとえば一日に三〇ドルを手に入れるためには一日三〇個つくればよいことを知ることになる。この限界点に達したなら、あるいは一日の十分な賃金と考える点に達したなら、彼らはスピードを落とし、多かれ少なかれその日の残りを休むことになるだろう。それゆえ単価を高く設定しすぎると、経営者は、労働者から最大の仕事量を引き出せないことになる。逆に、単価設定が低すぎる場合、たとえば一個あたり一〇セントの場合はどうだろう。この単価では、たとえ労働者が一生懸命働いて、たとえば一日に一〇〇個を生産したとしても、稼ぎはわずか一〇ドルにしかならないことになる。これでは食べていけないことになり、労働者はそんな条件で働くよりもストライキをするか、あるいはその仕事をやめて、もっと割のよい仕事を探すことになるだろう。

最大生産を得るための最適の単価は、明らかに、これらの中間のどこかにある。だが、正確にそれがどこにあるかを見つけることが問題なのだ。管理者は現場におもむき、まじめな労働者が疲労困憊状態になることなしに厳しい労働日一日にどれだけの仕事をすると期待するのが適当かを観察することができよう。それから管理者は、何個の生産を期待してよいかを知り、それに合わせて基準賃金を決めることができよう。問題は、労働者も何が進行中なのかを知っており、管理者が基準出来高を決めるために彼らの一人をとりあげて時間を計るときには、その労働者は対処する術を心得ているということである。その結果生じるのは、ちょっとした芝居である。労働者は、一生懸命に働いており、熱中しているふりをするが、同時にできるだけゆっくりとペースを心得て仕事をする。経営者が一日あたりの基準出来高を低く見積もれば見積もるほど、労働者は無理をしないで、ノルマを達成しやすくなるわけである。

経営者が金銭的刺激によって労働者を管理する方法は多種多様であるが、右の状況はそのすべてに当てはまる範例《パラダイム》である。労働者は、状況を操作して、できるだけ少ない仕事でできるだけ多くの賃金を得ようとするのが常であり、管理者はその逆である。一般的にいって、結果は一種の引き分けである。この種の戦いにおいては、仕事が複雑であればあるほど、労働者側の分がよくなるのが普通である。出来高賃金制は、そもそも、簡単に数量化しうる多数の単純で分離した作業の行なわれるところでのみ有効なのである。仕事が複雑な場合には、この方法は使えない。一人の労働者の作業が誰か他の労働者の作業に依存している場合、たとえば複雑な器具を組立てようとするときのように、他の労働者たちがその分担をし終わるまで自分の仕事ができないような場合にはいつもそうである。他の人たちが彼らの受け持つ作業部分を完了しなければ、どの労働者も、自分自身の落ち度ではないのに、何もすることがないままつっ立っていることになるだろう。この種の状況はかなりよく見られることであり、それゆえ、出来高制のような、本当に厳密な金銭による統制は、時間割増し制のような、もっと穏やかな方法ほど広くは見られないのである。

このように、金銭は、私たちが考えるほど、人間を管理する方法として強力ではない。では、なぜ他の方法を試みないのか。もしどんな方法でも許されるのなら、強制力《フォース》の方がもっと効果のある制裁だという冷酷な考えも浮かんでくる。金銭は、人びとが取引きの条件をかけ合い、取り分が少し多かったり少なかったりするだけのものかもしれない。だが誰でも身体を痛めつけられたくはないだろうし、死の脅迫ほど決定的な制裁はない。これにくらべれば、他のすべてのものは色あせてしまう。不服従が死を意味するなら、あえて命令に従わない者がいるだろうか。

歴史的に見れば、強制《コアーション》という戦略は、たしかにすこぶる広く行きわたった方法だった。伝統的農耕社会では、強制力はたしかに非常に広範に行使された。それは、騎士が農民を、そしてその他のすべての人たちを統御した方法だった。私たち自身の時代について言えば、私たちはナチスやロシアの強制労働キャンプの惨状を知っている。私たち自身の刑務所制度においては、囚人はときに砕石やナンバー・プレートの打出しの仕事をさせられる。

しかし、高度に強制的なこれらすべての組織についての経験は、ひとつの重要なことを示している。すなわち、強制労働は、あまり能率的ではないということである。ナチスやロシア人は、奴隷労働力を用いて工場や炭鉱を操業しようとしたが、極度に野蛮な強制力をもってしても、彼らに普通の自由労働力の生産率に部分的にでも匹敵するようなレベルの生産をあげさせることはできなかった。前近代的農業においても、強制力は広範に行使されたが、その生産性は、近代農業、とりわけ自作農の経営する農場の生産性の水準にはとうてい達しなかった。

なぜこのようなことになるのか。まず、強制力に欠点があることは容易にわかる。誰も強制されることは好まないし、他の人びとを強制して何かをさせようとする人は誰でも労働者の反感を買うことになる。行動主義心理学者のB・F・スキナーは、この点を——実際には人間ではなく鳩を使って——実験的に示そうとした。人は、トウモロコシを報酬として与えることによって、鳩にレバーをつつくことから、ピンポンをすることまで、あらゆる種類のことをするように教えこむことができる。反対に、負の統制法を用いることによって、つまり鳩にさせたいと思っていることを鳩がしないときに罰を加えるという統制法によって教えこもうとすることもできる。しかし単純な課題についてさえ、罰は、報酬にくらべてはるかに効果が少ない。レバーを押すことによって、かかとにショックを与える電流を切ることができるなら、鳩は一生懸命にレバー押しを学習するだろうと考える人もいるかもしれない。しかし、それは明らかに鳩が第一にしようとすることではない。鳩がまずしようとするのは、籠から逃げ出すことである。鳩は、激しく走りまわり、怖れ、腹を立てる(スキナー自身はこれらの言葉を用いたがらないだろうが)。そして心理学者の手に噛みつきさえする。スキナーは、多くの実験ののち、服従をかちとる方法としては、報酬の方が罰よりもはるかに有効であるという原理を発表した。

少なくともこれらの点に関しては、人間の行動もスキナーの鳩とさほど変わるところはない。誰かに強制されたとき、人間はまず取り乱す。人びとは、可能なら反撃しようとし、反撃が不可能なら、逃げようとする。素直に言われたとおりにするのは罰の脅迫を避ける最後の手段であるが、しかしその場合でも人びとは、あまり進んで働こうとはしない。だから、労働者を強制しようとする監督者は誰でも、労働者が逃亡したり反乱を起こしたりしないようにするために、多くの労力と余分の人的資源を費やす用意がなければならない。奴隷労働キャンプが普通の工場と違う理由のひとつは、奴隷労働キャンプが、自分たち自身は働かないが、みんなをともかく働かせるためにそこに居なければならない多数の見張りを擁していることである。

用心棒の手はずが十分についたとしても、そこでなされる仕事は量においても質においても高いものではない。強制された労働者は、反逆あるいは逃亡しえないとしても、ある程度内面的に逃避する傾向がある。彼らは、無感動《アパセティック》になり、言われていることのうわべだけをのろのろとやり、まったくの最低限以上のものは何も生産しない。少しでも判断や積極性を必要とするような仕事は、強制労働ではできない。鞭をもって監視することで無理やりに人を熟練した時計職人に仕立てあげることはできない。彼らは、へまをして仕事を台無しにしてしまうからである。砕石場での砕石作業のような、かなり単純な作業の場合でさえ、無感動になってしまった労働者は、非常にのろのろと、だらしなく仕事をする。シャベルを使うような簡単なことでさえ、無器用な仕事ぶりになってしまうのだ。

人びとがもっと精だして、手際よく働かなければ、見張り役が彼らを罰し、打ちたたいて服従させればよいではないか、と言う人もいるかもしれない。たしかに、これは、まさに奴隷労働キャンプの見張りが常にやろうとしたことである。だが、この戦術は、いくらか自滅的である。囚人を打ちたたけば打ちたたくほど、彼らは弱り、働けなくなる。逆説的なことだが、強制力はおのずから限界をつくりだす傾向をもつ。たびたび打ちたたかれる囚人は、肉体的に弱るだけではなく、精神的に愚鈍になる。あなたの管理戦略が人びとをこてんこてんに打ちのめすことだとすれば、あなたのために働くのは、へとへとになった人たちだけになるだろう。あなたが労働者をたたき殺してしまうなら、あなたのところで働く労働者は誰もいなくなる。

それゆえ、奇妙なことだが、暴力が誘因として最大の効果をもつのは、それが実際にあまり用いられないときである。暴力は、人びとの働く能力を奪うだけでなく、労働する時間をも奪う。労働者を鞭打つことにすべての時間を費さなければならないとすれば、結局どんな仕事も達成されないことになる。罰中心の体制は、暴力行使の単なる脅しが人びとを恐れさせて懸命に働かせるということに期待をかけなければならない。罰中心の体制がひとたび制裁を常用せざるをえなくなると、その生産高は、坂道をころげ落ちるように低下しはじめる。

私たちが、伝統社会の小作人監督や奴隷監督、あるいは第二次世界大戦中の強制収容所を遠い昔のことだと考えたいとしても、このことの一面は私たち自身の生活のただなかに見られる。親たちは、小さな子どもを統制するのに、右に見たのと同じ制裁法のなかからどれかを選んでいる。金銭的報酬に相当するのは、お菓子やおもちゃ、あるいは子どもの好きな何かを彼らに与えることである。強制に相当するのは、お尻をたたくことである。家族内でのこれらの方法の効果は、私たちが今まで論じてきた工場や刑務所における効果とほぼ同じである。自分の子どもをお菓子で統制しようとすれば、間もなくその子どもはお菓子に執着するようになるだろう。つまり、子どもたちは、報酬がもらえなければ、何もしようとしなくなる。同じように、あなたがお尻をたたくことで子どもを統制しようとするなら、あなたは間もなく、この方法が一定程度までしか効果のないことを知るだろう。一日に五、六回もお尻をたたかれる子どもにくらべて、一度しかたたかれない子どもの場合、その印象ははるかに強烈である。実際、しばらくすると、罰は、ほとんど完全に効果のないものになる。いずれにせよ、強制は、人が積極的に何かをするよう動機づけるよりは、人に何かをさせないようにする方に効果を発揮する。子どものお尻をたたいて、学校でよりよい成績をとらせることはできないし、他のことについてもこの方法では子どもたちにたいしたことはさせられない。逆に、最後に得られる成果と言えば、何を言ってもききわけのない、いつも腹を立てている子どもである。

実際、強制についての極めつきの皮肉はまさにこの点である。人を強制すると、その人は愚鈍に見えるようになる。このことは、子どもの場合にだけ見られるものではない。それは、くり返し、多種多様な脈絡において見られる。強制的な社会制度の最下位にいる人びとは、いつも知性がないと言われてきた。ロシアの貴族は、彼らが背中を鞭打った農奴を愚鈍で、動物なみの知性しかない人間だと信じて疑わなかった。一九世紀のアメリカの奴隷所有者は、黒人奴隷に対して同じような考えをもっていた。しかし、同じことは、ナチスやロシアの強制収容所でも見られた。収容所に収容された人たちは、まったく普通の人だったかもしれないし、たぶん普通の人より才気のある人たちだったかもしれない。しかし、絶えず残虐な仕打ちを受けたために、彼らもまた愚鈍なふるまいをするようになった。

愚鈍さは、強制状況の結果である。反逆も逃亡もまったく不可能だとすれば、囚人たちはついには自分から何かをしようとする気持ちを失いはじめる。他人のために無意味な仕事をするよう強制された囚人たちは、できるかぎりうわべだけで言われたことをする。できるかぎり殻の中に閉じこもる。外から見れば、それは愚鈍さのように見える。しかし、それは自分たちの都合から奴隷たちにもっと積極性を示してほしいと思っている奴隷監督の観点から見た愚鈍さにすぎない。そして、最終的には、それは奴隷監督の愚鈍さであって、奴隷側の愚鈍さではないのだ。

以上に述べたことの帰結は、報酬と強制はともにかなり頼りない統制方法だということである。人びとに一応満足のいく程度に物事をやらせたいと思うなら、彼らにそうする気を起こさせる方法を考えなければならない。このことは、社会的世界において報酬と罰とが一定の役割を果たすことを否定するものではない。明らかに、賃金は少なくとも人びとを職に就かせるには非常に重要であるし、罰の脅迫は人びとがレジの中味を躊躇せずに持ち去るのを防ぐ効果がある。だが、この最低線以上のものを望むなら、組織や職務に同一化するよう人びとを仕向ける何らかの方法が必要である。彼らが仕事を自分の一部と感じ、自分たちの信じる何ものか、あるいは自分たちの属する何らかの集団に貢献しているのだと感じるように仕向ける必要がある。

これは不可能なことではない。実際、私たちはすでに、その実現のひとつの方法を見てきた。それは、集団的アイデンティティの感覚をつくりだし、人びとの尊重する理想を産出する社会的儀礼によるものである。しかし、仕事の世界で社会的儀礼をどのように働かせるのか。

ひとつの方法は、すでに高度に儀礼化されている組織を利用することである。たとえば教会はそのメンバーを統制しているが、それはメンバーが教会の儀式に欠かさず参加することを通して教会の目的を教え込まれているからである。聖職者はその職務を遂行するが、それは聖職者の職務が何よりも儀礼に関わる職務であり、儀礼は他人の信仰と同じく彼ら自身の信仰にも影響を与えるものだからである。この種の組織の連帯は、ときには、他の目的のために利用することもできる。たとえば、修道士は、ぶどう酒貯蔵室でリキュール造りに余暇時間を使うことができる。そして、実際、中世において、キリスト教の修道院は(そして、アジアにおける仏教の僧院も)、農業においても製造業においても多くの有益な仕事をしたのである。

教会のような非常に伝統的な組織は、もはや経済の分野において重要性をもたない。しかし、組織がそれ自身の儀礼をつくりだすことも可能である。たとえば、陸軍士官団は、団員たちが士官候補生として、また陸軍の慣習である諸礼典のなかで経験するいろいろな儀礼から多くの動機づけを引きだしている。海兵隊のような組織は、その英雄的なイメージを重んじ、隊員たちに海兵がいかにあるべきかを思い起こさせるために、男らしさのいろいろの儀礼的試験を実施している。今日の高級専門職は、新参者を社会化するのに儀礼を大いに利用している。たとえば、医学生は、実際のところ医学校で実践的な医学はたいして学ばないのだが、しかしまちがいなく長期にわたる通過儀礼をそこで経験する。それは彼らに、自分たちは一般の人たちとは違うのだと思わせ、自分たちは医師であるという特別な地位要求と独特のふるまいを身につけさせる。この自己教化のゆえに、医師は、ついには仕事に強く同一化するようになり、開業医に対する外的な統制はほとんど存在しないのである。

医師よりはいくぶん特権性の劣る職業レベルにおいても、儀礼は、組織を機能し続けさせるために組織との十分な連帯をつくりだす点で同じく重要である。すでに見たように、事務労働者は、事実上賃金体制によってあまり厳格に統制されてはいないのだが、にもかかわらず彼らは、少なくとも一定水準の仕事をする傾向がある。これは主に、彼らを自分たちの職務と同一化させ、また組織内の他の人たちと同一化させる、一連の小規模ではあるが重要な社会的儀礼に彼らが参加しているためである。ゴフマンが示したように、日常生活には数えきれないほどの小さな儀礼があり、これらの儀礼において人びとは、自己の特定のイメージを演示し、他の人たちにそのイメージを受けいれさせている。

人びとを職務と同一化させるという目的にとって、これらの儀礼のうち最も重要なのは、彼らが組織の側に立って行動する公的な責任を担わなければならないような機会である。それは、誰かが外部者に対して組織の政策を説明する役割を引き受けなければならないようなときには必ず起こるし、部下に命令を下す場合にも生じる。いずれの場合にも、人は、他人に組織の立場を説明する責任を担うことによって、組織の一部であるように感じる。

とすれば、人びとを仕事をしたいと思うように仕向けるひとつの主要な方法は、彼らに一定の責任を与えることである。それは、何をさしおいても、社会的な責任でなければならない。つまり、他人を組織の名において取り扱わなければならないような状態に彼らを置く、ということである。このことが忠誠をつくりだし、金銭的統制と強制的統制との重要性を大きく減らす。

この方法がそんなにうまくいくなら、なぜもっと使わないのか。なぜ儀礼的統制というソフトな方法でみんなが社会化され、しなければならないことをするようにならないのか。実は、この方法にも欠点があるのだ。ひとつには、儀礼は、一定の時間と労力とを必要とし、またそれ自体としては必ずしも直接には生産性と結びつかない。儀礼に費やす時間が多ければ多いほど、実際に仕事を進めるための時間は少なくなる。もうひとつの欠点は、最も効果的な儀礼は、誰かが組織の権力にあずかる儀礼であるために、儀礼を使えば使うほど、多くの権力を譲り渡すことになる、という点である。かりに組織の誰もが命令したり、政策を公的に発表したりする何らかの責任を与えられたとすると、管理者が行使しうる権力は、ごくわずかしか残らないことになってしまう。

だから、社会統制の方法としての儀礼の使用には避けられない限界がある。一定限度を超えると、儀礼は、実際に仕事を進めることから気持ちをそらし、中央的統制を強めるよりは弱めるものになる。これらの理由から、ほとんどの組織は、儀礼的統制を小出しに使うだけであり、また一定の地位のために重点的に使うのである。ホワイトカラーのレベル、とくにその上級職は、より低次の肉体労働にくらべて、はるかに儀礼化されている。後者に関しては、ほとんどの組織は、金銭的統制に最も大きく依存している。このやり方が、いろいろの欠点があるにもかかわらず、結局、組織全体を儀礼化しようとするよりは安上がりなのだ。

当然視されているものの重要性

右に見た三つの統制方法には、いずれも、その効果に関して重大な限界があるというのが事実のように思われる。このことは、権力というようなものは存在しないという意味ではない。しかし、権力は程度の問題であって、決して絶対的なものではない。ある人びとは、他の人たちにくらべてより大きな権力を獲得することに成功する。だが彼らは、そのためには、多くの、どちらかといえば微妙なやり方で努力しなければならない。最も効果的な統制とは、間接的に働くような統制である。直接的で、強制力のみによる野蛮な統制は、最も明白な統制であるが、同時に物事をなしとげるという目的のためには最も効果の薄いものである。金銭的な力もまた、明白である割には現実的な効果は少ない。儀礼的な力は、まさにそれが隠れた力であるがゆえに、より大きな効果を発揮する。もっとも、その性格上、操作するのがかなり難しいものではあるけれども。儀礼を使えば、より全面的な服従を引きだすことができるが、普通そのかわりに直接的な力を実際に譲渡することになる。

組織内政治に関わる人が他の人びとの行動を左右する力を行使しうるのは、主として人びとが何を当然のことと考えるかに影響を与えることによってである。このことが可能なのは、とりわけ、人間の合理性の限界を説明する際にすでに検討したいくつかの理由からである。根本的な論点は、人びとが行なういかなる意識的な意思決定も何らかの無意識的な前提に基づいているということである。さらに、この当然と見なされている部分は、必然的かつ永続的に表面下にとどまる。人間の認知はまさに、このように限界づけられているのである。抜け目のない権力追求者は、この限界につけこむ。

機会があれば次の実験をやってみよう。誰かと話しているとき、相手の言うことで、完全に明らかでないことはすべて説明させるのである。その結果は一連の不断の中断となることがわかるだろう。

A：やあ、どんな調子。
B：「どんな」って、どういう意味。
A：だから、ね。どうしてんだい。
B：「してる」とは、どういう意味。
A：してるって、ね。どうやってるんだ、てことよ。
B：すまないが、「どう」というのはどういう意味か説明してくれないか。
A：どういう意味だって。どういうつもりなのかね。話をする気があるのかね。

ともかく、このような質問は、相手が腹を立てて、あなたの口にパンチをくらわせないかぎり、際限なく続けることができる。しかし、この種の質問は、二つの重要な点を例証している。まず、ほとんどすべてのことが質問の対象になりうるということである。私たちが人とつきあっていけるのは、すべてのことがはっきりと表現されているからではなくて、人びとの言うことのほとんどを説明なしに受けいれる気持ちがあるからである。ハロルド・ガーフィンケルは、この種の実験を実際に試みた人であるが、彼は、いかなる社会的コミュニケーションの行為にも前提となるものがあり、それらの前提は無限に後退するものであることを指摘した。さらに、言葉ではまったく説明のしようのない表現がある。「あなた」「ここ」「いま」といった言葉は、ガーフィンケルが「脈絡依存的《インデクシカル》」と呼んでいるものである。あなたは、前もってこれらの言葉が何を意味するかを知っていなければならない。このような言葉は説明不可能である。

「〝あなた〟とはどういう意味ですか」

「あなたのことだ、あなただよ」。この場合できることは、ただ指さすことだけである。

第二の点は、人びとは、彼らが普段当然と考えていることを説明するよう迫られると、腹を立てるということである。なぜかと言えば、説明は果てしなく続きうるし、しかもどこまで行っても答えにはならないことがすぐわかるからである。聞くことすべてについて実際に完全な説明を要求するとすれば、会話は最初のセンテンス以上進まなくなるだろう。

けれども、社会がいかにして成り立っているかという点についての社会学的理解にとっての、このことの本当の意義は、人びとが腹を立てるということではない。そうではなくて、人びとがこのような状況を回避しようとするという事実である。人びとは、このような果てしない質問を避けなければならないことを暗黙のうちに認めている。小さな子どもは、果てしない「なぜ」を連発することがあるが、大人はそれをやめさせる。

要するに、社会の仕組みというものは、人びとがたいていはそれを疑わないがゆえに機能する。このことは、人びとがときには何をすべきかについて議論あるいは論争をするということを否定するものではない。しかし論争するということ自体が、かなりの程度の合意があることを意味している。商業文書の取扱いについてオフィスの所長は事務員と論争するかもしれないが、しかし彼らは、ともかく、自分たちが何について論争しているかを多少とも知っている。彼らは、言われたことのすべてについて、どういう意味かを問うといった、ガーフィンケル流の質問をしはじめたりはしない。もしそんなことをすれば、組織はたちまち完全に分解してしまうだろう。すなわち、コミュニケーションがまったくなくなってしまうだろう——意見の不一致がどこにあるかということについてのコミュニケーションさえも。

社会組織が可能なのは、人びとが一定レベルの焦点を維持しているからである。人びとが、結局はそれに関して意見を異にするだけにせよ、ともかくひとつのことに焦点を当てているなら、彼らは、他の多くのことを当然と見なしているのであり、そのことによってそれらの社会的現実性を強化しているのである。このように、たとえ所長が商業文書をどう扱うべきかについて事務員と議論しているとしても、その議論は同時に、所長が命令を下す権限をもっており、事務員は普通それに従うものだということを暗に認めている。上役は、たとえ当の議論で負けたとしても、その権威一般の維持に役立つ暗黙の勝利を手にするのである。

権力が最も効果的に行使されるのは、この暗黙の次元においてである。たとえば、抜け目のない政治家は、あまり重要でない点に関して勝ちを譲る、まさにその過程においてうまく点数を稼ぐ。

権力はまた、それに対する挑戦を妨げるという単純な戦術によっても働く。政治的弁舌家はこの点を十分心得ている。あなたが論敵の弁論を脱線させたいなら、相手が主論点に到達する前に彼らをさえぎって、彼らの使う言葉を定義するよう求めればよい。そうすれば、たやすく副次的な議論になり、主論点にはいつまでたっても辿り着かなくなる。何かがどういう意味なのかといった論争はすべて、質問の無限後退の可能性をもっている。これに関連する戦術は、論敵が話したいと思っているのとは違ったレベルの質問をすることである。彼らが自分たちの提案や苦情をみんなの前で話したいと思っているなら、あなたは発言者の資格を問うたり、この問題については代表者を出して十分に意見を述べてもらわなければならない人びとが他にいるのではないかとか、彼らの発言の動機は誠実なものかどうか等々の質問を発すればよいのである。

再びゴフマンのアナロジーを用いるなら、話は、一連の額縁《フレーム》のようなものである。あなたは、絵の中身について語ることもできれば、額縁について語ることもできる。絵とは、もともとの話題、つまり何であれ誰かが話したいと思っていることである。フレームとは、特定の誰かがそれについて話しているという事実である。あなたがフレームを会話の焦点にもってくるとすれば、フレームのまわりにもうひとつのフレームをつけたことになる。ゴフマンは、いろいろな形でこれを続行しうること、つまりフレームのまわりのフレームのまわりにフレームをつけるというように、ほとんど無限にフレームをつけることができることを指摘した。権力の行使の一部はまさに、あなたが他の人びとをどのフレームのなかで活動させるかをコントロールするという問題である。

権力のこのような暗黙の側面はすべて、人間の認知能力の根本的な限界——すなわち、一度にすべてのレベルを考えることはできないということ——を利用する。ひとつのことに焦点を当てることは、必然的に、他のことを自明性の領域へと押しやる。抜け目のない上司あるいは政治家はこの状況を利用し、自分たちが最も関心をもっていることが他人にとっては自明性の領域の一部になるように手だてを講じる。

けれども、この戦略にも限界がある。統制する人間も、統制される人間——労働者あるいは選挙民――と同様に、これらの同じ認知能力の限界をまぬがれない。この戦略を用いようとする上司は、台本なしで臨機応変に対処しなければならない。つまり、これらの間接的な統制に関してさえ、絶対的に最適のやり方といったものはないのだ。ある程度、誰もが同じ束縛を受けているのである。

最適化と満足化

いかにして工場や商店を経営するか、あるいはいかにして文書作業が事務所をスムーズに流れるようにするか、といった問題をとりあげよう。あなたが経営者であるとしよう。あなたは、すべてのことができるだけうまくいってほしいと思うだろう。あなたがめざすのは、最適水準《オプティマル・レベル》の能率を達成することである。

そこで問題が生じる。最適水準とは何か。できうるかぎりの成果を出せ、と言ってすませるわけにはいかない。他に考えるべきことがある。仕事は、質のよいものでなければならないのではないか。ここですでにある種のディレンマが存在する。すでに述べたように人びとに仕事のスピードを上げさせれば上げさせるほど、彼らの仕事の質は低くなる。それでも、あるところまで、すなわちそれ以上は質のためにスピードを犠牲にしたくないと思う点まで行かなければならないとしよう。その点をどこに定めるのか。

しかも、計算しなければならないプラス・マイナスはこれにとどまらない。もちろん、コストの問題がある。誰でも、コストを低くし、無駄を避けたいと思うであろう。だがコストは、他のいろいろなことにくらべて正確にどれほどの重要性をもつのか。あなたは、できるだけ速くことを進ませるために、少しのコストの上乗せなら背負いこんでもよいと思っているのか。他方では、あなたは、一定レベルの質を保ちたいと思っている。質を保つためにどれぐらいのコスト高を認めるつもりなのか。コストを低く保つために、どれほど質を犠牲にしてもよいのか。

それだけではない。さらに心配しなければならないことがある。労働者の安全はどうなのか。あなたは、生産のスピードをいかに遅く設定せざるをえなくても、あるいはどれほど費用がかかっても、安全性を最大化《マクシマイズ》しようと努めるつもりなのか。外部環境への操業の影響はどうなのか(たとえば、悪臭を出す工場を経営している場合や、工業廃棄物を処理しなければならない場合)。あなたは、右にあげたもろもろの要素にくらべて、この点にどれくらいのウェイトを置くつもりなのか。

これらの純粋に技術的な配慮に加えて、計画を実行する人たちが人間であることを忘れてはいけない。スピード、コスト、補給、質、その他あらゆるものを計算して、一定の作業レベルを決めることはできるだろうが、しかし、実際に労働者にそれを実行させることができるかどうかという問題がやはり残される。お尻をたたきすぎると、彼らはストライキをするかもしれないし、辞めてしまうかもしれないし、あるいは単純にお手上げということになるかもしれない。あなたは、すでにここで論じたいろいろな能率給制について心をわずらわし、それぞれの能率給制をあなたの時間と労力とに対する負担としてだけではなく、生じうるコストのもうひとつの源泉として考慮しなければならない。賃金による統制は明らかなコストであり、それを可能なかぎり低く抑えることが能率的である。しかしこれを実行することは、言うほど易しくないし、また、いずれにしても金銭的統制は、従順さをつくりだすのに実際それほど効果的ではない。他方、強制力の行使には明らかな欠点があり、儀礼による統制は多くの時間がかかり、達成しやすいものではない。このように、従業員問題は、他のあらゆる問題とからみあうもうひとつの問題群となる。

以上見てきたように、管理者であることは、いささか頭の痛いことかもしれない。あなたは、思いわずらわなければならないありとあらゆることをかかえながら、効率的であるよう努め、できうるかぎりうまくやりくりするよう期待されている。どのようにして、あなたは、最大《マクシマル》の能率を達成するのか。組織論が到達した答えは、ただ次のようなことである。非常に複雑な状況に対しては純粋な最適解決というようなものはない。

これはどういう意味なのか。それは、あなたが、重なりあったディレンマのネットワークにひっかかっているという意味である。ひとつのことを最適化《オプティマイズ》しようとするなら、他のことを犠牲にすることになる。加えて、これらの過程の多くは、前もって統制することがまったく不可能な不確実要素をふくんでいる。あなたは、どのようにして、たとえば、組織の標準作業量を決めるつもりなのか。現時点で、できるかぎりの生産高を上げるように工場を操業することはできるかもしれないが、次の週には原料が不足したり、燃料が予定どおり入荷しなかったりということになるかもしれない。あるいは、市場が干上がり、手持ちのものが売れなくなるかもしれない。減速し、歩調を整え、流入と流出とをある程度スムーズにバランスさせるようにした方がよいのではないか。

たしかに、そうすることはよいことだろうが、それは、将来の需要と供給とがどうなるかを正確に知っていればの話である。過小評価あるいは過大評価のいずれかの方向で将来を見誤ったなら、一定の非能率を招くことになる。多くの偶然性を取り扱わなければならないような状況においては、この種の問題が必ず生じる。組立てに用いるべき多くの部品、売るべき多くの生産品、そして配置すべき多くの相異なる従業員を抱えている場合、そこには物事をどのように調整するかという、絶え間のない選択の問題がある。そして、あらゆる偶然性を処理するような名案といったものはまったくない。いろいろなことがすべて結びあっているようなときには、一部分での不測の混乱は鎖の端から端までことを立ち往生させてしまう。

ところで、このことは、組織を運営することが不可能だという意味ではない。明らかに、人びとは毎日組織を動かしているし、それもかなりうまく動かしている。要点は、組織の運営というものは、生産性のすべての側面の最大化をめざした計画を立てて、文字どおりにそれを実行するということでは不可能だということである。実際、複雑な組織を動かす唯一の方法は、最適化の戦略をあきらめることである。ノーベル賞受賞者であるハーバート・サイモンの言葉でいえば、最大化するのではなく、満足化するのである。

これはどういう意味なのか。最大の生産性水準、可能なかぎりの最少のコスト、可能な最高の質、可能な最高の安全記録などを達成しようとするかわりに、別の基準をつくるのである。それぞれの項目について満足水準、つまりそれ以下での結果は認めたくないような水準を定める。物事がこの満足水準を満たすかぎり、そのままに放っておく。言いかえれば、可能なかぎりの最大の生産を得ようとするのではなく、達成しようとする一定の目標を定めるのである。品質水準、コスト、労使関係、安全、その他すべてのことについても同じようにする。では、どのようにして、満足水準がどのくらいであるべきかを知るのか。基本的に、それは、試行錯誤を通して、経験の結果として学ぶものなのである。

ひとたびこれらの満足水準を決めたなら、あなたは、何であれ、最も重要だと思われるものに自由に注意力を用いることができる。このやり方の一部は、トラブルシューティングをふくんでいる。満足水準がすべての領域で満たされるようにするために検査を続けなければならない。ひとつのことがその水準以下になったなら、その修復作業にとりかからねばならない。管理者はディフェンス・ラインに穴があいたら、それがどこであっても埋めにまわるミドル・ラインバッカーのようなものである。

複雑で不確定な状況を取り扱う場合、満足化とトラブルシューティングというこの戦略は、最も合理的な方法である。このような環境の下では、絶対的な能率というまったく架空の水準をめざして努力することは合理的ではないだろう。むしろ非合理である。組織の複雑さは、人間の情報処理能力を完全に超えている。人間の認知的能力の限界のために、私たちは社会的世界を機械のように作動させることができないのである。そうするかわりに、私たちは、もっと防禦的な戦略――つまり、物事の大部分を許容範囲内に抑えることを可能にするが、そのかわりに、多くのことを部分的に統制から外すような戦略――をとることで、みずからの限界に適応していかなければならない。

しかし、私たちは、高度に発達した技術の時代に生きているので、この点については明白な反論が出てくるかもしれない。つまり、認知的限界の問題は、人間経営者に関してのみ存在するのではないか。コンピュータがなぜこの問題を解決しえないのか。コンピュータは、人間よりもはるかに大きな情報処理能力をもっているから、われわれ人間ができない場合でも複雑な相互関係を計算しうるはずである。

これは、興味深い反論である。なぜなら、それは、人間の合理性だけでなく、合理性一般の本質を私たちに検討させるからである。結論は、コンピュータは、たいへん複雑な状況における意思決定の問題について基本的な変化は実際何ももたらさないということである。コンピュータが得意とするのは、まさに、非常にルーティン的なことや予測可能な作業である。コンピュータは、たとえば飛行機の座席の予約のスピード・アップとか、銀行報告書の印刷とかではたいへん役立つが、それはまさに、これらの作業が比較的ルーティン的で、あまり複雑でないからである。多くの異なった地域から大量の情報を集め、調整するような場合、電子機械装置は、この種の作業に払われる人間の労力を大いに節約してくれる。けれども、多くの不測の要因をともなう相互作用過程の複雑な計画の領域においては、コンピュータは人間と同じくらい無力なのである。

問題は、コンピュータが大量の情報を扱えないということではない。まさに反対である。コンピュータは、大量の情報を取り込むことができるだけでなく、大量の情報を出すことができる。私たちが単純な答えが欲しい場合にも、コンピュータは複雑な答えを出すだろう。チェスをするようにプログラムされたコンピュータを考えてみよう。コンピュータは人間よりはるかに優秀であるはずだ。要するに、コンピュータは、あなたがクイーン側のビショップのポーンでナイトを取る等の手を指し、それに対して相手がルークを動かす等の手を打った場合、いったいどうなるのかを人間よりもはるかに速く計算することができる。

しかし、これがまさに困難な点なのである。あなたは、あなたに可能な手のひとつひとつに続くすべての可能な手を計算するようにコンピュータを簡単にプログラムすることができるだろう。あなたの側に可能な手が一二あり、相手にはそれぞれの手について一二の応手があるとしよう。この場合次の攻防だけでも一四四通りの組み合わせが出てくる。同じように三手先までということになると、一二の六乗の可能な組み合わせ(二、九八五、九八四)が出てくる。しかも、これは、まだうわっつらをかじっているだけのことである。チェスの一局は、平均四〇手から六〇手を要する。一局全部をコンピュータに計算させたいと思うなら、信じられないほどの時間――人の一生よりも長い時間――を要するだろう。

このようなわけで、チェスをするコンピュータをプログラムするときには、人間がすでにもっている限界のひとつを組み込むのである。コンピュータに、その計算能力のすべてを使わせるのはまったく役に立たないやり方なので、すべての手のたとえば六手先の結果だけを計算させるのである。それ以上コンピュータに作業をさせると、私たちが獲得する情報は私たちが処理しうる以上のものになってしまう。

実際、この種の限界を組み込んだ方がコンピュータはチェスが強くなる。それでも、コンピュータはあまりチェスが強くはない。チェスの名手は、普通、コンピュータを難なく負かしてしまう。なぜなのか。それは、コンピュータは計算能力という蛮力によって作動するために、実際、ほとんどの時間を浪費しているからである。人間は、もっとはっきりした戦略を用い、全体的なパターンを確認し、結局は相手の可能な応手を限定してしまうような盤上の配置をつくりだす。それゆえ、本当にチェスの強いコンピュータをプログラムするためには、プログラマーは、チェスの最良の諸戦略を知らなければならず、またそれらをコンピュータに組み込む方法を考えなければならない。コンピュータの発明者のひとりであるテューリングは、上級のチェスの指し手を負かしうるコンピュータ・プログラムをついに作れなかった。テューリング自身は、これを、コンピュータは人間のなしうることのすべてをなしうるものではないことを意味するものと考えた。もっとも、他のコンピュータ技術者たちは、それはテューリング自身があまりチェスが強くないことを意味しているにすぎないと考えたけれども。

チェス競技は、コンピュータが組織のために適切な戦略を考案しようとする際に直面する問題をかなりよく類推させてくれる。この類推の弱点は、チェスの場合なら、すべての可能な手が所与のものであり、システムにすでに存在するもの以外の、予測されないようなことは何も起こりえないということにある。しかし、このような制約の範囲内においてさえ、なぜ電子計算の力をもってしても、すべての組織目標の達成を極大化するような単一の戦略に到達しえないかがわかる。コンピュータは単一の解に到達しないで、一定の範囲の複数の解——つまり、可能なさまざまのインプットと、組織の諸目標間のさまざまな折り合いに基づいたさまざまのシナリオ——を出してくるだろう。さまざまのシナリオのなかからどれを選ぶかという課題が人間経営者に残されるのである。そして、近年の巨大組織の経験が示しているように、このようにしても、誤りは起こりうる。すなわち、自動車メーカーは、今なおその市場について大誤算をし、何十億ドルもの損失を出すことがあるし、ペンタゴンは今なお軍事行動の失敗を犯し、また平和時にとてつもない時間と物と金とを浪費している。このような状況にコンピュータを導入することは、経営問題をいっそう難しくしがちである。なぜなら、コンピュータ室は、組織に加えられたもうひとつの部分であり、組織をいっそう複雑にし、取り組まねばならない問題をふやすからである。

このように、コンピュータの世界においても、意思決定の最終問題がなくなるわけではない。満足化がやはり最良の戦略である。人間は、コンピュータのように考えることはできないかもしれない。しかし、コンピュータさえ、本当はコンピュータのように考えることができないことがわかる。純粋な合理性の限界は、あらゆるところに見られるものなのである。

不確実性の力

このような状況のなかから、いったい誰が権力保有者として出現するのか。自分たちが成しとげたいと思うことをどの程度実現しうるかという点では、誰にも限界がある。巨大組織というものは、偶然性の迷宮であり、その成員はみな、みずからの認知的限界でつくられた不可視の壁を睨んでいる。このような状況における権力は、程度の問題でしかありえない。だが、誰が相対的に最も大きな権力をもつ人物としてトップに浮かび上がるのか、という点について言いうることはないのか。

たしかに、ある。さまざまの組織や専門職の研究から得られた主要な一般化のひとつは、最も強力な地位は、重要な、不確実性の領域を制御する地位だということである。

最初にこのことが発見されたのは、社会学者が官僚制におけるスタッフである専門家の役割を調査しているときであった。スタッフの専門家は、公式の権力をまったくもっていない。スタッフ専門家は、ラインの権限をもっている経営者に助言するだけである。にもかかわらず、「スタッフ対ライン」という区別は、結局決定的でないことが発見された。スタッフである助言者は、特定の意思決定だけが出てくるように問題の性格を説明することによってラインの経営者がどのような意思決定をするかをしばしば決定してきた。

たとえば、技師や経済学者は、特定の行動手順のみが理にかなっていると見えるように、データを提供することができた。しかし、すべての専門家がいつも、この力をもっているわけではなかった。違いをもたらしたのは、問題がどれほどルーティン的なものに見えるかという点であった。問題が何度も生じるようなものであれば、経営者は普通自分だけで決断することができ、専門家の技術的な助言はそれほど影響力をもたなかった。しかし問題が高度の不確実性の領域にある場合には、問題が何であるかを規定する専門家は大きな力をもつようになった。逆説的なことだが、このことは、専門家の専門知識が優れていればいるほど、専門家の力は小さくなる傾向があるということを意味した。なぜなら、絶対に誤らない専門家は、問題が生じたら、いつもそれを簡単に解決することができるため、不確実性を取り除いてしまい、問題領域をルーティンに変えてしまうからである。他方、専門知識がいまだ問題を管理可能な形に変ええないような領域における専門家の助言は、他の人びとの行動に対して最大の影響力を及ぼす。

たとえば、弁護士は、ルーティン的な事柄について企業に助言する場合には、政策一般に対してそれほどの影響力をもたないだろう。しかし判事がどう出るか、あるいは相手側の弁護士が何をもちだしてくるかがまったく不確実であるようなケースについて微妙な交渉にたずさわっている場合には、同じ弁護士が大変な力をもつ人物になりうる。このようなケースは企業経営者を不安と不確実性の状況に置き、そのために経営者は専門家の見解に大きく依存しがちである。そして、争点全体が不鮮明で輪郭がはっきりしないために、弁護士が個人的な解釈をもち込んでさまざまの形で企業の方針に影響を与える余地は大きいものになる。

このことは、一般に当てはまることである。他人に最も大きな影響力をもつのは、他人に影響を与える、不確実性の領域に独自の方法で接近しうる人たちである。これらの専門家は、実際に不確実性を処理しえないかもしれないが、それでも彼らは、進行中の事態の解釈について他人を意のままに動かしうる。このような依存は、専門家に対するより一般的な尊敬の感情に変わり、隠然とした権力へと変容しうる。

ある専門職が他の専門職よりも権力をもつ理由がここにある。よく考えてみると、自動車修理工と医者とでは、それぞれの分野で具合の悪いところを直すという点に関しては修理工の方がはるかに頼りになる。だがまさにそのために、修理工の技術は高く評価されないのである。あなたは、いとも簡単に、明日の朝までには車を直しておいてほしいと期待する。そして、直っていなければ、別の修理工のところに行く。だが医者は、診断も治療もはるかに難しい病気を取り扱う。医者があなたを治せなかったら——とくに特定のデッド・ラインまでに治せなかったら——ほとんどの人は、それは医者のせいではなく、病気のせいだと考えるだろう。医学は、自動車工学よりも神秘的であり、それが、医者の威信と力とが修理工よりも大きい主な理由である。

権力保持の技術の一部は、自分のすることをできるだけ神秘的かつ印象的に見えるようにすることである。医者は、舞台裏での活動と自分たちの奉仕する一般人たちとの間にはっきりとした障壁を設けている。医学知識の神秘性は、一部、そこで使われる専門化した用語と、一般人に内輪のことを打ち明けたがらない医者の態度の結果である。秘密は、自己の権力と威信を維持しようとする政治家にとってさらに決定的な重要性をもつ。政府の高官は、自分が国際的危機を取り扱っているが、その詳細は国家の安全のために公表できないと公衆に言うことができるが、そのことによって大いに権力と威信とを増している。

政治家は、自分たちのすることを重々しい雰囲気で包もうとする。秘密保持は、自分たちのしていることを部外者にわからないものにする方法であると同時に、その劇的性格を拡大して見せる方法でもある。加えて、政治家は、疑いもなく、不確実な事態、つまり外国の政府の反応の仕方とか、経済交渉の成り行きとか、他の政治家との投票の提携の可能性とかを取り扱う。政治家とは、何よりも、不確実性を取り扱う人たちであり、これが政治家の権力の本質なのである。

最後に、不確実性の権力はトップレベルの官吏や顧問だけではなく、組織のそれ以下のレベルにも見いだされることを指摘しておかねばならない。たとえば、維持・修理担当の労働者が大いに権力をもっているような工場がある。他の人たちがみんな厳密なルーティンに従って仕事をするのに対して、彼らは、何か故障が起こったときだけ呼び出されて仕事をする。このような事態が起こったときには、工場の操業を再開するために何をする必要があるかがわかるのは、彼らだけである。彼らは、仕事を急いですることも、ゆっくりとすることもできるし、管理者と交渉し、その協力を求めることもできる。というのは、彼らだけが、問題がどれほど深刻であるかを本当に判断しうるからである。彼らは、微妙な交渉過程を通して、彼らのこの権力を組織内での生活の他の諸側面に対する影響力と交換することができる。

組織内の中間レベル、さらにはそれ以下のレベルにおいてさえ、この種の権力をもつ職位は多くある。上司の郵便物を開封する秘書は、どの件が上司の目にとまるか、どの件が順番待ちになるかについて大きな影響を及ぼすことができる。これはすべて、権威ある地位にいる人たちに対して状況を定義することができるということによる潜在的な権力である。上司はどのような情報が入ってきているかを直接に知ることができないから、コミュニケーションのチャンネルを支配する人たちは、多くの隠れた影響力を及ぼすのである。

このように、組織内の権力は、あらゆる種類の偶然性に依存している。かなりの人が自分自身の情報領域を統制しているかもしれないし、また多種多様の不確実領域が思いがけず生じてくるかもしれない。すでに見たように、やっていることが複雑で、組織が同時にいくつかの目標を達成しようとしているときはいつも、管理者は、単一の最適の政策には到達しえないのであって、満足化の原理に従わなければならない。満足化は、多種多様な不確実性という制限のゆえに人びとがとらざるをえない戦略である。上司は、いくつかの領域で自分の意志を通すことができるだけであって、他のことは「正常」レベルの作業でよいとせざるをえないのである。この場合の「正常」「満足のゆく」というレベルは、実際には、組織内の他の人びとによる潜在的な権力の行使によって決められるものである。

結局、権力というものは、少なくともその一部分に関しては、幻想であることがわかる。たしかに人に命令を下すことのできる人たちがいるが、その命令は、一定の可能性の範囲内にあるかぎりにおいて首尾よく実行されるにすぎない。そして、上司は現状についての情報に関して他人に依存しなければならないから、その命令は、最初に情報を提供し、そのことによって状況を定義する人たちの隠れた影響を常に反映している。

このことが喜ぶべきことなのか、あるいは悲しむべきことなのかは、考え方しだいである。管理者の立場からすれば、それは、いつも組織がそれほどスムーズに動いていないように思われる理由にほかならない。およそ、政策を立案する人、あるいはことが一定のやり方で進むことを望んでいる人にとっては、それは悲観的な現実主義の忠告である。しかし、組織のなかで働き、他人の権力行使に左右されている人にとっては、権力の締まりのなさはありがたいことである。権力の逆説《パラドックス》は、個人の自由の主要な源泉なのである。

4 犯罪の常態性

犯罪に関しては、いくつかの広く受けいれられてきた見解がある。なかでも、とくにわかりやすい二、三の説明は常識のレベルからはじまる。だが、常識というものの厄介な点は、どんな問題についても常に正反対の意見があり、しかもどちらの意見も、それを信じている人びとにとっては等しく常識的なものだということである。これらの見解はまた、一般に、通俗的な政治的信念に合致している。大ざっぱには、それらを、犯罪に関する保守的見解と進歩的見解《リベラル》と呼ぶことができよう。社会学の他の領域においても同じことだが、これらのわかりやすい常識的説明には、あまり多くを期待できない。社会学の理論家たちは、これらの見方を批判してきたが、同時に利用もしてきた。つまり、これらの見方をもっと洗練されたものにしようと、さまざまの試みを行なってきた。こうした探究の主たる成果は、常識的な仮定に従って犯罪を理解し制御《コントロール》することのむずかしさ——とりわけ制御のむずかしさ——を私たちに気づかせてくれたところにある。犯罪は依然として発生し続けており、犯罪をめぐる世間の非難の声は相変わらず高い。

犯罪の問題をもっと深く追求した社会学理論もいくつかある。しかし、問題を深く掘りさげていけばいくほど、犯罪の原因は、わかりにくくなり、自明的なものではなくなってくる。よりラディカルな政治的立場からも、独特の脱自明的な犯罪理解が生みだされてきたが、それは同時に、新たな問題をもたらしてもいる。

犯罪に関する最も洗練された、そして最も自明的でない理論はやはりデュルケムにさかのぼると言ってよかろう。問題は必ずしもかつて考えられていたようなものではない、ということがわかってきた。私たちは、犯罪が存在するのは犯罪が社会の構造そのもののなかに組みこまれているからだという逆説に直面しなければならないだろう。これは、犯罪に関しては手の打ちようがないということではなくて、犯罪を制御するための社会的費用《コスト》のなかには、私たちが現に認識している以上に困難な変革がふくまれるだろうということである。

犯罪の保守主義的説明

犯罪者とは要するに悪人であって、彼らを扱う唯一の方法は処罰だ、という犯罪観がある。犯罪が増加したら、それに応じて取締りを厳しくすべきである。この立場は、何世紀にもわたって支持されてきたものであり、今日なお、くり返し主張され続けている。だが困ったことに、この考え方は犯罪の制御に実際に役立ったためしがない。一七、一八世紀のヨーロッパにおける刑罰は、想像を絶するほど厳しいものであった。一塊のパンを盗んだだけで絞首刑に処せられる者もあり、また烙印を押される者、耳をそぎ落とされる者などもあった。犯罪者のなかでも、とくに宗教上あるいは政治上の罪を問われた人びとはしばしば拷問にかけられて死んだ。これらの処罰はすべて公開の見世物であった。結構な処刑を見物しようと群衆が集まり、露店商人たちが軽い飲食物を売り、人びとは罪人が火あぶりのときどれだけ長く叫び声をあげているかについて賭けをした。今日、犯罪の抑止策として厳しい処罰を唱道している人たちが、こうした状況を見たら、満足したかもしれない。

しかし、残酷な刑罰は効果がなかった。絞首刑や手足などの切断刑の存在にもかかわらず、犯罪は何百年にもわたって怖ろしい勢いで発生し続けた。いざとなればそうした残酷な刑罰を覚悟しなければならなかったというのに、どうしてこのようなことが起こりえたのか。おそらく、刑罰それ自体が人びとを無感覚にしてしまったからであろう。公開の処刑は、群衆と死刑台上の犠牲者との間の共感を妨げる障壁をつくりだした。台の上で死にかけているのは何か別種の生き物であり、観衆は観衆で、下で楽しんでいたのだった。あらゆる種類のこうした公認の暴力は、人間の苦しみというものに対する人びとの感受性を鈍らせてしまったにちがいない。人びとは、自分自身に関してさえ無感覚になった。そのため、残酷な刑罰も、今日の私たちを恐れさせるほど当時の人びとを恐れさせはしなかったようである。結局、極端な刑罰は実施されなくなり、ついには廃止されるにいたった。

地域によっては、現代の世界においてもなお、同様の状況が見られる。サウジアラビアやその他のいくつかのイスラム諸国では、盗みに対する処罰は手を切り落とすことであり、また多くの犯罪が死によって罰せられる。刑の執行は公開され、共同体の全員が参列を要求される。しかし、その成果はと言えば、中世ヨーロッパの場合と同じである。これらのイスラム農村社会における殺人の発生率はきわめて高い。これは主として、彼らの刑罰制度によって生みだされた、人間の生命に対する冷淡な態度に起因するものであろう。さらに、これらの社会における暴力事件のなかには、一般的な慣習によって正当化されているために、殺人統計にあらわれることさえないようなものがかなりある。この種の暴力の被害者の多くは、「姦通」の罪で夫や兄弟や父親によって殺される女たちである。厳格な伝統的道徳のもとでは、どんな些細な違反でも、たとえば家族外の男性に話しかけるといったことでさえ、「姦通」の罪となりうる。これらの社会における苛烈な刑罰は、強い地域的紐帯と集団間を隔てる儀礼的障壁とをともなう権威主義的な社会構造に付随するものである。これらの社会は、家長の権力を中心として組織化された家産制的社会であり、処刑という儀礼化された暴力が公衆の面前で用いられるのは、社会学的な観点から見れば、この社会構造の反映である。

それゆえ、犯罪者をできるかぎり苛酷に罰するという原則は、実際のところ、その効果が証明されているがゆえに唱道されている政策ではない、ということがわかってくる。それはひとつの政治的立場、あるいは結局は同じことなのだが、ひとつの道徳哲学である。つまり、犯罪者に対しては手ごわく無慈悲であるのがよく、さらには意地悪く残酷であることさえよいことだと断言する立場なのだ。なぜなら人びとはこの立場を支持するのか——これ自体、社会学が説明すべき問題である。なぜ人びとは、その実際的効果ということとは別の理由で、この立場を支持しているにちがいないのだから。支持者たちは明らかに、この立場が合理的なものだと考えている。しかし私たちはここでもまた、彼らの合理性が非合理的基盤に立っているのを認めることができる。彼らは、厳格な抑止策がうまく働いているのかどうか、その証拠をわざわざ調べてみるようなことはしない。すでに自分たちの政策が正しいことを「知っている」のである。この正しさの感覚こそ、党派的立場——この場合は政治的保守主義——のしるし《マーク》である。

この政治的立場がもう少し科学的な形をとったものもあり、それは犯罪を生物学に結びつけようと試みてきた。今日でも、犯罪者は悪い遺伝子をもっていると主張している人たちがいる。犯罪への傾性は生まれつきのものであり、したがって、そういう人びとに関してはどうしようもない、というのである。社会ができることと言えば、ただ、適切な検査によって子どものうちに将来の犯罪者を見つけだし、そしてたぶん、何らかの方法によって彼らを排除することぐらいであろう。具体的には、いったいどのようにしてこれを実施するのか——この点になると、まだ解決策ははっきりしていない。悪い遺伝子をもつすべての人びとについての完全な身上調査書類を警察が保有するのか、あるいはそういう人びとは生涯にわたって監禁されるのか、断種されるのか、それとも皆殺しといった方法さえとられるのか。実のところ、この問題はそんな具体的な点までは進んでいない。なぜなら、この立場は今までのところ完全に理論上のものだからである。悪い遺伝子の検査法など誰も知りはしないし、悪い遺伝子が犯罪の原因だということを比較研究に基づいて示している証拠は事実上、存在しない。犯罪に関する現代の遺伝学的理論は、保守主義的な政治的イデオロギーの一形態にほかならない。このことを見てとるのは、むずかしいことではない。というのも、犯罪者に関するのとまったく同じ議論が、たとえば社会福祉の対象者をはじめ、保守主義的思考において呪われた《アナテマ》者とされる社会的タイプの人びとにも適用されているからである。

　生物学的な犯罪論は新しいものではない。一世紀前には、犯罪者は、乞食やその他の社会的落伍者と同じく、生物学的に欠陥のある人たちなのだと一般に言われていた。当時、その科学的証拠とされていたのは、頭蓋骨の大きさの測定であった。頭蓋骨のサイズが知能の指標と考えられていたからである。だが間もなく、頭蓋測定ははやらなくなった。ひとつには、頭の良い人も悪い人も頭のサイズはさまざまで、頭の良し悪しと頭の大きさは無関係だということがわかってきたからであり、もうひとつには頭の形態のちがいは犯罪そのものよりも人種のちがいに大きく関係していることが明らかだったからである。そしてついには、生物学理論を実践に移すことにきわめて熱心であったナチスへの反感のゆえに、たいていの人がこの種の説明を敬遠するようになった。生物学的理論が今日復活しはじめているという事実は、おそらく、社会学的研究の進展を示すものではなく、むしろ政治的な潮流が変わりつつあることの徴候なのであろう。

リベラルな説明

犯罪に関する保守主義的な常識というものがあるとすれば、同様にリベラルな常識もある。この立場は、犯罪者という境遇はどのようなものなのかを理解しようと努める。人はなぜ犯罪生活に入っていくのか、また犯罪者たちを犯罪生活から救いだすために私たちは何をなしうるのか。こうした疑問に対して、いくつかの答えが示されてきた。

ひとつの答えは、悪い仲間と親しくつきあった人たちが犯罪者になるというものである。非行少年グループとつきあい、いっしょに街をうろついている若者たちは、そのうちに自分たち自身も犯罪的な価値観を身につけはじめる。間もなく彼らは、小さな盗みやちょっとした破壊行為《ヴァンダリズム》などを犯すようになる。その結果、彼らはますます深く非行文化にまきこまれていくことになり、ついには由々しい犯罪へと進み、一人前の犯罪者になってしまう。

これに類似した説明として、欠損家庭や荒廃した近隣社会が犯罪者を生むというものがある。子ども期におけるこうしたストレスや緊張が、敵意と不安の強い人間を形成し、彼らを犯罪生活へ導くというのである。貧困と幻滅の支配する地域で育つこれらの若者たちが、正常《ノーマル》な社会に愛着を感じる理由は何もない。彼らは世間から相手にされていないと感じており、したがって自分たちにできることならどんなことをしてでも世間に仕返しをしようとするのも、しごくもっともなことなのである。

　ときには、右の議論をもう一歩進めて、次のように主張されることもある。すなわち、犯罪者の出身背景だけでなく、その社会的境遇を変えるための機会の欠如もまた犯罪者を生みだす要因である、と。もし貧困家庭や少数民族の出身の子どもたちにも立身の機会が十分にあるなら、彼らも正常で生産的な社会成員となるだろう。彼らが犯罪に向かうのは、成功の機会のない状態に閉じこめられているからである。さらに、合衆国の社会的雰囲気がこうした閉塞感をいっそう強化していることも指摘されている。というのも、合衆国の文化は業績志向型の文化であり、そこでは人びとは自分の力で成功することを期待されているからである。おそらくはこの成功への圧力のゆえに、成功に手の届かない人びとは強い疎外感を抱くにいたり、その憤懣を犯罪という形でぶちまけるのだ。

　たとえば、イタリア系アメリカ人が組織犯罪において突出しているのは、人種差別の強い時期に米国に移住してきたからだと言われている。もっと以前にやってきた移民グループ、たとえば大都市のアイルランド人などは、警察関係の職をふくめて市の下級職の大半を手中にした。アメリカでの経済的成功の期待にもかかわらず、合法的機会の欠如に直面したイタリア人の多くは、非合法的な手段《ルート》で身代をつくろうとする方向に向かった。そういうわけで、マフィアは、いわゆるアメリカの夢を実現しようとするひとつの迂回路にほかならないのである。

この線にそった考え方のなかには、少年非行のかなりの部分に関して間接的ではあるが学校に責任があると示唆するものさえある。学校は、自分自身の実力による成功という公式の理念が最も強く主張されるところである。上昇移動の機会に対する広範な要求のゆえに、私たちはここ二、三〇年の間に、事実上すべての子どもたちが少なくとも高校卒業までは——それ以上とは言わないまでも——学校に通うことを奨励されるという段階にまで到達した。にもかかわらず、この体制のなかで誰もが同じように成功するわけではないことを、たいていの生徒たちははっきりと知っている。先へ進んでいくための学力、動機づけ、社交能力、人的つながりなどをもっている者もあれば、そうでない者もある。出世コースの第一段階として高校に通っている生徒たちもいれば、そこから逃れ出る日を待ちながら仕方なく高校生活を送っているだけの生徒たちもいる。学校制度と少年非行とを結びつける考え方によれば、何も得るところがないのに在学を強いられているという経験こそ、憤懣と非行を生みだす源泉なのである。だから、少年たちの非行が、学校の窓に石を投げつけるといった破壊行為からはじまる場合が多いのも、決して不思議なことではない。

この種の議論のなかには、かなり複雑な発展を示すものもある。しかし、それらすべてに共通しているのは、犯罪は実際には犯罪者の罪ではないという考え方である。彼(または彼女——実際には犯罪者の大多数は男性だが)は、できることなら犯罪者になどなりたくないと思っているのだ。そういう彼らを犯罪の道に追いこんでいくものと言えば、不利な社会的諸条件以外にない。

この種の説明はたしかに、愛他主義的なひびきによって多くの人びとに訴える力をもっており、したがって、犯罪者を正常な社会参加の道にひき戻すための矯正と社会復帰訓練に関する多大な努力を生みだしてきた。この犯罪観はまた、今日までかなりの期間にわたって、刑罰制度についての公式見解を支配してきた。刑務所は懲罰を本来の目的とする場所ではなく、矯正と社会復帰のための場所とされる。だから、刑務所を清潔にし、看守による残酷な懲罰をなくすために、そしてまたレクリエーションや教育の便宜を提供するために、一連の改革が試みられてきたのである。刑務所は、犯罪者たちが手に職をつけたり、高卒の資格を得たり、あるいは他の何らかの方法で、出所後に普通の職業生活を送れるように準備を整えたりすることのできる場所になってきたとされている。これに関連して、仮釈放委員会(あるいは更生保護委員会)の機能も拡張された。今や、刑の確定した犯罪者は、有益で生産的な生活への再適応を指導する、思いやり深い仮釈放担当官の監督のもとに刑務所を出て社会に戻るほうがよい、というふうに考えられている。

このようにして、犯罪をひき起こすと思われるさまざまの社会的原因はすべて、適切な社会的改革によって中和できるはずである。若者を悪の道に走らせるきっかけとなるのが非行的環境であるならば、ユースサービスを提供し、グループワーカーを派遣して、仲間《ギャング》をつくってうろついている連中を街頭から遠ざけ、監督官つきの遊び場に誘いこむ努力をすればよい。欠損家庭と荒廃した近隣社会に対しては、ソーシャルワーカーと都市再開発計画がある。上昇移動の機会の閉塞に対しては、恵まれない人びとの生活機会《ライフ・チャンス》の改善、就学期間の延長、補習サービスの提供などに向けてのさまざまの努力がある。

すでに述べたように、これらはすべて、たいへん愛他的な政策である。しかし、大きな難点がひとつある。端的に言って、あまり効果がないのである。リベラルな社会計画はすでに何十年にもわたって実施されてきたが、犯罪率は下がっていない。それどころか、対人口比で見た犯罪発生指数は、たいていの犯罪に関して、ここ二〇年間で上昇している。犯罪防止のための社会計画はどれもこれも、明らかにたいした効果をあげていない。

このことは、これらの社会計画を全体として見るだけでなく、ひとつひとつ個別的に見ていくことによって、はっきりわかるだろう。たとえば、青少年を扱うグループワーカーや仮釈放担当官にしても、犯罪文化に対抗するという点で、それほど成功してきたとは言えない。青少年ワーカーはときには非行グループと友だちになることはできるだろうが、実際に彼らの行状を改めさせるところまではいかない。仮釈放担当官は、出獄者にとって、犯罪に関連するさまざまな人間関係《コネクション》のひとつ、出獄者の生活につきものの関係者の一人であるにすぎない。社会復帰志向型の刑務所は明らかに失敗している。実際、刑務所が多くの囚人をますます犯罪の道に深入りさせる可能性があるということについては、かなりの証拠がある。これは、多くの囚人たちが刑務所のなかで、犯罪的な生活様式《スタイル》を維持している他の囚人たちのグループとかかわりをもつようになるからにほかならない。刑務所のなかでは一部の囚人たちの荒っぽい仲間集団が支配的な力をふるっている。それらは、たとえばブラックモスレム、メキシカンマフィア、アーリア人同胞団など、多くの場合、民族的な系列にそって組織化されており、自分たちの紛争は自分たちで私的かつ暴力的に片をつけ、男どうしのレイプの手筈を整え、刑務所のなかでも麻薬その他の非合法サービスを提供する。これらの組織は、囚人たちが刑務所を出てからも影響力をもち続ける。多くの出獄者にとって、これらの組織こそ、彼らがもつ最も強い社会的つながりであるかもしれない。皮肉なことに、刑務所は、犯罪者の社会復帰に役立たないだけでなく、出獄者がきわめて容易に犯罪稼業を続けていけるような組織上の基盤をしばしば提供するのである。それゆえ、出獄者の約四〇％が釈放後二、三年以内に刑務所に舞い戻ってくるということに、格別驚くには当たらないのである。

右に見たような事実は、犯罪とその予防に関するリベラルな理論に対するかなり重大な告発であるが、これらの理論の主唱者たちに自分たちの非を完全に認めさせるにはいたっていない。彼らは、たとえば適切な対抗策が十分積極的に施行されてこなかったからだ、というふうに議論を続けることができる。もっと多くの青少年向けグループワーカー、人種差別や貧困が存続していることに対するもっと広範な批判、恵まれない若者や刑余者にも、まともな職業で成功していけるチャンスを与えるためのもっと真剣な努力、そういったものが必要なのだと彼らは反論するだろう。たしかに、そうした愛他主義的方向において、もっともっと多くのことができるはずだから、彼らの言い分にも、もっともなところはある。しかし、その根底をなす基本理論そのものがまちがっているかもしれないという疑いも、しだいに大きくなってきている。

欠損家族と荒廃した近隣社会が犯罪を生むという仮説をとりあげてみよう。この説明は、ストレスと欠乏が犯罪のきっかけになるという私たちの常識的な世界観に合致しているように思われる。しかし、事実は必ずしもこれを裏書きしない。両親が離婚した家庭の子どもがみな犯罪者になるわけではない。実際、そうした子どもたちの大半は、犯罪者になどならない。このことは、離婚が、それ以外の面ではまったく平均的な家族の正常で容認された要素となっている現在、とりわけ明白である。また、貧しい近隣社会に住んでいる者はすべて犯罪者だなどというのも穏当ではない。欠損家庭の場合と同様、貧困地域でも犯罪者は一部の人たちにすぎない。それゆえ、貧困それ自体を犯罪の原因と見なすことはできない。何か別の要因があるのだ。決してすべての犯罪者が貧乏ではないし、少数民族出身者でもないという事実を考えてみれば、このことはいっそうはっきりする。非行少年は、貧困地域だけでなく、中流階級の居住地域にもいる。金持ちの少年たちも学生友愛会《フラタニティ》のパーティで、さまざまの破壊行為に及ぶ。彼らはまた、暴力行為、強姦、窃盗、その他あらゆる犯罪をおかすが、必ずしもそれらの犯罪のために告発されるとはかぎらない。大人たちについても同じことが言える。貧しい階層の人たちだけが犯罪をおかすわけではない。いわゆるホワイトカラー犯罪もまた大きな問題であり、それはたとえば不渡り小切手を切ることから公金横領、あるいは共謀して役人を買収したり、法的規制を巧みにくぐり抜けたりすることにまで及んでいる。

愛他主義的でリベラルな犯罪理論は、端的に言って、これらの現象をうまく扱うことができない。一見したところ犯罪についての現実的な社会学的説明のように見えたものも、さらにくわしく検討してみると、事実にうまく合致しないことがわかる。恵まれない貧困地域での犯罪はこの理論が予測するより少なく、そうでない地域では予測より多い。犯罪の防止と犯罪者の社会復帰のためのリベラルな方法があまり成功しなかったのは決して不思議なことではない、と結論してよいであろう。

犯罪についてのラディカルな説明

近年の社会学では、犯罪問題への根本的に新しい見方に立って従来の諸説を退ける理論構築が急速に台頭してきた。犯罪の社会学理論は、ここにいたって、脱自明的な、そしてさらには逆説的とさえ言える領域に踏みこむことになる。

議論の転換の基本線は、注意を犯罪者の側から法の執行機関の側に移し、それを批判的に考察するということであった。たとえば、犯罪率の上昇は実際の犯罪発生件数とは無関係であると主張されることがある。変化したのは報告される犯罪の数が増加したということだけ、というわけである。ときには、新聞が——市政批判とか、選挙を間近にひかえて犯罪問題を争点にするためといった、おそらくは政治的な目的で——犯罪記事を一面で大々的にとりあげることによって、犯罪率の高まりをつくりだすこともある。また警察も、その記録管理能力の改善によって犯罪率をつり上げていると責められている。かつては報告されないままになっていた未解決犯罪も、今では報告件数のなかにふくめられている。そしてこれが、予算の増額が必要だという警察のアピールの恰好の論拠となる。

犯罪率の変動と言われるもののいくぶんかがこのようにして生じるということは事実であろう。とくに新聞は、社会の動向に関して非常に信頼できる情報源とは言えないし、警察の公式統計も、報告方式の変化によってさまざまの偏りを免れない。一年ぐらいの期間で犯罪率の急激な上昇が見られるなら、それはたいてい、統計の計算方式の変更という単なる行政上の理由によるものである。とはいえ同時に、犯罪率の変動をすべてこの種の原因に帰することはできないということも指摘しておかねばならない。

しかしながら、犯罪は法の執行者の側によってつくられると主張する、もっとラディカルな考え方もあり、これはラベリング理論と呼ばれている。この議論の大筋は次のように展開する。まず、一部の特殊な若者だけでなく、あらゆる種類の若者たちが法を侵す。小さな盗みや破壊行為を行ない、けんかをし、違法なのに酒を飲み、不法なセックスをし、マリファナを吸ったり、麻薬に手を出したりする、等々。こうした行為は広く蔓延しており、ある年齢ではほとんど正常な行動とも言える。しかし重大なのは、こうした若者たちのなかに警察に捕まってしまう者がいるということである。彼らは何らかの罪状で当局に逮捕される。だが、この時点でもまだ、社会的にまずい結果にならないで済む可能性はある。逮捕されても、たとえば校長の愛情、両親の介入、警察の同情などのおかげで警告だけで免れる者もある。この場合、彼らは、最終的に一人前の犯罪者としての自己意識《アイデンティティ》をつくりだす長い漏斗のなかに落ちこんでしまうことを免れたわけである。

若い犯罪者が実際に逮捕され、起訴され、有罪を宣告され、さらにもろもろの処遇を受け――ということになると、それは当人のその後の経歴にきわめて重大な影響を及ぼす。

この影響は、いろいろな形で生じるが、そのひとつは心理的なものである。かつては自分を、ちょっと怠け者かもしれないが、それほど他の人たちと違ったところはないと考えていた人が、今や何か特別の存在になってしまう。違反者、非行少年、犯罪者といったレッテルを貼られ、犯罪の処理にかかわる諸組織の網《ネットワーク》の目にとらえられる。そして、この犯罪者処遇の過程を一歩また一歩と進んでいくごとに、自分はもはや普通の人とは違うのだという感覚が強化される。こうして、彼らは犯罪者としてのアイデンティティを身につけてゆく。

こうなると、そこから抜け出すのはむずかしい。いわば「向こう側」への境界線を超えてしまったのであり、再び戻ってくることはほとんど不可能となる。そういうわけで、社会復帰、青少年カウンセリング、仮釈放担当官など、もろもろの施策が強調されるにもかかわらず、犯罪者は再犯を重ねる傾向が強く、しかもより重大な犯罪へと進んでいくことが多いのである。たとえば、いたずら半分の破壊行為で捕まったことがきっかけで、次に自動車盗へと進んでいく者もあるだろう。そのうちに自動車盗で捕まり、一段と厳しい判決を受けて、いっそう深く犯罪者としてのアイデンティティにとらわれていく。法廷における一連の裁判手順は、犯罪者アイデンティティを深め固める儀礼として作用する。もし投獄されると、他の犯罪者たちから成る環境に封じこめられることになるので、犯罪者的な考え方とライフスタイルが、当人にとって唯一の有意味な世界となる。たとえ投獄されなくても(あるいは仮釈放後でも)、彼らは仮釈放担当官に向かって方向づけられた世界で、心の奥ではいつも警察や裁判のことを気にかけながら生きていくことになる。リベラルで改良主義的な犯罪統制機関の活動はすべて、犯罪者に絶えず犯罪者アイデンティティを思い起こさせる働きをしており、そのことによって犯罪者アイデンティティはますます強化されるのである。

このようにして、犯罪活動の自己永続的な無限連鎖が形成される。この連鎖全体のキーポイントはまさしくその出発点、つまりラベリングの過程がはじまる地点である。重要なのは、法との最初の劇的な出会いであり、それが人びとのその後の進路を決定する。よくあるちょっとした脱線ということでうまく切り抜けるか、それとも犯罪者の道——犯罪予防のあらゆる試みが実際にはかえって犯罪を不可避なものにしてしまうような世界——に引きこまれることになるか、その分かれ道である。

以上は、ラベリング過程の力学を、どちらかと言えば心理的な面から描いたものだが、これを別の角度から補完することもできる。つまり、新参の「犯罪者」のなかで生じる変化よりも、むしろ法の執行の世界それ自体の組織の内部で生じる変化を強調する視角をとるのである。警察を研究してきた社会学者たちは、警察もまたひとつの組織であり、他のあらゆる組織とまったく同様に、管理上の諸問題をかかえていることを指摘している。企業組織が売り上げを維持していかねばならないように、警察組織も犯人を逮捕し、事件を解決し続けねばならない。これは決して簡単なことではない。たとえば殺人のように、比較的解決しやすい犯罪もある(その理由については、もう少し先で検討しよう)。しかし、この種の犯罪は、全体から見ればごく一部を占めるにすぎない。最もありふれた犯罪、そして最も広く一般公衆に影響を与える犯罪は、侵入盗や自動車盗、その他さまざまの種類の窃盗である。まさにその厖大な発生件数のゆえに、この種の犯罪は解決がむずかしい。現場にはほとんど証拠が残されていないのが普通であるし、目撃者もめったにいない。現行犯で逮捕する以外、窃盗犯を捕まえることはたいへんむずかしい。さらに、たとえ捕まえても、公判を維持するに足るだけの証拠を入手することがむずかしい。たとえば、窃盗はたいてい単独犯行なので、他の犯罪の場合によく行なわれるように、共犯者どうしに互いに不利な証言をさせるといったやり方ができないことが多い。それでは、警察はどのようにして、(窃盗という)犯罪のこの大部門を統制しようとするのか。

警察がとりうる最善の戦略は、ともかくも逮捕できた犯人から多くの自白を引きだそうと努めることである。だから、たとえばある侵入盗事件の盗品をもっていて逮捕されたりすると、必ず他の侵入盗についても自白するように多大の圧力がかけられる。警察の尋問のやり方には実にさまざまのものがあり、ときには暴力的な方法がとられることもある。しかし最も効果的な圧力は、取引き《バーゲン》の形をとるのが普通である。容疑者は一連の未解決の窃盗事件について自白するよう唆され、そのかわり、訴因となる容疑のごく一部についてだけ(たとえば一件か二件の侵入盗、あるいは場合によってはもっと軽い犯罪についてだけ)罪状を認めることを許される。これが典型的な司法取引き(有罪答弁取引き)である。検察官と弁護士が特定の判決を判事に求める合意をつくりあげ、それ以外の訴因は却下される。この取引きから誰もが何らかの利益を得る。犯罪者は軽い刑で済む——一年の禁固、あるいはうまくいけば執行猶予で済むかもしれない。警察側は一ダースにも及ぶ侵入窃盗事件を解決したと宣言することができる。そして、そのことは、警察の年次統計報告で自分たちの部署の有能さを印象づけることになる。検察官たちは法廷にいる時間を短縮することができる。判事は事件をどんどん処理していくことができ、その結果、過重負担を強いられている法廷の渋滞が緩和される。この仕組みから何の恩恵も蒙らないのは被害者だけである。盗まれた物が返ってくるわけではないし、真犯人は逮捕されないままなので本当の安全が得られるわけでもない。

こういったことすべてが、人びとに犯罪者の経歴を歩ませ続ける「ラベリング」の過程を強化するうえで、大きな効果を発揮する。警察がその仕組みをうまく働かせることができるのは、最も逮捕しやすい人から目を離さないというやり方によってである。すでに述べたように、つい最近起こったばかりの一連の侵入盗事件の犯人を特定することはむずかしい。彼または彼女(しかしたいていは彼)が新顔であれば、とりわけむずかしい。一方、最も捕まえやすいのは、以前に逮捕されたことのある人びとである。そこで、警察が一連の侵入盗事件を「解決」できる方法のひとつは、かつて有罪判決を受けたその地域の犯罪者で現在仮釈放中の者たちの不意を襲うことだ。仮釈放の条件のひとつには、警察の捜索に従わねばならないということがたいていふくまれている。そこで警官がやってきて、盗まれた品物や違法な麻薬、あるいはその他の違反を探す。多くの場合、それらを見つけだすのはむずかしいことではない。それはとりわけ、さまざまの種類の麻薬が通例、犯罪者文化の一部となっているからである(だからと言って、同じ麻薬が犯罪の世界とは無縁な人びとのライフスタイルの一部ともなりうることを否定するつもりはない)。

こうして、警察は取引きをはじめることができる。前科のある者、とりわけ仮釈放中の者は、とくに弱い立場にある。仮釈放の条件のひとつは、再び同様の犯罪行為にかかわってはならないということだからである。ともかく何か仮釈放の条件に違反すれば、自由はとり消しとなり、刑務所に送り返されて刑期を勤め上げなければならない。このことが大きな圧力となって、仮釈放中の人びとは、一、二件の軽い罪について罪状を認めれば他は大目にみてやろうという司法取引きとひきかえに、多数の事件についての長ったらしい自白に応じ、警察の未解決事件記録を清算するのである。その結果、執行猶予または実刑、そして仮釈放、そして――といった過程が、もう一度くり返されるわけである。

こうして、誰かが何らかの違反行為ではじめて犯罪者というレッテルを貼られたときにはじまる一連の出来事は、結局のところ、実質上一種の見えない監獄と言えるものをつくりだすにいたる。いったん警察に認知されると、その人たちは、彼らをくり返しくり返し例の仕組みへ送りこもうとする組織上の圧力にさらされる。警察側がそういう傾向をもっているのだから、警察に認知された人たち自身が個人的に犯罪者としてのアイデンティティを強く感じるようになるかどうかにかかわりなく、そうした状況から抜け出すことはきわめてむずかしい。前科のある人たちは、彼らを絶えず再加工する機械に捕えられているようなものだ。というのも、その機械にとって彼らはもっとも入手しやすい原料だからである。

ラベリング理論は、犯罪は事実上、逮捕の過程によってつくられると主張する。すでに見た以前の諸理論と違って、人びとの個人的特質、出身階層、人種的背景、育った近隣環境などは決定的な論点とはならない。あらゆる種類の人びとが誰でも法を破るという前提に立っている。しかし、そのうちの一部の人たちだけが逮捕され、起訴され、レッテルを貼られ、その他何やらかにやらあって、一人前の犯罪者になってゆく。法廷に立たされたり刑務所に送られたりする犯罪者は、非常に貧しい人や黒人、あるいは「社会的に望ましくない人たち」とか「社会的に恵まれない人たち」といった世間の概念に当てはまる人たちであることがたいへん多いようだが、それはそういう人たちが最も逮捕されやすく起訴されやすいタイプの人たちだからである。男子学生友愛会の若者たちが大学の記念碑を盗みだしたり、パーティで女子学生クラブのメンバーをレイプしたりしても、「学内での悪ふざけ」というラベルのおかげで、戒告処分ぐらいで放免される。しかし、貧しい黒人の若者が同じようなことをすれば、少年裁判所に送られ、本格的な犯罪への道を歩みはじめることになるのである。

犯罪に対するラディカルなアプローチのなかには、さらに徹底した立場もあり、犯罪をつくりだすのは単に警察だけではなく、むしろ法それ自体であると論じる。明白な一例をあげるなら、アヘンやモルヒネなどの麻酔薬を所持することは、それらを個人的に所持することを重罪とする法律が可決されるまでは犯罪ではなかった。一九世紀には、アヘンやアヘンチンキのようなアヘン調合剤の使用は違法ではなく、かなり広く行なわれていた。それらは薬局で処方箋なしで買うことができた。麻薬をふくむ売薬を多くの人びとが用いていた。また鎮痛剤として、現実逃避の手段として、あるいはそれが生みだす感覚を好んで、麻薬を用いる人たちもあった。ハシシやマリファナ、コカやコカインについても事情は同様であり、さまざまの人びとによって、さまざまの程度において使われていた。二〇世紀に入って間もなく、アヘンおよびアヘン派生剤の自由な服用が合衆国で禁止され、さらに一連の国際協定によって、世界中の大半の近代国家においても禁止されるにいたった。これに続いて、コカインやカンナビノールを禁止する法律も制定された。

これらの法律が、犯罪の新しい範疇を突然つくりだした。以前はまったく個人的な行為をしているにすぎなかった人びとが、今やかなり重大な法律違反をしているということになった。このことは、非常に多くの社会的副産物をもたらした。そのひとつに、すでに略述したラベリング過程——心理的なものであると同時に組織力学的なものでもあるラベリング過程——が作用しはじめたということがある。麻薬法違反で捕まった人たちは今や、犯罪的な環境のなかに吸いこまれ、犯罪者としての経歴を歩んでいかざるをえない危険にさらされることになった。かつてアヘンは独身の老女たちがせき止めに使ったり、ごくありふれた労働者階級の居酒屋で楽しまれたりしていたのに、今やアヘンを求める人は非合法世界の住人であり、売人たちとひそかに会い、そしてむろん警察を絶えず恐れながら暮らさねばならなくなった。

麻薬の非合法化はさらに、経済的にも重大な影響をもたらした。麻薬が公開市場で売られていたときは、その値段は割に安かった。麻薬の生産や輸送にはそれほど費用はかからないからである。しかし非合法化されるに及んで、商売全体が大きな制約を受けた。需要と供給の経済原則を単純に当てはめるだけでもわかるように、供給の制約が価格の上昇をもたらした。一九世紀初頭のイギリスでは、そこそこの量のアヘンが一シリング(たぶん現在の二五ドルほどに当たる)で入手できたのに、ヘロイン(二〇世紀のアヘン派生剤)は現在、一オンス約二〇〇〇ドルもする。麻薬商人や密輸業者は、その活動をできるかぎり隠蔽しておくために、また贈賄のために、そして逮捕された場合の避けられない法的費用の支払いのために、以前よりもずっと多額の出費を強いられている。そういうわけで、麻薬の非合法化は麻薬価格の上昇をもたらし、その結果、かつては麻薬市場と無関係であったさまざまの犯罪が生みだされることになった。密輸や贈収賄はもちろん、侵入盗や強盗も増えた。たいていの麻薬常習者は、金のかかるその習慣を維持するための出費に耐えられず、収入確保の主たる手段として盗みに向かったからである。こうして、麻薬を非合法化するという最初の決定が、多くの他の犯罪をも生みだすことになった。

この種の分析は他のさまざまの犯罪にも適用されてきた。たとえば一九一九年から一九三三年まで合衆国を支配した全国的なアルコール飲料の禁止は、もぐりの酒場、酒の密造所、密輸入業者、そしてそれらの活動を「保護」する組織犯罪のネットワークなどから成る非合法文化の総合体をつくりだした。それらの活動は本質的には、規則的な金の流れを生みだすビジネス活動であった。しかし、以前の章で指摘したように、ビジネス契約というものは、それを当事者たちに守らせる何かがなければ維持されえない。しかしこの場合、当のビジネス活動がすでに非合法化されているので、契約を守らせる力として正規の法廷や警察機構は役に立たない。そこで、かわって登場したのが、アル・カポネや他のマフィアのボスたちという非合法の「執行者《エンフォーサー》」であった。麻薬の非合法化や禁酒法など多くの例に見られるように、新たな犯罪類型《タイプ》をひとつつくりだすと、それにともなって他のいろいろな犯罪も誘発されがちなのである。

賭博の禁止も同じような結果をもたらした。この領域で社会学者たちは、合法的な世界と非合法的な世界との相互作用に関して、いくつかの興味深い資料を提示してきた。違法な賭屋は法の保護を受けることができないので、「保護」とひきかえに金を強要する犯罪的ギャングの餌食になる。しかし、ギャングが保証するのは誰からの保護なのかと言えば、それは通例、ギャング自身からの保護にほかならなかった。もし賭屋が要求額をきちんと払わなければ、ギャングが襲ってきて事務所を打ちこわし、賭屋を散々なぐりつけるのが常であった。しかしギャングがしだいに洗練され世故にたけてくると、みずから暴力に手をそめる必要はないということがわかってくる。暴力は世間の目を引きすぎるから、穏便にやっていくほうが良策だ。賭屋が冥加金(保護料)を出すのを拒んだ場合は、警察に密告して手入れをさせるだけでよい。こうして現代の組織犯罪は、警察と対立するというよりはむしろ警察と共生しつつ活動している。組織犯罪者にとって、保護料をゆすりとるという商売が成り立つのは、つまるところ賭博が違法だからである。この種の犯罪者たちは、法規制の緩和に味方するどころか、自身の生計を立てていくためにむしろ法が必要なのである。同様に、違法な麻薬ビジネスにかかわっている人たちも、誰もが麻薬の合法化に好意的というわけではない。アヘン剤、コカイン、マリファナなどが合法的に販売されるようになったとしたら、それらの値段は大幅に下落するだろう。そしてこの世界でもまた、うまくやった密輸業者や大規模な卸売業者が巨額の富を築くなどといったことはもはやありえない話となろう。

犯罪分析へのラディカルなアプローチは、犯罪と社会構造との間に多くの皮肉な相互連関が見られることを明らかにしている。道徳や順法の名において市民たちが行なうさまざまの活動が、結局のところ、犯罪行為の総量を大幅に増加させることになる。社会学者のなかには、犯罪を説明するということは、せんじつめれば、どのようにしてある種の事柄が犯罪と定義されるにいたったかを説明することにほかならないと論じる人たちもいる。つまり、犯罪は「道徳事業家」たち――すなわち、ある道徳基準をつくり、それを他人に押しつけようとする人たち――によって製造されるというのである。さらに進んで、このような形で犯罪を生みだしていく経済的利害や組織の利害、あるいは社会運動などに目を向けている社会学者もある。この観点からすると、たとえば二〇世紀の初頭における麻薬の非合法化は、あらゆる薬品に対する管理権を独占しようとする医療専門家たちの努力の一部であったと見なされるだろう。禁酒法運動は、田舎のアングロ・アメリカンのプロテスタントたちが、大都市の移民たちの堕落した飲酒文化(と彼らが考えたもの)を何とか阻止しようとした窮余の努力であったと説明されている。この線に沿った分析は、たとえば妊娠中絶反対運動のような、新しい犯罪の定義をつくりだそうとしている現代の運動についても適用できるであろう。

ここで、一歩しりぞいて次のように問いかける人があるかも知れない。右の例はすべて、ある人びとの道徳感覚――何が正しいことかについての感覚――に反するような種類《タイプ》の活動である。麻薬の使用、飲酒、賭博(さらに売春、ポルノ、同性愛などの性行動をつけ加えることもできるだろうが)、これらはすべて自分の意志でその種の行為に従う人びとを当事者として成り立っている。これらの行為に腹を立てるのは、直接それに関与していない部外者たちにかぎられる。これらは、いわゆる「被害者なき犯罪」である。たしかにこの種の犯罪については、社会がそれらを違法とする法律を制定するだけで、かなり恣意的に犯罪をつくりだすという考え方は十分に納得できるものだ。しかし、たとえば強盗、殺人、暴行、強姦、あるいはそれら以外でも人の生命、身体、財産を毀損するすべての行為をふくむ「本物の」犯罪については、どうであろうか。これらの行為は、たとえそれを禁じる法律が存在しなくても、たいていの人が正当とは見なさないだろう——そう言ってよいのではないか。それらは犯罪の「人為的」な範疇というより、むしろ「自然」な範疇のように思われ、したがってそれらを非合法化する法律を制定させようとする道徳十字軍のような動きなどなくても、人びとはそれらを阻止しようと望むだろう。

しかしながら、社会学の最もラディカルな理論的立場は、これらの犯罪もまた社会的につくられるということを示そうとする。たとえば強盗罪は、私有財産制度があるからこそ犯罪なのだ。もし私有財産というものがなければ、それを盗むということもありえないであろう。さらに、もし社会が財産を基礎として、生産手段を所有する階級と生きるために自分の労働力を売るほかない階級とに分かれているのでなければ、人びとが盗みをするように動機づけられるということもないだろう。一方に貧しい人びと、他方に富める人びとをつくりだしているのは資本主義体制である。このようにして、犯罪を経済的な階級闘争の一形態と見なすことができる。階級支配の構造が、財産の侵害行為を犯罪にするのである。この論点をさらにおし進めると、他の「重大な」犯罪——暴力行為、殺人、強姦など——も、人間社会の必然というよりは、階級分化した社会の状況の一部として説明できるという議論になる。もし、そうした階級支配を除去できるなら、犯罪も除去できるであろう。

これはたしかに考慮に値する理論である。「本物の」犯罪は階級分化した社会における闘争の問題であるということ、そしてとりわけ、経済犯罪は一般的な経済的階層化の体制の一部であるということを認識しているというメリットがこの理論にはある。強盗や自動車盗のような経済犯罪が全犯罪中で最大の割合を占めているのだから、おそらくこの種の理論によってかなり多くのことを説明しうるであろう。

にもかかわらず、犯罪は階級闘争である——マルクス主義のモデルにおいて常に特筆されている階級闘争とまったく同じ種類の階級闘争である——という結論に直ちにとびつくことはできない。ひとつには、犯罪の被害者に注目すると、いささか意外な傾向《パターン》が見られるからである。すなわち、裕福な階級よりも貧しい階級のほうがずっと強盗や侵入盗の被害にあいやすいのである。そしてこのことは、合衆国においては、白人にも黒人にも当てはまる。事実、最低収入層の黒人たちが、財産犯罪のみならず殺人や強姦もふくめて実質上あらゆる犯罪の被害者に最もなりやすいのである。

したがって、明らかに階級分化に基づく犯罪のパターンというものはあるが、それは必ずしも、貧しい者が富める者から強奪する(あるいは殺したり、強姦したりする)といったものではない。犯罪者はロビン・フッドではない。現状から見ると、むしろ、犯罪は主として地域的なものだと言えるようである。人びとはどこよりもまずみずからの近隣地域で強奪し、夜盗に入り、殺人を犯し、強姦する。理由はきわめて簡単――それが最もたやすい機会だからである。とりわけティーンエイジャーにとってそうであり、しかも犯罪の大部分は彼らによっておかされるのである。

結局のところ、犯罪にはたしかに階級的なパターンが見られるけれども、それは各近隣社会が人種や民族だけでなく社会階級によっても相互に分離されている場合が多いという事実から生じるものなのである。だから、最も多くの犯罪をおかすのは最も恵まれない層の人びとであるが、その被害者もまた主として同様の人びとである。こうして、もっぱら貧しい人びとが貧しい人びとから奪うわけである。

階級闘争モデルは有意義なものであるが、今や私たちは、マルクス主義者たちよりもっと先までこのモデルをおし進めなければならない。というのも、すでに第一章で見たように、人びとがみずからの私利私欲のために闘っているときには、自分と同じ経済階級の人びとをもふくめて、誰であれ他人を信用するはずがないからである。対立する二大階級間の対決というマルクス主義の構図に見られるよりもずっと多くの闘争が実際にはあるのだ。労働者階級が統一的な階級としてブルジョワジーと闘うためには、労働者階級内の諸階層《ランク》を統合する多大の連帯が必要であろう。だが、まさしくこれが、最も貧困で最も差別された社会層に欠けているものなのである。せいぜい、儀礼を重んじることによって何とか独特の連帯をつくりだしている小さな非行グループが見られる程度である。その儀礼というのは、たとえば黒人の非行グループの成員たちが名人ぶりを見せる、曲芸のような握手や言葉遊び《ゲーム》といったものだ。しかしこれらのグループはもっぱらお互いどうしでけんかをし、また自分たち自身の近隣社会の未組織の人びと、つまり非行集団や犯罪組織に加わっていない人びとを餌食にしている。大きなひとつの集団としての連帯を欠くかぎり、下層階級の環境《ミリユー》はまるで「万人に対する万人の闘争」のような状態にある。

こうして、経済的および人種的な階層化という大きな体制の問題が、回り道を通ってではあるが、犯罪の発生を説明する図式のなかに入ってくる。下層階級の犯罪は、おおむね、上層階級に対する階級闘争ではない。しかし、社会全体の階層化が、下層階級の犯罪を誘発するような状況を生みだしたということは言えるだろう。人なみの暮らしをするだけの経済的機会をもたない最下層階級や、差別にさらされやすいマイノリティの人たちは、自分たちを自分たち以外の社会一般に結びつけてくれるものをほとんどもたない。私たちの社会では、彼らは孤立した個人であるか、あるいはせいぜい孤立した小集団である。まともな職業生活のコースに統合されていることから生じる連帯感を欠いているので、彼らは主として利己的個人として、他人に対する道徳的義務感に縛られることなく行動する。こうした下層階級の状況、とりわけ若い下層階級の黒人たちの状況は、本書のこれまでの章で検討してきた連帯のモデルの否定的側面を例証するものである。社会組織が、人びとをより大きな集団の成員へと統合していくメカニズムをうまくつくりだせないと、道徳感情は出現しない。かわりにそこに見られるのは、相互不信の状況であり、誰もが自分のことしか考えない状況であるが、それは、デュルケムが論じたように、各個人がまったく自分の利己心だけに基づいて行為することの結果として生じるものなのであろう。不正行為をするかそれともルールを守るかという選択において、合理的個人は、純粋に一個人として行為するなら、常に不正行為のほうを選ぶだろう、ということを思いだそう。これこそ、社会との結びつきを奪われた人びとが置かれている状況なのである。

　階級闘争モデルは、少しその調子を和らげ、また連帯がどのようにして生じるか（あるいは生じないか）についてのモデルと統合すれば、それなりに意味のあるものになる。マルクス主義の理論は、それをデュルケムの理論と結びつけて考えるなら、私たちにとって示唆的なものとなりうる。犯罪はきわめて個人主義的なものなので、純然たる階級闘争にはなりにくい。しかし、最も抑圧された社会層における連帯形成の条件を台なしにしているのは、階級分化の体制にほかならない。実際、この点についてはマルクス自身も同意するだろう。マルクスは階級闘争の特別な形態、つまり最大の社会階級が内部的に十分な連帯を保ちつつ行なう階級闘争を唱道したのであり、したがっていかなる意味においても犯罪を階級闘争の実質的代理物と見ることはなかったと思われる。

マルクス主義の理論は、社会主義社会という実例に当てはめて考えてみることができる。もし犯罪の原因が主として経済体制にあるのなら、社会主義社会においては財産犯罪は消滅するという予測が成り立つだろう。私有財産がもはや存在せず、すべてが全体としての共同体に属しているのだから、個人が盗みへと動機づけられることはもはやまったくないはずだ。この予測を私たちは、今日の社会主義諸国における犯罪についてのデータに基づいて吟味してみることができる。

その結果見いだされるのは、しかし、社会主義社会においても窃盗、殺人、強姦その他の昔ながらの犯罪が資本主義社会と大差のない頻度で発生しているという事実である。何もすることがないので警察力がだんだん縮小してきたなどということもない。犯罪は社会主義諸国においても存在し続けている。ここで犯罪というものについてもう一度よく考えてみるなら、そもそも財産が公式にはすべての人に共有されているからというだけで、いったいなぜ犯罪が消滅しなければならないのかという疑問が出てくる。財産が公有化されても、個人の利害と集団の利害との対立という問題は残る。ただ乗り《フリーライダー》問題についての以前の議論からも予想できるように、自分たちの個人的利益と共同体の利益とが一致すると社会主義社会の諸個人に自動的に思いこませるような必然的過程は存在しないのである。

社会主義社会はさらに、新しい形の犯罪をつくりだしさえする。これはまさしく、ラディカルな理論の立場から予想されることである――もっとも、ラディカルな理論を社会主義社会に適用するというのは、いくらか予想外のことかもしれないけれども。ソ連のような社会では、利潤を求めて私的事業を営むことは(少数の例外は認められているが)一般的に言って犯罪である。しかし資本主義社会ではそんなことはない。したがって、社会主義社会には他の社会には存在しない犯罪の一大範疇《カテゴリー》が存在するわけである。そしてどうやら、ある犯罪範疇がつくりだされると、その範疇を埋めようとする人びとが急に出現してくるものらしい。社会主義社会は、他にも新しい犯罪範疇をつくりだした。ソヴエト経済における工場管理者は毎月の生産割当て量を達成せねばならず、その要求にそえなかった場合には、国家に対する犯罪として訴追されることになりかねない。しかも割当て量は絶えず引き上げられていくので、大部分の工場管理者は常に訴追の危険にさらされている。私たちの社会における麻薬取締法や賭博禁止法のケースについてすでに見たように、社会主義社会における産業犯罪も、いったんそういうものがつくりだされると、それにともなってあらゆる種類の付随的犯罪もまたおかされるようになるという結果をもたらす。ソ連の工場管理者は、自分の工場の生産水準が申し分のないものに見えるように、ありとあらゆる手を使う。たとえば、記録を偽造したり、ある月の出荷や配送を別の月に移すことなどもそうなのだが、ともかく彼らは何とか支配機構に対抗して自分の立場を守ろうと努めるわけである。役人たちの間の違法な共謀関係は日常茶飯のこととなる。上司は、部下が何をしているかについて知らずにいるわけにはいかないからである――たとえ部下の違反行為を報告しないことによってみずからそれに加担しているとしても。こうした状況において贈収賄が発生し、さらにそこから、公共財を私することなどをもふくむ他の不法な取引きも生じうる。合衆国とソ連とを一定の抽象の高みから眺めるならば、両国における法体系の圧力に関して何か共通のものがあり、それが(合衆国における)組織犯罪の構造上の等価物を(ソ連において)生みだしているように思われる。

もちろん、ソ連は実際上、真の社会主義の適例とは言えないと反論することもできよう。ソ連はまだ、無階級社会の理想に十分近づいているとはいえない。現存のソ連型社会では、国家と党が権力を握り、社会主義独自の支配形態を生みだしているように思われる。それゆえ、これらの社会はこれらの社会に独特の犯罪形式を生みだし、さらにそこから派生するさまざまの犯罪をも生みだすのである。しかし、ラディカルなアプローチの基本的論点は、犯罪の原因は個人や個人をとりまく社会環境ではなくて法の執行装置であるというところにある。犯罪をつくりだすのはラベリングである。あるいは法の制定である。したがって、犯罪に関する法を廃止しさえすれば犯罪は消滅するであろう、ということになる。

実際にこれに似たような状況が何度か生じたことがある。たとえば、一九四四年、デンマークはナチス・ドイツ軍に占領されていたが、すでにイギリス・アメリカ・カナダ連合軍がフランスに上陸していたので、ドイツ軍はデンマーク人の反乱を恐れ、デンマーク警察の全員を拘束し、デンマークを無警察状態のまま放置した。この状況は、一九四五年に連合軍がついにデンマークに到達するまで、ほとんど一年間にわたって続いた。この間、犯罪の状態はどうであったか。ある種の犯罪は急速に増大した。強盗の発生件数は通常の一〇倍の水準にまで上昇した。それゆえ、財産犯罪に関してはラベリング理論は必ずしもうまく当てはまらないように思われる。法の執行をまったく欠く社会があるとしても、だからと言ってその社会から犯罪が消滅するということはないだろう。それどころか、たぶんまちがいなく、多くの人びとがたとえ他人の所有物でも欲しいものはすべて勝手に自分のものにしてしまうような状態となるだろう。社会全体にある種の強力な道徳感覚が存在しないかぎり——そんな条件を満たす現代社会はあまりないだろうが——ただ乗り《フリーライダー》問題もはびこるであろう。

しかしながら、デンマークにおいて犯罪率の上昇が見られたのは財産犯罪の範疇に関してだけであったという事実に目を向けるのは興味深いことだ。たとえば殺人や性犯罪の数には変化はなかったのである。これらはいわば激情《パッション》の犯罪であり、法の執行装置とは無関係な形で動機づけられるものであるように思われる。このことは他の証拠によっても裏書きされている。

ここ何十年かにわたって、死刑をめぐる多くの論争が行なわれてきた。そこにふくまれている道徳的問題はしばらく措き、これまでの調査研究の結果だけに目を向けるなら、いくつかの興味深い傾向が見いだされる。合衆国には死刑を存続させている州もあり廃止した州もあるが、社会的諸特徴において類似した州を比較してみると、死刑制度の存廃にかかわらず殺人の発生率はほぼ同じであることがわかる。つまり、人びとは厳しい罰を受ける危険が予想されるか否かによって殺人を犯すかどうかを決めるわけではない、ということだろう。殺人は高度の社会的計算とは関係がないようだ。右に述べた社会学理論のどれもが殺人をうまく説明しきれないように思われるのも、同じ理由によるのだろう。

殺人は警察にとって割に解決しやすい犯罪だと前に述べた。なぜそうなのか。それは、大多数の殺人がその被害者を個人的に知っている人びとによって犯されるからである。実際、殺人のなかで最大の独立範疇を成しているのは家族内で起こる殺人、とりわけ配偶者の一方が他方を殺害するケースなのである。それゆえ、殺人事件を解決するのはそれほどむずかしいことではない。警察は、被害者を知っていた人で、被害者に対してとくに怒りを感じる動機をもっていた誰かを捜すだけでよい。だから、もしあなたが自分の夫あるいは妻を殺そうと考えているなら、そんな考えはきれいさっぱり忘れることだ。あなたは自動的に第一容疑者になるのだから。

以上のことから、犯罪をかなり性質の異なるいくつかの種類に分けてとらえるのがよいということになる。まず、被害者なき犯罪というものがある。これは、その行為を犯罪と定義する社会運動によって主につくりだされる。この種の違反行為のゆえに犯罪者というレッテルを貼られた人びとは通例、法の執行過程の結果として他の種類の犯罪のネットワークにもまきこまれてゆく。次に、財産犯罪がある。この種の犯罪も個人が犯罪者としての経歴を形成していくその仕方と無関係ではない。しかし、たとえ法の執行が停止されたとしても、この種の犯罪は決して消滅しないだろう。さらに、激情犯罪がある。それは、他の種類の犯罪にくらべてはるかに個人的な性質をもっており、したがってここで私たちが考察してきたどの要因とも関連していないように思われる。

これらすべてを包摂する観点はあるだろうか。私はあると思う。しかしそれは、最も常識を離れた見方であり、保守主義者からも、リベラルな立場の人たちからも、またラディカルな人たちからも、あまり共鳴の得られない見方である。すなわち、犯罪はあらゆる社会の正常な、そして必要でさえある要素だと宣言する観点がこれである。

犯罪の社会的必要性

この見方は、社会学における多くの脱自明的発想と同様に、エミール・デュルケムに由来する。この考えによると、犯罪とその処罰は、あらゆる社会構造を支える儀礼の基本的な部分である。だが、犯罪者を処罰したり更生させたりする過程があまり効果的に働いていないのが事実だとしたら、どういうことになるのだろうか。法廷、警察、仮釈放制度——いずれも犯罪者たちがさらなる犯罪生活へと進んでいくのを効果的に阻止しているとは言えない。このことは、しかし、それほどデュルケムを驚かせはしないだろう。犯罪処罰の社会的目的は、犯罪者に対して実質的な効果をもたらすことではなく、公共の利益のために儀礼を執り行なうことにあると論じることもできるのだから。

儀礼とは集団をなす人びとによって遂行される標準化された儀式的行動である、ということを思いだしてもらいたい。それは共通の感情をともない、人びとをその集団にいっそう強く結びつける象徴的信念をつくりだす。儀礼を何度もくり返し行なうことは、集団の結束を維持するのに役立つ。さて、犯罪者の処罰の場合、結束するのは犯罪者の集団ではない。犯罪者以外の社会成員、つまり犯罪者を罰する側の人びとが結束するのである。犯罪者は、儀礼の受益者でもなく、また儀礼を執り行なう集団の成員でもなく、単に儀礼をつくりだすための原料にすぎない。

法廷の情景を思い描いてみよう。ある男が殺人罪で告訴されている。その情景は堅苦しいまでに伝統的な型にはまり、芝居がかっている。裁判官は黒い法服をゆったりと着て、木製の高い机のうしろに威儀を正して座っている。法を象徴する、超然とした権威ある姿である。羽目板張りの壁面にそって法令集や判例集がずらりと並んでいる。法の歴史が金文字の装丁をほどこされてそこにあるというわけだ。裁判官席の正面に当たる一帯は柵で仕切られている。武装した廷吏に守られた一種の聖なる空間であり、裁判官の許可なしには誰もそこへ入ることができない。一方の側には、陪審員席《ジュリー・ボックス》というこれまた特別な空間があり、陪審員たちはそこに隔離されている。被告人はこの法廷のやはり特別な場所におり、その横には弁護人たち、そして弁護人よりも数の多い武装した守衛たちがいる。それは、被告席という、誰もそこに足を踏み入れたいとは思わない負の空間である。

要するに、この情景全体が儀礼化されており、正義の実現のドラマを演じるさまざまの関係者たちを示す一幅の絵となっているのである。証人たちは前に連れだされ、とくに厳格に法廷の手続きに従うことを誓わせられる。そして、もしそれを守らなければ罰せられるという危険を負うことになるのである。検察官と弁護士は手のこんだエチケットに従いながら事件を論じ、評決を自分たちの側に有利に動かすような集合的感情を陪審員たちの間にかき立てようと努める。そして、柵の後方には一般公衆が——個人として、また報道関係者として——座っている。

この最後のグループ、つまり公衆こそが、この儀礼の真の対象である。公判は、結局のところ、公衆の利益のために上演されるのだ。殺人者は有罪となるか、あるいは無罪となるかだが、いずれにしろ、法が人格化され、具体的に実演され、生き生きとした存在となることに変わりはない。こうして公衆は、法がたしかに存在すること、そして侵犯されてはならないことを改めて強く印象づけられる。とくに、共同体全体の注目を集める重大な犯罪(とりわけ、劇的な殺人)で誰かが有罪になるような場合、この儀礼は強力な感情的効果をもつ。このようなときこそ、公衆の最大の関心がこの儀式的イベントに集中し、集合的感情への最も広範な参与が見られるのである。儀礼の力学にとっては、これが正確にどんな種類の感情であるかということは重要ではない。極悪非道な行為に対する反感や嫌悪感でもよいし、怒りと処罰への欲求でもよい。あるいは逆に、情状酌量の余地を認めて被告に同情するというのでもよい。重要なのは、その感情が強力なものであること、そして広く共有されていることである。集団を結束させ、共同体として再確立するのは、この共通の感情的参与なのである。

それゆえ、犯罪処罰儀礼の主たる対象は、犯罪者ではなくて社会一般である。裁判は法への信頼を再確認し、社会成員を再び結束させる感情的紐帯をつくりだす。この観点からすれば、これらすべての事柄に対して犯罪者が実際のところどう反応するかは問題ではない。犯罪者は、この儀礼にとって局外者であり、儀礼の対象ではあるが成員《メンバー》ではないのである。彼または彼女は、この連帯生産機構《マシーン》にとって必要な素材ではあるが、その受益者ではない。重要なのは、裁判の演劇的効果であり、それが公衆の眼前に展開されている瞬間である。もちろん、後になってからすべてが明らかになるということもあるだろう。何らかの法手続き上の過誤に対する抗告によって判決がくつがえされるかもしれない。犯罪者たちは過密状態の刑務所に送られ、そこで新たな犯罪上のつながり《コンタクト》を形成し、犯罪者としての役割にますます深くコミットしていくことになるかもしれない。仮釈放委員会が刑務所の過密状態を緩和するために意外に早く仮釈放の決定を下し、その結果、犯罪者たちは仮釈放で娑婆に戻り、警察のチェックや仮釈放監督官との接触やその他もろもろの、犯罪経歴が継続するかぎり逃れられないおきまりの手続きに巻きこまれていくかもしれない。犯罪防止のために多少とも役立てようという観点から見ると、刑事裁判制度は効果のないもの、さらには馬鹿げたものにさえ見える。しかし、すべての社会的圧力が処罰の儀式を劇化するという点に集中していること、そしてこれはルールの妥当性を社会一般の人びとに納得させるためになされるのであって、必ずしも犯罪者を納得させるためではないことを認識すれば、刑事裁判の意味がもっとよくわかってくる。

ここから、さらに逆説的な結論が導かれる。すなわち、社会はその存続のために犯罪を必要とするというデュルケムの主張である。犯罪がなければ、処罰儀礼も存在しないだろう。そうなると、ルールの存在が儀式的に演示される機会がなくなり、公衆のルール意識は衰弱してしまうだろう。何らかの非道な違反行為に対して社会成員が共通の怒りを感じるときに喚起される道徳感情も、もはや感じられなくなるだろう。社会が犯罪と処罰なしにあまりにも長い期間を経過すると、社会そのものの結束が薄れ、集団としてばらばらになってしまうだろう。

デュルケムによると、このような理由によって社会は、十分な犯罪量がない場合には犯罪製造の仕事にたずさわる。もとより、社会の種類《タイプ》によって、何を犯罪と見なすかはさまざまであろう。聖人の社会においてさえ、犯罪製造のもとになるべき事柄が見いだされるだろう。どんな小さなことでも、他の聖人たちにくらべて聖人らしくないと見なされる事柄であれば、それでよいわけである。別の言い方をすれば、聖人たちもまた彼らにとって中心的な、特別に神聖なルールをもっているのであり、それを他の聖人たちほど真剣に尊重しなかった者は、ルールをさらに劇化し高揚するのに役立つ処罰儀礼の対象として選びだされるであろう。

私たちはどの程度デュルケムの理論を受けいれることができるだろうか。彼のいくつかの表現は不正確だと思う。デュルケムは機能的な議論を提示した。つまり、もし社会が存続すべきであるならば、社会は犯罪を必要とする、というのである。しかし、どんな種類の社会も存続しなければならないという必然性はない。したがって、この目的のために犯罪が存在せねばならぬという必然性もない。デュルケムの理論は、ときとして用いられるメカニズムを説明したものと見たほうがよい。すなわち、ある種の儀礼(この場合は処罰儀礼)が行なわれると、社会的統合は強まり、行なわれなければ、弱い統合しか存在しない。このメカニズムが用いられるかどうかは、また別の問題である。

しかし少し視点を変えると、実際にこのメカニズムが発動される機会はきわめて多いということが見えてくる。全体としての社会というのはひとつの概念にすぎない。だから、「社会」が実際に何かをするわけではない。舞台の上で行為するのは、さまざまの個人であり集団である。そして、これらの集団が、自分たちの連帯感を強め、また他集団に対する支配力を強めるために処罰儀礼を利用するのである。

それゆえ、犯罪者を処罰することについての関心は、集団間の闘争の一側面であると言える。それは政治の象徴的形式である。この点についてさらに考えてみると、人びとが他人に対する犯罪について憂慮しなければならない理由というのは、厳密に合理的な意味では何もないのである。誰かが強盗に襲われたり、殺害されたり、レイプされたからと言って、なぜ私が気にしなければならないのか。こんなことを言うのは道徳的なことではないし、公共精神に富んだことでもないが、まさしくここが肝心な点なのである。つまり、人びとが「犯罪問題」を気にかけるためには、自分たちの集団に対して何ほどかの道徳的関与感を抱く必要があるということなのだ。もちろん、わが身にも起こりうることだから、誰もが他人に対する犯罪について心配せざるをえないのだと反論することもできる。まあ、これは正しいとも言えるし、まちがっているとも言える。合衆国の人口の約一％が、毎年、何らかの犯罪の被害者となっている。被害者になる確率がこれだけ低いと、客観的に見て、あなたが犯罪の被害者に同一化《アイデンティファイ》する、それほど強い理由があるとは言えない。

たしかに、被害者になる率のもっと高い集団もいくつかある。貧困層、黒人、そして若者である。ティーンエイジャーたちは、最も多くの犯罪をおかすが、同時に最も被害者となりやすい。五〇歳以上の人びとが窃盗や暴力犯罪の被害者となる率は一%をかなり下まわるが、ティーンエイジャーでは毎年一五%もの者が何かを盗まれ、約六%の者が暴力の被害を受ける。逆説的なことだが、犯罪問題に最も心を乱されるのは、最も犯罪の被害を受けにくい人びとにほかならないのである。したがって、犯罪への関心は主として象徴的な問題である。犯罪の被害を最も多く受けている人びとは、犯罪糾弾の叫びなど最もあげそうにない人びとだ。

　こうした成りゆきは政治的なものと言えよう。犯罪は政治的な問題である。政治家のなかには、犯罪について大いに論じる人たちがいる。なぜ彼らは犯罪について語りたがるのか。それは、犯罪という観念そのものが多くの人びとの感情を刺激するからだ。とりわけ、人びとが被害者と同一化できるように想像力をかき立てる形でこの観念が喚起されうるならば、その刺激はいっそう強まる。新聞その他のマス・メディアは、最も「人間的興味」に訴えるような犯罪を生々しく描きだし公表することによって、こうした傾向を助長する。しかしこの種の犯罪は、被害者として最も非典型的な人びと、つまり高齢市民層《シニアシティズン》、上流階級人士、白人層といった人びとを被害者とする犯罪である。犯罪とその処罰(法廷場面《シーン》)は、このように選択的に劇化されることによって、デュルケム的な意味での儀礼、人びとの心を結集する儀礼として作用する――そしてついでに、犯罪問題に関して強い指導力をもっているという理由で政治家が当選するのを助けたりもする。

これらの儀礼は、すでに支配的な集団にしっかりと統合されている人びとに対して最も強く訴えかける。主要な観客は、たとえば郊外や小さな町に住む中年またはそれ以上の富裕な人びとであり、彼らはゆったりと安楽椅子にもたれて犯罪問題についての新聞記事を読むことに道徳的な楽しみを見いだしている。これらの人びとは、彼ら自身の共同体がきわめて多くの儀礼的連帯によって組織化されているので、被害がわが身に及ばなくても、ともかく誰かに被害を与えた犯罪者を処罰すべしという道徳的アピールにきわめて動かされやすいのである。彼らはまた、麻薬、ギャンブル、売春といったまったく象徴的な問題に関する違反者を罰することにきわめて強い関心を抱いている。これらの「被害者なき犯罪」は、その犯罪に憤激する人びとに対して実際には何の影響も及ぼさない。それらはむしろ象徴的な違反行為――つまり、高度に統合された(したがって高度に道徳主義的な)支配的《ドミナント》諸集団が正義の本質と考えている理念に対する象徴的違反行為なのである。これらの集団は、被害者なき犯罪に関して平静ではいられないということによって、みずからの地位と正義感とを絶えず確認している。この種の犯罪に憤慨するという、まさにその行為が、自分たちは「まとも」な社会の一員だという感覚を彼らに与えるのである。

処罰儀礼は、社会を結束させるが、それはある特定の意味においてである。つまり、支配の構造を固めるという意味で、社会に結束をもたらす。それは、ひとつには、為政者と警察に対する感情的支持を動員することによって達成される。なかんずく、これらの儀礼によって特権的諸階級内部の連帯感が強化され、彼らが自分たちの理想に従わない人びとに対して優越感を抱くことができるという点が重要である。犯罪への怒りが社会の位階構造《ヒエラルヒー》を正当化する。犯罪処罰の儀礼によって結束を保っている社会は階層化された社会である。

この意味で、犯罪は社会構造のなかに組みこまれている。支配的集団が社会の統制のためにどんな方策を用いるにせよ、それに対応して、それぞれの方策に付随する犯罪が生じてくるであろう。しかも、支配権をめぐっていくつかの集団の間で闘争が行なわれているので、ある集団が他の集団の基準を侵すということも生じるだろう。また、どんな集団にもほとんど統合されていない人たちは、自分たち以外の人びとによって維持されている道徳にはおかまいなしに、自分だけの個人的目標を追求するだろう。それゆえ通例、ある社会の多くの集団にとって犯罪的であるような行為が払底するなどということはないのである。しかもこれらの違反行為は、支配的な諸集団からある程度歓迎される。犯罪は、共同体の道徳感情を劇的に表現する処罰儀式の上演の機会を彼らに与え、そのことが彼らの集団的支配力を強めてくれるからである。

以上のことから、どんな型《タイプ》の社会にもそれに特有の犯罪があるということになろう。

あらゆる社会に常に見られることは、とにかく犯罪と処罰が必ず生じるように法がセットされているということだ。部族社会にはその社会のタブーがあり、それを犯せば恐ろしい罰を招く。ニュー・イングランド植民地の清教徒たちは、熱烈な道徳意識につき動かされて、魔女の犯罪を信じた。資本主義社会は、財産に関連する犯罪の定義を次から次へと無数に生みだしてきた。社会主義社会にも独特の犯罪がある。とりわけ、国家に対する忠誠違反という政治的犯罪、あるいは集合体に心から参与していないという個人主義的犯罪などがそうである。儀礼のパースペクティブから見ると、あらゆる社会がそれぞれに特有の犯罪の型をつくりだすということがわかる。ある型から別の型への移行ということはあるかもしれないが、犯罪を絶滅することは不可能である。

犯罪は単に貧困や社会解体の問題ではないし、また特別に邪悪な個人や生物学的に欠陥のある個人の問題でもない。その意味ではラベリング理論は真相に近づいている。しかし、犯罪が生みだされる過程は、単に違反者の心の中で生じる社会心理学的な出来事であるにとどまらず、もっとずっと広範な過程である。犯罪者は、社会全体を包含するより大きなシステムの一部をなしているにすぎない。

犯罪の限界

犯罪をつくりだしているのが社会構造の全体であるとするなら、そのようにしてつくりだされる犯罪の量には限界があるのだろうか、という疑問が生じる。犯罪が社会の結束を助けるのであれば、逆説的なことに、犯罪がふえればふえるほど社会はうまく統合されるということになるのではないか。だが当然、犯罪の量が多くなりすぎるという限界点があるはずだ。そこを超えれば、もはや法を執行する者が誰もいなくなり、社会はばらばらに解体してしまうであろう。

しかしながら、普通このようなことは起こらない。その理由は、少しくわしく調べてみればわかることだが、法を執行する側が効果的に犯罪を統制するからというより、むしろ犯罪そのものにおのずからなる限界があるからである。犯罪がどんどん成功していくと、どういうことが起こるか考えてみよう。個々の犯罪者にはそれなりのことしかできないが、もし彼らが組織をつくれば、盗みであれ横領であれ何であれ、はるかに効果的にやることができる。個人の泥棒は非行集団に道を譲り、非行集団は組織化された犯罪シンジケートに道を譲る。しかし注意すべきは、組織化された犯罪は今やそれ自体、ひとつの小社会をなしているということである。それは、独自の位階制、独自のルールをつくりだし、そのルールに成員を従わせようとする。つまり、組織犯罪は規則性と正常性へと向かう傾向をもつのである。そして、不必要な暴力や争いを非難しはじめる。成功すればするほど、組織犯罪は普通のビジネスに近づく。こうして、犯罪の成功そのものが犯罪をより順法的で非犯罪的なものにしがちなのである。同様のことは歴史の上でも見られる。

歴史のある時期には、政治権力は、機会さえあれば誰にでも略奪を働く匪賊団や追いはぎ貴族《ロバー・バロン》の手にあった。もし彼らを「犯罪者」と呼んでよければ、これらの十分に武装した犯罪者集団のいくつかのものが成功していくと、まさにその成功によって彼らは、自分たちの周辺の社会秩序の維持に関して、いっそう大きな責任をとらねばならなくなった。最小限、匪賊団は自分たちの内部の規律を維持せねばならなかった。効果的に略奪を働こうとすれば、それが必要だからである。追いはぎ貴族は、成功すればするほど、むしろ法の執行者へと転身していった。国家はある種の犯罪活動から生じたのであり、ただその存続のために道徳規範をつくりださざるをえなかったのだ。

社会生活がその対立物である犯罪を生みだすとすれば、犯罪もまたそれに対立するものを生みだす傾向がある。つまり、犯罪には犯罪を駆逐する傾向がある。犯罪者として成功することは、結局のところ、それほど簡単なことではない。たとえば、きょうから泥棒稼業をはじめるとしたら、いったいどのようにやっていったらよいのか。多くの点でそれは他のすべての職業学習と同じである。まず商売のこつを学ぶ必要がある。つまり、どのようにして家に侵入するか、ロックしてある車のドアをどのようにして開けるか、といったことである。またどこで適当な道具を手に入れるかについても知る必要がある。武装強盗で稼ごうと思うなら、どこで銃が手に入るかを知らねばならない。さらに、盗んだあとで盗品を処分する方法も学ばねばならない。テレビやステレオをたくさん盗んでも、それらを現金に換える方法がなければ、たいして役には立たない。そして盗品が高価なものであればあるほど、それを有利に捌《さば》くことはむずかしくなる。たとえば、宝石や美術品を盗んで大いに儲けるためには、価値の高いものを見分けるための特別の訓練と、それらをうまく捌くための特別のコネクションとがともに必要である。車にしても、認可とナンバープレートの交付に関して手の込んだ規制があるので、円滑に動いている犯罪組織と関係をつけないと、盗んだ車を有利に捌くことはできない。

犯罪生活に乗り出す新米の犯罪者はみな、多くのことを学び、多くのコネをつくらねばならない。新参犯罪者の大半は、犯罪の世界でたいした成功を収められないが、その理由は、合法的なビジネスの世界でたいていの人が会社の経営幹部の地位にまで到達できない理由とまったく同じである。強盗の平均的な儲けは一〇〇ドル以下であり、これでは金持ちになる早道とはとても言えない。犯罪によって豊かな生活を送ろうとして本気で犯罪の世界に入りこんでいくと、そこもまた競争の世界なのである。この競争の一部は、ある種の市場効果、つまり純然たる需給過程である。盗品が故買所《フェンス》にたくさん出まわれば出まわるほど、その値段は安くなる。特定の闇商売にかかわる犯罪者の数が多くなればなるほど、一人当たりの取り分は少なくなる。すでに地歩を固めた犯罪者たちが、これからこの商売を学び、必要なコネをつくりたいと思っている人たちを誰であれ助けてやろうなどと思う理由はない。だから、新参犯罪者の多くは、要するに「ふるい落とされ」てしまう。犯罪の世界には彼らのための十分な余地はない。

たぶんこういうわけで、一五〜一八歳の若い年齢層で犯罪率がピークに達し、その後急速に下降するのであろう。このぐらいの年齢の若者たちは、本気で犯罪にかかわるわけではない。犯罪の世界についてもよく知らない。彼らは自分の金と言えるものをあまりもっていないし、金の扱い方もよくわかっていない。ちょっとした盗みや強奪がちょっとした贅沢への早道であるかのように思っているのかもしれない。たとえば自動車盗はこの年齢層ではとくに高率を示す。しかし、ティーンエイジャーたちは、盗んだ車をどうやって売り捌くかについてはほとんど知らない。むしろ、しばらくの間、面白がってそのへんを乗りまわしたあとで、どこかに乗り捨ててしまうことが多い。こんなことでは、明らかに、犯罪で十分な生計を立てていくことはできない。犯罪率が一〇代の終わり頃から低下しはじめ、三〇歳までにかなり低いレベルに達するのは、法の執行体制が効果的に作動しているからというより、ただ単に若い犯罪者の大半が犯罪で生計を立てるというコースから脱落してしまうからなのである(さらに、すでに指摘したように、犯罪をおかす者の多くは男性であり、そのことが犯罪という職業の特徴的傾向だということにここで留意すべきである)。端的に言って、犯罪は若い犯罪者たちに十分な収入をもたらさない。そこで彼らは、大人の世界できちんと生計を立てていくために他の道に転身せざるをえないのである。

要するに、犯罪の問題は、その解決の問題とともに、常識的に考えられるよりもずっと深く社会構造のなかに組みこまれている。犯罪を統御《コントロール》することが非常にむずかしいのは、それが大規模な社会過程の産物だからである。警察も法廷も刑務所も仮釈放制度も、犯罪を抑止するうえであまり効果的ではないが、これらの制度は大幅に儀礼的な性質をもっているので、そのことによってまさしく非効果的であるべく運命づけられているようにも思われる。しかし反面、犯罪にはそれ自体の限界がある。犯罪は組織化されるとそれだけうまく機能するが、しかし一方では、組織化が進めば進むほど、それなりに法を守り、自己規制を働かせるようになっていく。組織に属さない個別の犯罪者たちは、犯罪の世界そのものの競争的性格によって淘汰され、好むと好まざるとにかかわらず、通常の社会とそこを支配する法律の世界に戻ることを余儀なくされる。犯罪と社会は、この相反する皮肉な動向の間の弁証法に基づいて、行きつ戻りつ揺れ動いているのである。

5　愛と所有

長い間、家族や両性関係は、社会の最も自明視された側面のひとつであった。常識的な考えは、男と女とには一定の自然な役割があるというものだった。男の持ち場は、仕事や公的な世界にある。女の持ち場は家庭であり、台所と子どものことに専心することだ。家族は男女間の自然な分業である。男は生活の糧を稼ぎ、家族を防衛する者、女は家庭を切り盛りし、育児にたずさわる者である。

二〇世紀には、多くの女性が家庭を脱出したが、しかしそれでもかなりの間、働く女性は、男性の補助的な働きをするのが当然であると考えられていた。女性には、秘書や看護婦、ウェイトレスやスチュワーデスなど、男性の上司に仕えたり男性の顧客にサービスをするような仕事しかなかった。女性は、小さい子どもを教える教師にはなれたが、女性ばかりの大学は別として、大学教授になるのはふさわしくないと考えられた。公的な領域においても、女性は、家庭において果たしていたのと同じ役割を担い、男性や子どもの面倒を見るものと思われていた。

この考え方は、今や攻撃されるようになった。女性解放の力強い運動が今また進行中であり、女性に対する職業差別のとくに明白な事例のいくつかに対して圧力を加えはじめている。だが同時に、フェミニズム運動が両性間の平等というその目的を達成するにはまだ長い道程を辿らなければならないことも明らかである。専門職、実業界、政界などの上層領域に進出しはじめた女性もいる。しかし、大多数の働く女性は、秘書的な仕事や看護的・保母的仕事のような、女性に典型的と目された職業をまだ抜け出せないでいる。これらの職業は、他の職業にくらべて給料が低いだけでなく、上位の、彼女たちの上司のいる男性支配領域への昇進の機会がまったくない。家庭の運営もまた、おおむね伝統的なままである。女性は、仕事をもっていても、家事と育児の責任のほとんどを負わされている。

今後どのようなことが起こるのだろうか。常識的な見解は、ほとんど何も教えてくれない。一方では、もし両性間のかつての分業が完全に自然なものなら、変化はまったく起こりようがないということになる。すでにいくぶんかの変化が起こったという事実がこの伝統的な見解では説明できない。女性解放運動に対抗する形で、ある方面では反動的な動きが表面化してきている。この動きは、女性を家族の境界のなかに押し戻し、古い伝統的な性別態度を再建しようと試みている。だが、家族擁護の、反フェミニズムの運動の存在そのものが、まさに伝統的な物事の仕組みにどこか具合の悪いところが出てきたことの徴候《サイン》である。もし旧式の家族がそれほど自然なものなら、人びとを無理矢理そこに押し戻す必要はないはずである。

他方では、家族そのものが消滅の途上にあるのかもしれないという感じが強くなってきている。出生率が低下し、子どもの数が減る一方で、離婚率は非常に高いレベルに上昇してきている。このことをどう考えたらよいのだろうか。それは、伝統主義者の言うように、社会解体の、そして近づく破滅の徴候なのか。それとも、女性解放の進展とどこかで結びついているものなのだろうか。

社会学理論は、この点について、重要な、脱自明的な知見を提供することができる。だがここでも、私たちは選択眼をもたなくてはならない。多くの伝統的な社会学は、家族と伝統的な性別役割を近代社会における完全に機能的な単位と見なした点で、常識的な見解を潤色しただけのものだった。しかし、これとは別に、はるかに洗練された観点がある。一九世紀後半のフリードリッヒ・エンゲルスまで遡る社会学的伝統のひとつの流れは、家族と両性関係が単純に自然なものではなく、階層分化のシステムの一部として存在することを理解させてくれた。性的階層分化の理論は今まさに発展過程にあり、それがどのように作用するかについては多くの議論がある。だが、基本的で、しかも脱自明的な、いくつかの点を示すことはできる。

ここで導きの糸としたいのは、家族関係は所有関係であるという考えである。この所有には、いくつかの種類がある。

(1) 人間の身体に対する所有権。これは性愛的所有と呼ぶことができよう。

(2) 子どもに関する所有権。これを世代的所有と呼ぶことにしよう。

（3）家族のもっている財に対する所有権。これを家産的所有と呼ぼう。

家族は、これら三種類の所有から成る。私は、これらの所有が仕事の世界とどう噛み合うかが性による職業差別の主要な決定因であると主張したい。さて、これらの所有形態が理解できたなら、それらが静態的なものではないことを知ることが重要である。性的な所有をふくめて所有システムは、自然にして永遠に変わらないといったものではない。それらは、一定の社会環境によってつくりだされるものであり、環境とともに変わるものである。これらの条件を理解することができれば、種々の性的階層分化の盛衰を予測することができる。家族構造の現在のあり方、そして性的支配の今日の姿は、これまでずっと存在してきたものではないし、永遠に続くものでもない。女性解放がどのくらい進みうるのか、またどのような条件がそれを可能にするのかを知りたいなら、目を向けるべきは、このような理論である。

性愛的所有《エロティック・プロパティ》

どうして人間が所有物になりえようか。もはやほとんどいなくなった奴隷を別とすれば、人間を売買することはできない。人間には貨幣価値はない。私たちは、みずからを金銭以上のものだと考えている。人間は物ではない。人間は、それ自身目的なのだ。少なくとも近代社会においては、人間は所有物ではないように思われる。

しかし、この考えの誤りは、所有物を物、とりわけ金銭で売買しうる物と考えていることである。実際には、所有物は物そのもの、物理的な事物ではない。所有は社会関係であり、人の物に対するひとつのふるまい方なのである。たとえば、ある土地が誰かのものだと言うとき、それは何を意味するのか。それは、その人がその土地を利用し、そこに住んだり、そこを通ったりすることができるということ、そして他の人は、許可なくしては立ち入ってはならないということである。他の人が入ったら、持ち主は警察を呼んだり、裁判所に訴えて他人を立ち入らせないようにすることができる。所有とは、物に関する、人びとの関係である。それは、一定の物について誰が何をしてよいか、あるいはしてはいけないかについての、強制力のある合意であり、また誰がこれらの行為の強制を支援《バックアップ》するかについての合意である。あるものを所有たらしめるのは社会であって、個人と土地との間の何か不可侵の関係のようなものではない。

このことは、社会がどのような権利を強く擁護するかによって、実に多種多様な所有システムが存在しうることを含意している。たとえば、スウェーデンでは私有権は、私有地から一般の人たちを締め出すところまではふくんでいない。すなわち、関係のない人でも迷惑さえかけなければ、誰のものだろうと、他人の田畑を横切って近道をする権利がある。合衆国では、私有権の感情ははるかに強いが、しかしそれはやはり、コミュニティの支援によるのであって、個人の支援によるものではない。そしてコミュニティは、個人が自分の所有物について何をしてよいかに関して一定の統制権を保有している。個人は、たとえば、住宅地にごみ捨て場をつくることはできないし、逃亡犯人を捜索中の警官を締め出すことはできない。これらの法は、もちろん、不変のものではない。社会は、好みに応じてどのような所有システムをもつくることができる。いくつかの所有システムのみが金銭による売買を認める。中世の貴族のなかには、自分の土地を売ることを許されなかった者がいたし、多くの部族社会においては所有権は一定の親族にのみ譲渡することができた。

このように、所有が物そのものというよりは社会関係であるとすれば、愛と性を所有の形態と見なすことは理にかなったことである。所有の重要な側面は、所有の権利、他人に使用させない権利、そしてこれらの権利に対する社会の積極的な支持である。結婚の核心は、まさにこの意味での所有である。

何をもって人が結婚していると見なすのか。結婚を結婚たらしめている中心的な要素は結婚の宣誓ではないし、世俗的あるいは宗教的儀礼でもない。同居し、排他的な性関係をもつカップルは、事実上結婚しているのである。このような状態が数年も続けば、多くのところでは、このことをもって二人は法的に結婚していることになる。つまり、「慣習法」上の結婚である。他方、法的には結婚していても、性関係のないカップルは、結婚を「完了」していないと言われる。このような状況は、法的な無効宣言の根拠になる。なぜなら、結婚契約の暗黙の条件が満たされていないからである。私たちの社会では、結婚は、二人の人間の間の排他的な性的接触《アクセス》の契約である。社会的に言えば、二人は、お互いに自分たちの身体を性的所有物として交換しているのである。

性的所有は、家族構造の鍵である。つまり、それは、他の一切のものの回転が依存する蝶番である。結婚は、性的な結びつきによってつくられる。初夜やハネムーンに関する古くからの伝統は、まさにこのことを示している。結婚が伝統的なものであればあるほど、最初の性行為をとりまく儀式も多かった。これは、人びとが自分たちのしていることが一種の性愛的所有を確立することだという事実を意識するか否かとは無関係に行なわれてきた。伝統的に、つまり最近の数十年間に行なわれた法改正以前には、離婚をかちとる唯一の方法は姦通を証明することだった。このことは、たとえばイタリアのような保守的なカトリック支配の諸国においては今日に至るまで実際に続いている。なぜ姦通がそれほど決定的なのか。それは、姦通が中心的な所有権、つまり排他的な性的接触権を侵すからである。

同じように、伝統的社会では、花嫁が結婚時に処女であることが非常に重視された。花嫁が他の男性と性関係をもったことがあるなら、彼女の身体に対する夫の所有権が損なわれたのである。これらの社会は、結婚時に男性が童貞であることをそれほど重視しない傾向があったが、このことは、そこでの所有システムが女性の身体に対する男性の所有のシステムという性格を強くもち、その逆ではなかったことを意味している。この点については、後にとりあげるつもりである。

性愛的所有のシステムは、それが侵犯されたときの様子に目をやれば、とりわけはっきりと見えてくる。性的所有権が侵されたとき、配偶者が暴力行為に及んでも、それを大目に見るという、一種の不文律が長い間あった。普通、裁判官や陪審員団は、妻の姦通を発見して妻の愛人を殺した男、あるいは妻を殺した男でさえ、殺人罪で起訴することはしなかった。これはたぶん、男女が反対の場合にも当てはまるべきものだろうが、妻が夫あるいはその恋人を殺害しながら罰をのがれるという事例は少なかったようである。これは、人を殺す権利についてさえ、性差別の偏りがあることを示す一例である。注目すべきは、普通このような殺害行為は殺人とは見なされなかったこと、そして殺害者はお咎めなしとされるか、あるいは軽い刑を科せられるかのどちらかだったということである。このような殺害行為に及んでもまったくお咎めなしというような風習は、今日ではいくぶん衰えた。なぜそうなったかという理由もまた、性的所有のシステムについて何事かを明らかにしてくれる。

姦通殺人の風習は、結婚が最も神聖視され、離婚が最も少ないようなところで最も強い。なぜそうなるのか。それは、伝統的な結婚制度は、女性は生涯にただ一人の性的パートナーしかもたないものだということを意味したからである。彼女の身体は、夫の排他的な性的所有物だったのである。普通、このような仕組みは、男性の方は婚外の情事や売春婦への接近を許されやすいという意味で性差別的色調をおびていた。だから、原則として結婚は破棄しえないものではあったが、男性には性愛的および感情的な不一致を補う機会が女性よりも多かった。けれども、離婚率の上昇とともに、多くのところで、ほとんどの人が結婚は一回だけということではなくなり、したがって性的パートナーも生涯に一人だけということではなくなると思われる。このために、性的所有は、もはや絶対的なもの、つまり、ひとたび汚されたなら永遠に無に帰するようなもの、とは見なされなくなっている。これは、性的所有がもはや存在しないということではない。そうではなく、性的所有がこれまでとは異なったものになったということである。それは、絶対的な長期の所有から短期の所有協定の反復への変化だと言ってもよいだろう。人は今でも姦通に腹を立てるが、しかしそれは、暴力による死ではなく、離婚に終わる方が多いのである。

暴力に関する法や慣習は、性愛的所有について他にも教えてくれる点がある。ほとんどあらゆるところで、夫婦間の強姦は犯罪ではない。ほとんどの国の法律、そしてアメリカの少数の州を除くすべての州の法律によれば、男性は妻に対する性的接触の権利をもっており、妻は夫の強要から身を護るために国家の権力を使うことはできない。結婚契約は、暗に、性的抵抗をきっぱりと放棄するものなのである。この点が今日問題とされつつあること、そしてあるところでは夫婦間の強姦を犯罪とするようになったことは、性的所有のシステムが今日いかに大きな挑戦を受けているかを示している。だが、このような法改正に対する抵抗は根強い。この点は、ここ数十年の間に現れた離婚権という、広く行使されている権利によってある程度埋めあわせされている。この離婚権のおかげで、女性は、嫌な夫から逃れやすくなっているからである。

　以上述べたことは、結婚が単に性の問題であって、愛情や愛着とは無関係であるという含意をもっているように思われるかもしれない。だが、もちろん、そうではない。性愛関係は、法的にも、慣習上の通念という不文律においても、結婚契約の鍵である。しかし、このことは決して感情的な結びつきを排除するものではない。実際、今日では感情的な結びつきは、普通、性的な結びつきと併行する。社会学的見地からすれば、愛と性とは同一の複合体に属するものである。少なくとも、愛の理想的表現を非常に重視する近代的な結婚制度においてはそうである。近代的な結婚は、性愛的所有の儀礼‐愛《リチュアル・ラブ》のシステムだとさえ言ってよいかもしれない。ある意味では、性愛的関係の方がより深いものであり、またより古いものである。伝統的社会における結婚は（後に見るように）愛にほとんど、あるいはまったく重きを置かず、縁組みに関わる性愛的所有の管理と他のさまざまな所有物の交換を中心としていた。けれども、近代的な結婚は、性的な結びつきを確立するうえで愛が決定的であるような形態へと変化してきたのである。

　愛の感情が性愛的所有システムと結びついていることを示すには、いろいろの方法がある。まず、手始めに、恋の言葉を見てみよう。「あなたを愛している」を別とすれば、最もありふれた愛の表現は次のようなものである。「私のものになって」「私をあなたのものにして」「私は永遠にあなたのもの」。流行歌は、この種の言いまわしでいっぱいだし、人びとが日常生活のなかで愛について話す場合も――当事者どうしでも、他人に話す場合も――同様である。用いられているのは、所有の言語である。「私の」「私のもの」「彼の」「彼女のもの」「あなたのもの」といった言葉は、たぶん愛についての会話のなかで最もよく使われる言葉であり、「愛」という言葉そのものをさえ上まわって使われる言葉のようである。

加えて、この所有の語り口はすべて、愛と性とに同時に言及している。恋愛関係にある人は、相手の身体と愛情とを同時に所有するのである。普通、一方は他方のシンボルである。夫婦であるかどうかにかかわらず、相手の女性を愛していると言いながら、彼女と性関係をもとうとしない(印象的な言い方をすれば「愛の行為に及ぼう」としない)男性は、間違いなくその愛情表現を疑われることになる。同じことは、もちろん逆の場合、つまり女性の行動についても(たぶん、いっそうよく)当てはまる。

同じことを否定的側面から見ることもできる。恋人を嫉妬させるような事柄は、性行動と愛情のどちらにも当てはまる。ある男に愛を告白しながら他の誰かと寝る女性は、必ずその男の嫉妬をかうだろうし、少なくとも、彼女が愛していると言うとき、それが心からのものかどうかを疑われることになるだろう。同じように、彼女は、その男と寝ながら、他の誰かを愛していると言うことで、男を嫉妬させることができる。人びとは、愛と性とは併行するものだと思っている。少なくとも、真に強い愛の絆は自然に性交渉にいたるものと思っているのだ。愛がなくてもセックスを楽しむことはできると公言する人も多い(女性よりも男性に)だろうが、それは普通、ある程度の愛情はあってしかるべきだという意味なのである。ある程度の愛情とは、「私は永遠にあなたのもの」式の愛情ではないにしても、少なくとも短期的な感情的結びつきを意味しているように思われる。

嫉妬の比較研究は、感情が社会的基礎をもつことを示す恰好の例である。人が誰に対して嫉妬を感じるかは、性的所有がどのような仕組みになっているかに関係している。性愛に関して排他的な男女のペアーが性関係の支配的な形態であるような私たちの社会においては、ペアーをなす人びとは、自分のパートナーに手を出し、その愛情やセックスをわがものとする恐れのある人を、誰であろうと嫉妬する。しかし、一妻多夫の社会では、状況はまったく違う。それは、一人の妻が何人かの夫をもつというシステムであり、たとえば、インドやチベットの山岳部族の一部に見られる。妻を共有するのは普通いく人かの兄弟である。彼らは、お互いに嫉妬することなく、みんなが女性の身体と好意との分け前にあずかるものとされている。このことは、これらの人びとがたいへん心が広く、嫉妬を知らないということではない。反対に、彼らは、当の一妻多夫関係にふくまれない部外者に対してはきわめて嫉妬深いのである。同じように、エスキモーの男性は、遠路はるばる狩猟の旅でやってきた訪問者に短期的に妻を共有させることがよくある。同時に、エスキモー社会は、けんかや殺人の発生率が非常に高かったが、それはしばしば女性の所有をめぐって起こった。客が勧められて(後に何らかのお返しをすることを含みに)女性を共有するのと、まったく勝手にそうするのとではたいへんな違いなのである。要するに、所有は、譲渡されるときにも放棄されるわけではないのだ。実際、贈り物を差し出すこと(この場合は、女性の身体を貸すこと)は、所有の感覚を再確認することなのである。なぜなら、まさにそうすることによって、彼が自分の所有物を取り扱っているのだということ、そしてそれが適切な方法で受け取られることを期待しているということが、すべての関係者に明らかにされるからである。

世界的に見て、このような一妻多夫あるいは妻貸しといった状況は、実際にはかなり珍しい部類に属する。これらよりもいくらか一般的なのは、一人の男性が数人の妻をもつ結婚制度である。このような一夫多妻制は、アフリカの部族社会でとりわけ顕著である。ここでも嫉妬は、私たちの社会とはまったく異なった方向に向かう。いろいろな女性がいずれも妻であるわけだが、彼女たちは、家族関係を構成しない外部の女性には嫉妬をおぼえることがあるかもしれないが、お互いは嫉妬しないのが普通である。そこでは、他の妻たちに対して一定の権利と権力とをもっている妻の頭がいるのが普通である。このような状況においては、結婚を考えている女性は、夫その人がどれほど好ましいかということよりも、自分が嫁ぎ先で他の妻たちとうまくやっていけるかどうかの方に関心があるかもしれない。

このような人類学的比較は、私たちが普通性関係と結びつけている感情がさまざまでありうること、しかし決してでたらめ《ランダム》なものではないことを教えてくれる。どれくらいの愛情が存在するのか、どのくらいの嫉妬があり、誰に向けられるのかは、性的所有関係の独特の構造による。私たちの社会においては、性愛関係には恋愛物語《ロマンス》が深く染みこんでおり、愛の感情はその核心部分である。私は、人びとが恋をするのは、自分たちはそうするものだと思いこんでいるからだと言うつもりはない。大衆文化が人びとに恋愛を期待させていることは事実であるが、しかし恋の経験が広くいきわたっているのは決してメディアの教化だけによるものではない。それは、むしろ、人びとが、個人として自由に契約を結ぶという状況において性的パートナーを見つけるためにしなければならない独自の交渉の型から自然に生じるものである。

今日ではほとんど誰もが、自分自身のパートナーを見つけなければならない。このことは、大きな不確実性をふくんでいる。いろいろな人に会い、その人が自分の好みにあうかどうかを見定める過程で、つらい目にあうことも多いだろう。男性なら、特別美しいあるいはセクシーな女性を選び出しても、相手の方はまったく関心なしということがわかるだけのこともあるだろう。そもそもどうして彼に関心をもたなければならないのか。彼女たちは、あちこちからの求愛を払いのけるのに大忙しで、その男性に何か特別の魅力でもなければ、彼に目をとめる理由などないのだ。女性は女性で、同じような経過を経験する。つまり、高望みをしたり、あるいは好ましい男性にほとんどめぐり会わないような状況から抜け出せなかったり、など。要するに、性的市場はしばしば厳しい試練の場になる。他方、ことが順調に進む場合もある。新しいパートナーが現れ、あなたが結構魅力的だと思われていることがわかり、うまくいきそうだといった場合である。ジェットコースターは再度上昇する。

以上のすべてが性的取引きの過程そのものを感情産出的なものにする。それは、不安や希望や恐れの感覚、また幸福感や興奮を生みだす傾向がある。それゆえ、通例、人びとが好きな人を見つけたときには感情の高揚があり、またそれまで交際してみたいろいろな人のなかでまさにその好きな相手が自分に好意をもってくれているということがわかったときには喜びがあるのである。これらの状況においても、実際に二人がどれほど相手が好きかということは程度の問題かもしれない。それぞれが、もっと好みにあった人で、自分に惹かれるような人はいないかと、まだきょろきょろあたりを見回しているかもしれない。このように、求愛は、二人が互いに、相手が自分の知っている最も好ましい人であるという思いを固めるまで、しばらくの間いくぶん落ち着かないものになる可能性がある。しかし、この落ち着かない状態がまさに恋愛をドラマティックにし、感情を駆り立てるのである。小さな挫折や破綻の危機をまったく経験しなかったカップルは、これらを経験したカップルほどお互いに対して強い感情を抱かないだろう。

このように、交渉の過程そのものが強い感情をつくりだす傾向があること、そして緊張や興奮といったこれらの感情は、それらがついにお互いに対する強い思い入れ《コミットメント》に変わったとき愛になるのだということを私は言いたいのである。さらに、個人的な愛着関係の交渉が行なわれる際に用いられる「言語」は大部分、言葉によらない《ノンバーバル》ものである。それは、性的親密さの言語である。求愛は、会話によるだけではなく、身体的な親密さを増す方向での一連の動作によって行なわれる。触れる、手を握りあう、さよならのキスをする、ネッキング、ペッティング、性交、これらが、典型的な進展である。この過程は、ときにはかなり引き延ばされる。男女は、性愛の最終点に直進しないのが普通であるが、それは、実際、これらのさまざまの性的接触がたいへん象徴的なものだからである。そうした接触は、それ自体が快楽であるというだけではない。ときには、それらは、必ずしも快楽ではない。たとえば、手を握ることは感情的には大きな快楽かもしれないが、身体的にはたいした快楽ではない。オーラル・セックスといった、最も親密な性的接触の多くの形態も、主としてある種の感情的な結びつきを象徴するものだと言えよう。これらは、おそらく単なる身体的な快楽よりも、完全な親密さ、そしてたぶん完全な支配と服従をあらわすものであろう。

身体的な親密さの進展は、どちらかと言えば、儀礼――それによって男女が互いにどれほど心を固めているかを示す儀礼――に近いものである。一般に、男女は、暫定的な気持ち、そしてその関係からまだ手を引く可能性のあるいろいろな段階を一歩一歩踏みながら、結合にいたるまでの取引きをしているのである。交渉が完全な性行為に至るまでには、二人は、ある程度お互いに対する気持ちを固めているのが普通である。これには、かなりの性的な排他性がふくまれており、またこの排他性には愛の感情が付随する。実際、これが、現代のほとんどの結婚の交渉のやり方である。二人だけの映画が最後のベッドルーム場面に至るまでには、二人は愛しあうようになっており、結婚は遠くない。あるいは、現実的に言うなら、二人は少なくとも結婚の領域に入りつつある。今日これに当たるのは同棲であるが、社会学的に見れば同棲は実際には法的な裏づけをもった結婚契約と同じである。わずか数年前までは、結婚の誓約を立てるという最後の段階を踏ませるひとつの方法として、女性が恋人の子を宿すということはごくありふれたことだった。

愛の感情は、自由な個人が排他的で、ある程度永続的な性的契約の交渉をする過程から生じる。それは、みんなが同様にみずからの運命を切り開こうとしている世界で、自分も同じ努力をするときに誰もが経験するドラマの自然な一部である。上がったり、下がったりのデート・ゲームから、新しいカップルの濃密で私的な世界が儀礼を通して確立されるに至るのである。それゆえ、二人の絆が最初につくられたときに、そしてそれが真実で強いものであることが確かめられる時期に、愛の感情が最も強いということは驚くに当たらない。

カップルの実際の行動が、すでに分析した宗教儀礼のモデル(第2章)に最もよく当てはまるのはここにおいてである。ここには儀礼の構成要素がすべて揃っており、しかも非常に濃厚な形で存在している。カップルは、しょっちゅう会い、ともに時をすごし、他人を近づかせなかったり、無視したりする傾向がある。二人の愛の会話、キス、手を握りあうこと、またその他のエロティックな遊びは、おきまりの、くり返される儀礼行動の形をとる。二人が逢いびきの際に持ち寄る感情は共有されることで高まるが、それはうまく行なわれた儀礼が集団の感情を高揚させるのとまったく同じである。したがって、恋人たちは、非常に小さな連帯集団――正確に言えば、二人の集団――をつくる儀礼を執り行なっているのだと言えるだろう。この集団は、非常に強い結びつきをもち、外部に対しては非常に堅固な境界をもっている。

そして宗教的な儀礼が聖なる事物と理想をつくりだすのとまったく同じように、恋愛の儀礼もその強い結びつきをあらわす独自のシンボルをつくりだす。これらのシンボルのあるものは、婚約指輪や二人の愛のその他の記念品、あるいは思い出の品といった象徴的な事物《トークン・オブジェクト》の形をとる。これらは、聖書、あるいは宗教儀礼によって聖別された十字架像と同等のものである。もっとも、より正確な類比物は、特定の部族クランの私的なトーテムであろう。恋人たちの世界は、キリスト教のような包摂性の高い世界宗教よりも原始宗教に似ている。なぜなら、恋人たちというのは、一連の小さな、私的な宗団《カルト》のひとつであり、誰でも入ることのできるようなものではないからである。いくつかの思いもまた聖化される。とくに、恋人どうしが相手について抱いている思いがそうである。恋人たちがお互いをくらべようもなくすばらしいと思うのは偶然ではない。それはまさに、成功裡に行なわれる儀礼が生みだす理想化と同じだからである。恋人たちのカルトに固有なのは、理想が二人の個人そのもののなかに人格化されていることだけである。

このように、性愛的所有の絆は、この種の儀礼によって形づくられる。それゆえ、それはまた、とりわけ儀礼的な防衛によってとり囲まれている。いかなる性行為も、いかなる性愛的な接触も、関係全体を象徴するものになる。このことの否定的な側面は、この関係の外に迷い出るいかなる性交渉も、他方のパートナーの極度に激しい怒りの反応を引き起こすということである。実利的な観点からすれば、実際のところ、そうでなければならない理由はない。夫あるいは妻が、たとえば一度、外部者と性行為をもったからといって、そのために性的接近に対する配偶者の権利が実際に妨害されるわけではない。たった一度の姦通が配偶者を激しく嫉妬させるという事実は、性愛的所有の絆が単に実利的なものではなく、儀礼によって支持されたものであるということを示している。性交上のいかなる行為も、そしてその点ではキスや、さらには目くばせのようなささいな性愛的行為さえ、象徴的意味に満ちている。性愛的所有の世界は、その他の真に根源的な社会的紐帯と似ている。つまり、それは、費用と利益との総差引残高という観点から合理的に計算されたものではなく、シンボリズムによって包まれ、儀礼を通して生みだされる感情によって力を与えられているものなのである。

性愛的所有とその対応物、つまり愛と嫉妬の感情は、結婚における所有関係のすべてではない。さらに、これらの感情の強さは、関係の紐帯が最初に打ち立てられたときの頂点にいつまでもとどまるものではない。しばらくすると、興奮はどこかへいってしまう。同時に、不安もそれと対照をなす喜びも失われる。結婚生活が続くにつれて、愛情の強さは低下し、同じように性交の頻度も減る。二人でいっしょに過ごす時間が少なくなり、他の人たちと過ごす時間が多くなる。したがって、二人の間の強い儀礼的絆を支える条件は弱くなる。しかし、性愛が弱まるまさにそのときに、しばしば他の紐帯がその代わりをするようになる。そこで、これらの紐帯のいくつかをとりあげることにしよう。

世代的所有《ジェネレーショナル・プロパティ》

重要な点で、子どももまた所有物である。両親は子どもに対する一定の権利をもち、他の所有権を護るのと同じようにこれらの権利を護ろうとする。しかし、子どもは、性的所有物ではない。あらゆる社会は、この点に関して非常に厳格である。核家族内の近親姦タブー《インセスト》はほとんど普遍的である。すなわち、両親と子ども、兄弟姉妹間の性交は(そしてときにはそれ以外の親類間の性交も)とりわけ強い嫌悪の目で見られている。インセスト・タブーは、世代的所有システムの一部と考えられるべきである。それは、人びとがその世代的所有に対して何をしてはいけないかについての主要な否定的ルールのひとつである(物理的所有についても、同様の否定的ルールがある。家や土地について一定の改変を禁止する地区条例などはこの例である)。

しかし、インセスト・タブーを単に当然なものと考えることはできない。それは、自然の、あるいは本能的な嫌悪によるものではない。もしそうなら、誰もインセストを犯さないだろう。ところが、実際には、インセスト・タブーに対する侵犯は、驚くほど行なわれている。実際には、インセスト・タブーは、とりわけ家族の外部から、つまりインセストをよくないことと見なし、インセストを違法なものとして訴追する人たちによって強制されているものである。外部の人たちがなぜこのようなことをするのかは、その社会において行なわれている性的取引きの一般システムと関わっている。人びとは、他の家族の子どもたちが家族内で独占されることなく、家族外の人たちの性的パートナーになりうることを期待している。この点は、論証可能である。なぜなら、社会が異なれば、何をインセストとするかが異なり、しかもそのさまざまな変化型は、そこで支配的な結婚制度の種類と結びついているからである。

社会によっては——二、三世代前の私たちの社会もそうだったのだが——いとこどうしの結婚は、インセスト的であると見なされて禁止されており、人びとは、いとこより遠い人と結婚するよう期待されている。他方、多くの部族社会では、一定のいとこどうしは、可能な場合にはいつも結婚するものと考えられていた。これは、それらの社会では、家族間の規則的な婚姻関係のシステムがあり、いとこどうし(とりわけ、「交差いとこ」と呼ばれるもの)の不断の近親婚は、世代から世代へと家族どうしの結びつきを維持するものだからである。ちなみに、このような事例は、インセストをタブーとする理由が、近親婚から生じうる遺伝的欠陥を人びとが心配したからではないことを証明している。規則的ないとこ婚を行なう社会は、明らかに、このような考えとは逆の方策をとっている。さらに、これらの社会は同時に、ある点では、私たちの社会よりもはるかに厳格なインセストの規則をもっている。これらの社会は、さまざまの大きなカテゴリーの人たちどうしの結婚を、彼らが不適切な家系《リニッジ》に属するという理由で禁じている。たとえそれらの人たちが、私たちの目からすれば、生物学的にあまり近い関係にはないと思われるにしても、そうなのである。

インセストをタブーとする理由は、生物学的なものではなく、性的所有の交換のより大きなシステムの一環である。私たち自身の社会では、家族間の大規模な姻戚関係はもはや重要ではなく、インセスト・タブーはぎりぎりの最低線まで縮小した。しかしこの最低線は、やはり、子どもがその家族を出てより広い結婚市場で性的なパートナーを見つけるよう要求している。

このように、インセスト・タブーは、世代的所有システムの否定的ルールである。それは、子どもたちがお互いにすることを許されていないこととともに、両親が子どもたちに対してしてはいけないことを規制する。世代的所有の積極的な側面は多くのことをふくんでいる。両親は、子どもに対して一定の身体的所有権をもっている。すなわち、子どもを家に置いておくとか、学校にやるとか、その他自分たちがしたいことをする権利である。両親は、多くの点で子どもの行動を指図する権利をもっている。つまり子どもが何を着るかを決めたり、もし子どもが宗教的訓練を受けるとすれば、どのような宗教的訓練を受けるべきかとか、子どもが誰とつきあうべきかとか、その他多くのことを決める権利である。これらの権利は、最近では必ずしもあまり行使されてはいない。私たちは、父親がその子どもを思うままに罰することのできた、そして殺すことさえできたローマ家族から遠い道のりを歩んできたのである。

一般に、最近の傾向は、子どもに対する両親の統制を少なくする方向へと向かっている。この傾向の多くは、世代的所有の中心的な側面に対する両親の統制力の喪失、つまり子どもの結婚相手を決める権力の喪失に由来する(この権力の痕跡は、男性が未来の花嫁の父親に結婚を申し込むという形式ばった姿に、わずか数年前まで見られたものである。また、結婚式で父親が新郎に「娘を渡す」のは今でもよく見られることである)。明らかに、子どもの結婚に対する統制は、世代的所有を、わが子を超えて家系のそれ以後の世代の形成に対する統制にまで拡大するものだった。家系の重要性が低くなるにつれて、世代的所有は縮小し、子どもが小さいときの核家族の内部においてのみ適用されるものになってきた。

世代的所有はまた、経済的側面をもっている。法的には、子どもが成人するまで、その子どもの収入は両親の所有である。これもまた、近年あまり行使されていない世代的所有権のひとつである。どちらかと言えば、両親の収入に対する子どもの側からの逆の要求の方がはるかに目立っている。しかし、このことは、結局、最近の家族制度にどのような変化が起こってきているかを知らせてくれる。それほど昔にさかのぼらなくとも――家族全員で店や農場を経営しているような、非常に伝統的な家族においては、今日もなお見られることなのだが――子どもは、家族のなかで無給で働くか、あるいは外に出て職につき、そこでの稼ぎを家にもって帰るかして家族を支えるものと考えられていた。

性愛的所有のシステムが変わってきたのとまったく同様に、そしていくぶんか類似の方向に、世代的所有も変わってきた。けれども、これら二種の家族的所有の間に見られるもうひとつの際だった類似性は、両者がともに非常に顕著な感情的側面をもっていることである。性愛的所有において配偶者たちがお互いの愛情に対する権利を要求するのと同様に、両親は、子どもの愛情に対する権利をもっている。さらに、大人の間の感情的な関係が現代の結婚においていっそう中心的なものになってきたのと同時に、子どもとの愛情関係が、子どもを農場経済の一部として、あるいは家名を継ぐ者として重視する伝統的な考え方にとってかわってきている。

私たちは、ここでも、これらの感情上の要求がいかに強いかを、それらが破綻に瀕する場合を通して見ることができる。現代の離婚において、普通、争いの中心は子どもの保護監督である。両親は、訪問権をめぐってと同様に、誰が子どもの身体的所有権をもつかをめぐって争う。今日的状況の特徴をとりわけよく示しているのは、しばしば二人の親がいずれも子どもに対する最大の統制を維持したいと思っていることである。子どもが第一に母親のものだと自動的に考えられることはもはやない。今日の父親たちは、以前よりもはるかに子どもの所有を欲している。実際には、世代的所有の特定の側面が、他の側面が後退する一方で、いっそう際だったものになってきた。すなわち、子どもの愛情に対する感情上の権利が、かつての経済的関心や家系上の関心が衰退するにつれて、中心的なものになってきたのである。この状況は、新種の「犯罪」さえ生みだすことになった。つまり、かつての配偶者の一方が、保護監督権を他方に与えた裁判所の命令を無視して子どもを連れ去るという誘拐である。このような事件が実際に公訴されたり、たいへん感情的にとり扱われたりするという事実は、子どもに対する感情上の所有権がいかに重要になってきたかを示している。

もちろん、世代的所有は両面的なものである。両親は子どもに対して所有権をもつが、しかし逆もまた真である。子どもには、両親の家での居場所、両親の収入の一部、そして一定程度の保護に対する要求権がある。さらに、これらの権利は、現在の社会では明らかに拡張してきている。法的には子どものこれらの所有権に対応する両親の義務は一八歳で終わるのだが、しかし大学の学費の支払のように、これらの義務をそれ以上に引き延ばさせるような非公式《インフォーマル》の圧力がかなりある。しかし、子どもの側からの所有要求の最も重要な部分は、かつては通例、相続だった。経済の多くが家業、とりわけ農場によって担われているときには、世代的所有のこの側面は圧倒的に重要だった。それは、世代横断的に家族を非常に緊密に結合させた。しかしその結合の仕方は、必ずしも大きな愛情に満ちたものではなかった。

家族はどこにおいても昔ほど緊密に結ばれていないというのが今日の「自明の」通念であるが、しかし今日の家族が、伝統的な家族にくらべて、配偶者間の感情的関係のみならず、両親と子どもとの感情的関係にもはるかに大きな力点を置いているというのもたぶん事実である。伝統的な家族が結束していたのは、人びとに選択の余地がなかったからである。伝統的な家族は経済的単位であり、人びとは家族にしがみついていなければならなかった。そうしなければ飢餓の危険をおかさざるをえなかったのである。このことが家族的忠誠に対する、どちらかと言えば即物的な態度を促進した。このような家族は強力だったが、普通あまり居心地のよいものではなかった。今日のたいていの家族には、譲り渡すべき物質的遺産はあまりない。人びとは、自分自身で職を見つけるのであり、相続するものと言えばわずかの家具ぐらいのものである。古い相続の型がいまだに重要なのは、富裕な家族だけである。他のほとんどの人にとっては、感情的結びつき以外のものはほとんど残されていない。言うまでもなく、感情的な結びつきは自動的に生じるものではない。たしかに、多くの現代家族が崩壊している——伝統的な家族なら、経済的状況の要求のゆえに愛情なしでもたぶんまとまりを維持したであろうのに。けれども、まとまりを維持している現代家族について言えば、これらの家族がまとまっているのは、外的理由よりも感情的理由によるところが大きい。この点では、家族は、たぶんかつてなかったほど強く結束しているのである。

家産的所有《ハウスホールド・プロパティ》

しかし、家族がもはや経済的単位ではないと言うのは正しくない。家族は、世代から世代への財産の継承に基づいた永続的な経済的単位ではないと言うだけである。ある観点からすれば、家族は、家庭の経営にたずさわっている事業体である。この事業体は決して永続的なものではない。つまり、かつてよりもはるかに簡単に分解してしまう可能性をもっている。しかし、存続するかぎり、それは食べ物を用意し、清掃や洗濯をし、住家を調達し、子どもの世話をするための共同事業である。経済的観点からすれば、家族は、ホテル、レストラン、洗濯屋、そして子守の施設を組み合わせたものである。

伝統的な家族では、多くの仕事は召使いによってなされたものである。もちろん、上層の階級だけが召使いを抱えていたのだった。本当に富裕な家庭は多くの召使いを抱えていたが、普通の中流階級でも、少なくともメイドかコックの一人くらいはいたものである。下層階級はどうだったのか。彼らの多くは、自分自身の家庭をもたないことが多かった。つまり彼らは、他人の家庭の召使いだった。このことは、家族生活が社会階級の型《パターン》を軸に非対称的な配置になっていたことを意味する。結婚し、自分自身の家庭をつくりうるのは主として上流階級であった。労働者階級の男女の多くは、他人の家に住み、そこで働き、自分自身の家族をもつ機会などなかったのである。

現代家族に見られる大きな変化のひとつは、この種の召使いつきの大家族が消滅したことである。上流階級がもはや存在しないということではなく、その生活様式が以前ほどには劇的かつ壮大ではなくなったということである。そして召使い階級はしだいに減少し、そのごく一部が残っているにすぎない。

召使い階級の多くは、他人の家で家事をする女性から成っていた。今日召使い階級で残っている人たちについて言えば、さらに女性の比率が高くなっている。今日でも中流階級の上層の多くの家庭にはメイドが出入りしているが、男性の執事や従者はほぼ消滅した。家事のほとんどは今や妻たちにまかされることになった。家庭が家事労働の行なわれる場であるかぎり、それをするのは主に女性である。

公的かつ法的には、家産的所有は、今日、夫婦の共同のものとなっている。離婚の決着に際して、両者は、婚姻中に蓄えられた財に対して同等の要求権をもっている。そして、配偶者の一方が遺言なしに死亡した場合には、他方が自動的に相続する。しかし、これは所有を単に物と見なしているだけである。実際に使用されている状態での物についてはどうなるのか。家、皿、食物、衣服、これらは、どれも、そのままでは実際に使うことができない。これらを使えるようにするためには、一定量の労働が必要である。家は掃除しなければならないし、衣服はアイロンをかけなければならないし、ベッドは整えなければならず、食物は買ってきて料理し、食卓に供しなければならない。普通の家庭経済においては、夫は家庭外で働き、家にお金をもって帰り、そのお金でこれらのさまざまの家庭用材料を買う。これらの材料は、一般に「未加工品」であり、妻はそれらを消費可能な生産物に変えるために働く。さらに、妻も家庭外で働いている場合でさえ、この方式がとられがちである。つまり、やはり妻が家庭と子どもの面倒を見、自分が働きに出かける前に朝食を用意し、夕方に帰ると夕食を用意するというやり方である。

このため、家庭経済は、性に基づく支配の経済としてとらえることができる。所有は、公的には平等である。しかし、このことは、所有物を使用し、消費しうるものに変える実際の労働を無視するかぎりで言えることである。伝統的な家族の場合、つまり夫のみが働いて、家庭のために使うお金をもって帰るような場合においては、家族経済は資本家の所有する工場によく似たものである。夫は、未加工の資本を提供する。そして妻は、自分の労働力以外には売るものを何ももたない労働者である。他の労働者と同じように、彼女は、労働市場で生き延びるという圧力のために、彼女の労働をそれを買う力のある誰かに売らざるをえない。そして、このような家庭経済の場合にかぎって、彼女はその労働を工場ではなくて家庭で売るのである(あるいはむしろ物々交換すると言った方がよいかもしれない)。しかし、彼女の労働は必要不可欠のものである。その労働なしでは、夫＝資本家は原料を使用可能なものに変えることができない。

もちろん、私たちは、これら二つの状況の間のさまざまの相違点をあげることができる。工場労働者は、工場を相続することはない。また工場労働者は、普通オーナーと性的関係をもったり、その子どもを産んだり、その社会的地位を共有したり、あるいはオーナーに愛情や愛着を示したりすることはない。けれども、これらの点は別にして、最近のマルクス主義的フェミニズムの著作家たちは、家庭はまちがいなく資本主義的制度であるという議論をくりひろげている。家庭は、その内部の活動において資本主義的であるだけでなく、社会の、より大きな資本主義体制の一部でもある。家庭での女性の労働がより大きな資本主義経済に貢献するのは、労働力を再生産することにおいてである。料理、掃除、洗濯、買い物、子どもの世話――これらのすべて、さらには夫に与えられる愛情でさえ、家族の外で働く男性労働者のために、翌日仕事に出かけるのにふさわしい状態を整える働きをしている。労働は、資本主義経済の決定的に重要な側面であるが、しかし資本家自身は、その日常的な維持に気をつかうわけではない。この点は、家庭の隠された経済にまかされている。そこでは女性が、資本主義体制を機能し続けさせる必要不可欠の仕事をしているのである。

このことから、女性は男性に対して特有の不満をもっているわけではないという結論が導き出されることがある。女性の不満は、本当は資本主義体制に対するものである。労働者階級の男性が、中流あるいは上流階級の男性よりも、女性のとり扱いにおいて表面上性差別的であるのは事実かもしれないが、社会全体の総体図を描いてみれば、そこでは女性は資本主義体制一般のために家事をしているのである。このことからすれば、女性の真の盟友は労働者階級であり(彼女たちは真にその一部である)、両者が力を合わせて資本主義を打ち倒せば、家事労働における女性の隷属もなくなるだろう、ということになる。

何らかの長期的な革命のことは別にして、この種の議論は、ともかく家事労働のシステムを改革するという点についてはさまざまの意義をもっている。妻は、その仕事に対する代価を支払われるべきであり、最低賃金がなければならないし、また社会保険の受益権があってしかるべきだということが主張されてきた。さもなければ、家事労働は、社会化されなければならない。子どもの世話は、共同の、家族外の保育センターが肩代わりすることができる。同じように、掃除、洗濯、食事の準備はすべて、家で妻がするかわりに、外部の労働者に任せることができる。

興味深いことに、後者の方式がすでに現れつつあるようである。概してこの方式は、社会化された形をとってはいない。保育施設については公的なものが一般化しつつあるけれども。他の多くの部分は、私的営利事業によってまかなわれている。ファースト・フードのチェーン店、調理ずみ食品、掃除・洗濯のサービスなど。今やかなりの程度まで、女性自身が有給労働者になっており、彼女たちは、子どもの世話や家庭の管理に関して他人の手をかりている。たしかに、それは一部だけのことである。女性が外での仕事で男性と同等の賃金を支払われないかぎり、家族が有給の外部労働者の手をかりてこれらの家事のすべてをまかなうことは難しい。将来両性間の完全な平等が実現すれば、それはこの方向への、家庭の変化をもたらすかもしれない。

マルクス主義モデルの弱点は、因果関係のとらえ方にあると思う。今日の、男性支配の家庭経済は、資本主義の成立によってはじめてもたらされたものではない。社会主義経済への移行が自動的に性的階層分化を除去するものかどうか、本当のところはわからない。ソヴエト圏の社会主義社会の経験は、そうではないだろうということを示唆している。根本にある理論的問題は、マルクス主義モデルは、家族における三種類の所有のうちのひとつしかとらえていないことである。つまり、それはもっぱら家産的所有を問題にし、性愛的所有と世代的所有とを無視している。しかし、これらの所有は、少し前に述べたように、家庭が工場とまったく同じではないことの理由となっている。家族という事業の性的側面と感情的側面とは、まさにそれを純粋に資本主義的な営利事業から分かつものである。また、これらの側面は、仕事場の提供者が死亡したときに主婦はその仕事場を相続するが、工場労働者は相続しない理由でもある。男性は、結婚することで、単に家事従業者を獲得する——その側面もあるにしても——だけではないのである。

家事労働と家産的所有の領域においてさまざまな変化が起こってきているが、それは、女性が社会主義革命を待ち望んできたからではなく、フェミニズム革命を精力的におし進めてきたからである。女性は、賃金のよい仕事につく機会が増えるにつれて、家事労働のあり方を変えはじめた。夫は、今や、子どもの世話や家事の手伝いに関して、かつてよりも大きく寄与するようになっている。一般的に言って、夫に対する女性の相対的な力は、彼女が夫にくらべてどのくらい収入があるかに結びついている。夫より収入の多い女性は、夫より収入の少ない女性よりも、家庭での力が大きい。他の点においてと同様、この点においても、女性がより広い社会での性差別の克服に成功すればするほど、家庭においても不平等は少なくなる。

それでも、伝統的なものの考え方をする人はいぶかしく思うかもしれない。なぜ、男性がこんなことを我慢するのか、と。男性は、働かない——あるいは少なくとも自分よりも収入の少ない——伝統的な女性と結婚したがるのではないか。そうすれば旧式のやり方で家庭を支配することができる。答は、おおむね否であろう。ひとつには、二つの大きな収入源のある家族は、ひとつしか収入源のない家族よりもはるかに豊かだからである。実際、人びとが今日、比較的ぜいたくな中の上の階級の生活様式を手に入れるのは、主として、夫と妻の双方がかなりよい仕事に就くことによってである。高収入の妻をもつことは、ほとんどの男性にとって非常に大きな利点になっている。現在あらわれつつある結婚市場においては、結婚相手として医者や企業幹部の卵を見つけたいと思っているのは、もはや、望み高い女性だけではない(男性もそうである)。女性自身の成功が、彼女の魅力の一部になりつつあるのだ。

性的市場の台頭と愛の革命

これまで論じてきた所有の三つのタイプは、すべて、家族において合流する。これらを分離すること、たとえば、性交をすることから子どもをもうけることを分離すること、あるいは共同の家庭を維持することから性愛関係を結び同居することを分離することは困難である。性愛的な結びつきなしに、共同の家庭をつくることもできなくはないだろう。二人の人間が(性別はどうあろうとも)いっしょに住み、二人の収入、家庭の費用や義務のすべてを共有する取り決めをすることは可能であろう。しかし、このような共同生活が相続規定をともなった法的契約の裏づけを得ることはないだろう。また、それはひとりの人間──常に女性──が家庭の仕事をすべてやり、他方──常に男性──が外で働くという形態をとることもないだろう。

これらのやり方は、相異なる所有システムがすべて結婚において互いに結びつけられることから生じる。すでに見たように、結婚の中核は性愛的所有の契約であり、他のすべてはその周囲に持ちこまれるのである。ところで、なぜそうなのか。男性支配という、結婚の特定の型がなぜ生じなければならなかったのか、そしてどのような力がそれをより平等的な状態へと変えうるのか。この問題のダイナミックスを見るためには、一連の比較をしてみるのが一番よい。

歴史上には、実にさまざまの家族制度が存在した。それらの多く、とくに部族社会のそれは、きわめて複雑で、私たち自身の家族制度とは非常に異なっている。母系的なものもあれば、父系的なものもあった。つまり、家系と相続とを母を介して辿るものと父を介して辿るものである。また、夫婦がどこに住むかの規定においても違いがあった。すなわち、母方の親族と住むか(母方居住制)、父方の親族と住むか(父方居住制)の違いである。その他にも多くの組み合わせと細分化があった。これらの点から見れば、私たち自身の家族制度は、一般に新居制――つまり夫婦が自分たち自身の新しい家庭をもうける方式――であり、相続が家族の双方を通して行なわれるという意味で双系制《バイリニアル》である。もっとも、一般に姓はいまだに父系的に相続されている(フェミニストたちは、真の双系的命名システム――つまり子どもを、「スミス」のかわりに「スミス＝ジョーンズ」と名づける方式――への転換をときおり主張してきた)。

これらのさまざまの部族的家族類型は古代文明および中世文明の父系的・父方居住的な、階級に基づいた家族にその道を明け渡したのだが、ここでは家族制度のこのような歴史を通観する必要はない。私たちにとって関係のある主要な変化は、ここ二、三百年の間に起こった、比較的新しい時期の変化である。それは、家族が結婚相手の選択を決めていた結婚制度から、個人が交渉によって自分自身の相手を獲得する現代の制度への移行である。かつては大多数の家族が姻戚をつくった。家長が取引きを仕切り、経済的所有財産を運用したり、政治的地歩を強化するために性愛的所有の交換がなされた。経済と国家とがはるかに大きな官僚制的単位に組織されるようになって、もはや経済的・政治的な面で家族がそれほど必要とされなくなり、このようなやり方はすたれた。個人は、今や開かれた結婚市場において結婚の交渉をする立場に置かれた。一人ひとりが、今や持てる資源——自分自身の富や仕事の将来性、文化的背景、コネ、容姿、人柄、その他何であれ——を用いて、独力でパートナーを見つけなければならなくなった。求愛の過程は、各人が、自分が入手しうるものと個人的に提供しなければならないものとがだいたい釣りあうような誰かを見つけるまで続き、そして取引きの協定が結ばれる。

これは、欲得ずくに思われるかもしれないが、しかし実際のところ、私たちの近代的な愛の理想をつくりだしているのは、この広く開かれた市場である。前近代的な見合い結婚は、明らかに、私たちが今日経験する何にもまして、欲得ずくのものであった。結婚したカップルは、さほどお互いに相手に対して個人的な魅力をもつものとは期待されていなかったし、結婚契約において自分の意見を言う権利があるとさえ考えられていなかった。このことは、明らかに、人びとが交差いとこと結婚するよう要求されていた部族的親族システムの場合にいっそうよく当てはまる。伝統的社会に恋愛が存在しなかったということではなく、さして重要なこととは見なされなかったということである。恋は、羊飼いとニンフとのかわいい物語の種にはなったかもしれないが、しかし結婚の現実とは何の関係もなかった。騎士と貴婦人との恋物語を創りだした中世の吟遊詩人でさえ、恋愛を、すでに結婚している婦人に対する騎士の献身とすることで、これらの恋愛事件を結婚から切り離していた。これが、少なくとも物語の上では、愛が性とまったく無関係で、騎士側の純粋に一方的な献身であったひとつの理由である。

この時代の現実は、個人は家族の結婚ゲームの小さな駒にすぎなかった、ということである。個人の感情は、ほとんどどうでもよいことだった。そして、それゆえ、近代的意味での恋愛関係というものはめったに存在しなかった。また、このことは、宗教と儀礼について先に述べた諸理論(第2章)に照らして見れば、驚くに当たらない。これらの理論は、人間の相互作用の密度が、人びとが何を最も聖なるものと考えるかにいかに影響を及ぼすかを説明するものだった。すべてのことが、緊密に織り合わされた家族集団のなかで起こるようなこれらの社会においては、道徳感情は集団の同一性《アイデンティティ》に全面的に結びつけられていた。個人の崇拝は、ずっと新しい社会構造がつくりだしたものである——そこでは個々人は、各人に特有の関係の網の目にさらされる。伝統的社会において個々人がほとんど権利をもたなかったのは、このような構造的理由のためである。人びとは、自分自身を、そして他のすべての人を、基本的に何らかの集団の成員だと考えていた。特定の一人の人間ともう一人の人間との愛の絆といったものは、この状況の下では、まったく起こりそうもないものだった。

家族の姻戚関係のシステムが個人的結婚市場によって打破されたとき、大きな変化が起こった。これをヴィクトリア革命と呼ぶことができよう。なぜなら、それは一九世紀中葉に広がった、愛と性についての態度によって最もよく特徴づけられるからである(実際にはこの革命の根はもう一世紀前頃に遡るのだけれども)。ある点では、これは、愛の革命だった。つまり、それは今や個人が家族の圧力によって結婚するのではなく、愛のために結婚することが許されるようになったことを意味した。それ以後、愛は許されただけではなかった。愛は、多かれ少なかれ、尊重されるようになった。そして実際に、恋愛関係は、かつてそのかけらもなかったところに広範に芽生えたのである。

しかし、この変化と手をたずさえて、性に対するきわめてピューリタン的な態度が台頭してきた。伝統的社会は、その非常に強い宗教的信念にもかかわらず、性についてとりたてて口やかましいことはなかった。伝統社会の場合、結婚は、愛をふくむものではなかったから、主として性や他の形の所有に関する事柄だった。とくに男性は、欲するところで性的満足を手に入れるのにあまり制限を受けていなかった。めかけや愛人は広く受けいれられており、貴族の家族においてはときには公的な地位を与えられることさえあった。庶子は非常に多かったし、不名誉なこととは見なされなかった。王の庶子であることは、嫡子であることと同じとはいかなかったが(庶子は王位を継ぐことができなかったから)、しかし彼は、それでもたいへん大事にされたのであり、非嫡出の自分の血筋を誇ったものだった。

こうしたことはすべて、ヴィクトリア革命によって一掃された。あるいは、少なくとも、暗闇に追いやられた。非嫡出の子どもはスキャンダルになった。そして、とくに母親は、社会の除《の》け者にされた。はじめて、売春を廃止しようとする運動が行なわれた。男性の婚外関係はひんしゅくをかうようになった(必ずしもそれがなくなったわけではないが)。性関係はすべて、夫婦間に限られるものとされた。同時に、結婚は理想化された。性愛的要素は、もはや口にすべきことではなくなった。男と女とは、純粋な愛のためにのみ、すなわち、あらゆる不純な動機を除いて双方の経験する感情だけのために結婚するものと見なされた。何であれ、それ以外のことにふれること、とりわけ性にふれることは社会的にタブーとなった。性や性器、そしてその他の肉体的機能を言い表すかつての言語表現は、一般に上品な婉曲語法にとってかわられるようになった。

結婚の絆の性質が変わったこと、そしてそれが新しい方法で儀礼化されるようになったことは明らかである。上品ぶった言いまわしと愛の新しい理想化の二つは同じ過程の一部であった。性への直接的な言及に対するタブーと、性におけるあらゆる違反行為についてのスキャンダルとは、儀礼の否定的部分である。これらは、けがれに対する防壁を形づくるものだったが、そのような防壁は、典型的にあらゆる聖なる対象をとり囲むものである。言うまでもなく、儀礼の積極的な、聖なる側面は、愛の理想そのもの——もっと具体的に言えば、結婚の鍵としての純粋な愛の理想——であった。

すでに見たように、愛の感情は、実際は、個人による求愛交渉のされ方から生じるものである。儀礼の作用の仕方という観点からするなら、このシステムは、愛の絆を生みだすのに恰好の条件をつくりだす。このシステムのゆえに、二人の人間が彼らだけの小さな集団を形成し、しょっちゅう会っていっしょに時をすごし、自分たちの親密なふるまいから部外者を排除するようになる。二人のもつ感情のレベルも同じようなものになる。その結果、この二人の世界が小さな聖なる宗団《カルト》となり、二人が投げかけたり、投げ返したりする「愛」についての言葉がこの集団を表象するシンボルになる。愛は、一種の私的なミニ宗教であり、そこでは二人は、この宗教の信者の崇拝対象でもある。

構造的観点からすれば、愛の絆は、実際には、性愛的所有の絆の感情である。ヴィクトリア革命は、性に関して人びとをピューリタン的にしたけれども、実際には、性が結婚の結びつきのなかでかつてよりもはるかに中心的な地位を占めるようになる転換でもあった。家族における三種類の所有の相対的な重要性は、大きく変わっていた。子どもに家を継がせるという形での世代的所有は大幅に縮少し、もはや結婚相手の選択を決定するものではなくなっていた。このため、残されたのは性愛的所有と家産的所有とになった。これらは、個人によって提供され、それをめぐって結婚交渉が行なわれる資源であった。

しかし、この歴史上の時期においては、これらの二つの資源は、両性間に非常に不平等に配分されていた。家庭を支える収入はほとんど全面的に男性の掌中にあった。なぜなら、労働市場における極端な性差別のために、非常に低賃金の仕事に就く以外、女性が自活することはほとんど不可能だったからである。この差別は、それまでの、伝統的な家庭における女性の地位のせいだった。このような家庭では、女性は、結婚による姻戚関係づくりのための家族の所有物として家に閉じ込められているか、単に召使いとして働くかのいずれかであった。今や、女性は自分たち自身の人生を自由に選ぶことができるようになった。しかし、他に経済的手だてがなかったから、中流階級のある程度の生活水準を望む女性は、結婚しなければならなかった。

実際上、結婚の取引きは、今や、性的所有と家産的所有との交換となったのである。女性が性をできるかぎり結婚に限定するよう努めることは至上命令となった。このために、婚前および婚外の性は、今やスキャンダルとなった。女性は、性に関するこの規準をお互いに対してと同様に、男性に対しても押しつけようとした。ピューリタン的行動と上品ぶった言葉づかいとがかつてなかったほど強要された。そして、それは成功した。ヴィクトリア革命の間、女性は、これまで持っていなかった力の少なくともひとつの源泉を実際に獲得した。つまり、自分の身体を性的対象として男性に与えることを保留する力である。結婚市場は誰に対しても開かれていたが、このことは、誰もが特定の交換を拒否する権利をもつことをも意味した。性を結婚に限定するという問題に関して、女性が多少なりとも統一された戦線を維持しうるなら、そのかぎりにおいて、男性は他に行くところはなく、女性の言う条件で結婚を受けいれざるをえないことになる。

恋愛結婚の理想と、性についてのヴィクトリア朝的上品さという拘束とは、この戦略の一部として相呼応するものだった。両者はともに、自分たちの人生をある程度コントロールし、社会における自分たちの地位を向上させようとする、女性の闘いの一部だった。純粋な愛の理想は、ある意味でイデオロギーであった。つまり、それは、相変わらず結婚の中心部分に大きな位置を占めていた性愛的所有の取引きを隠すものだった。実際、それは、ヴィクトリア的な衣服のスタイルとほぼ同じように、一見それが隠すと思われるものを非常にはっきりと指し示していた。ヴィクトリア的衣服スタイルはお尻のまわりを幾重にも覆い、そのために足首を一べつすることが男性にとって今日のハイスリットのスカートとほぼ同じくらいエロティックなことになり、女性の姿態に人目を引きつけたのであった。

ヴィクトリア革命は成功した。男性は、性的および感情的満足に関して、妻に以前よりも依存するようになった。もちろん、愛の理想とピューリタン的抑制とは、一定程度にしか守られなかった。けれども、その程度でも、女性の地位のかなりの向上をもたらすには十分だった。ヴィクトリア革命は、女性解放の最初の主要段階であった。

しかし別の観点からすれば、ヴィクトリア革命は、行きづまりでもあった。それは、女性の一生をよい結婚をすることに限定してしまった。男性が愛し、結婚し、自分の子どもの母親として、また自分の家庭の管理者として尊ぶべき、汚れなき被造物として女性を理想化することが、まさに男女間の明確な障壁を維持するのに手を貸したのである。男性は外に仕事の世界をもち、女性は結婚市場と家族とをもった。女性と、家族における女性の役割とが理想化されればされるほど、女性がそこから抜け出して自力で経済力を獲得することは難しくなった。

二〇世紀には、女性の地位のもうひとつの革命があった。この革命は、女性がホワイトカラー労働の分野にしだいに参入しはじめるにつれてゆっくりとはじまり、さらに高賃金の専門職や管理職層にくいこもうと奮闘しはじめるにつれて、ここ数年間に勢いを得てきた。この第二の革命は、同時に、家族の構造の革命でもあった。二種類の変化——職業上の変化と家族の変化——は、いっしょに起こるものである。これらの変化は、次第にお互いに助長しあい、ヴィクトリア的な家産的および性愛的所有様式からのますますの離脱を可能にしてきた。

現在では、女性が経済的な財を得るのに家族に依存する程度はますます少なくなってきている。およそ女性の働く機会が改善されるということは、夫の収入への依存が少なくなることを意味していた。離婚率の上昇、晩婚化の傾向、子どもの数を少なくしようとする風潮——これらはすべて、女性の自活能力の増大と結びついている。

このことはまた、性愛関係の交渉の行なわれ方にも影響を及ぼした。女性が性を結婚に限定することの重要性は、以前にくらべてはるかに少なくなった。婚前の性経験は、今日、はるかに容認されやすくなっている。公式あるいは非公式の結婚(同棲をふくめて)において、次々と違うパートナーをもつということは、単一の、一度きりの結びつき——この場合、女性は自分を永遠にひとりの男性とその収入に結びつける——に重点を置かなくなったことと合致している。同じ理由から、言葉使いに関しても、女性は以前よりもはるかにピューリタン的でなくなった。性を精神化し、性のまわりに言葉のタブーを張りめぐらすことはもはや重要ではない。このことは、職業的に最高度の成功をおさめている女性たちに最もよく当てはまる。このような女性にとっては、性愛的取引きも結婚市場そのものも、取消しのきかない選択をしているという感覚なしに、はるかに気楽にかかわりあうことのできる事柄である。もはや彼女たちの全生涯がそれにかかっているなどということはないのである。

家族の将来

将来はどのようになるのだろうか。家族は、生成しては解消する一連の性関係に、あるいはひょっとしたら複数の性的パートナーをもつ何らかのオープン・マリッジに解消されてしまうのだろうか。それとも反対に、現状がすでに行き過ぎであり、家族擁護の急激な反動が起こって伝統的な性別役割と制約とを再建することになるのだろうか。

これらの二つの問いに対する答えは、否《ノー》であると言ってまちがいあるまい。個人に基礎を置く結婚市場は今も存在しており、予測しうる将来にわたって存続しそうである。女性が経済力を獲得するにつれて、この結婚市場のあり方はいくぶん変わった。しかし主な成り行きから言えば、男と女とが排他的な個人的関係について交渉し、しかもその際この関係を永続させようというかなり強い思いをもっていることに変わりはない。性は、はるかにオープンになり、率直に表現されるようになった。しかし、愛の重要性もまったく同様に強い。そして、このことも変わらないだろう。性と愛とは、ともに同じ交渉過程の一部だからである。結婚の儀式を省略するとしても、それはこの構造に何の関わりもないことである。いずれにせよ、同居することが結婚の本質なのだから。ただ、家族や友人に対する公式の発表がもはや重要ではないというだけのことである。同棲的「結婚」は、完全に私化された結婚形態である。

もしオープン・マリッジが広くいきわたるとすれば、それは、まちがいなく、大きな変化である。オープン・マリッジは、二人のパートナーがお互いに、相手が性的パートナーを欲しいだけもってよいとする合意に基づく。それは家族構造——公式のものであれ、非公式のものであれ、また長期的なものであれ、短期的なものであれ——の鍵である排他的な性的所有を廃止するものだから、それが広まることは真の変化である。恋をするという現在の過程も、同じくこの排他性から生じる。したがって、もしオープン・マリッジが一般的になれば、私たちは実際上まったく新しい家族組織をもつことになるだろう。

しかし、オープン・マリッジが広く人気を博しつつあるとは思われない。オープン・マリッジが普通成功しないのには、構造的な理由がある。すでに述べた社会学的観察によれば、そこで起こると思われるのは、オープン・マリッジをした二人が競争することになりやすいということである。標準的な家族において夫婦の相対的な力がそれぞれの収入の多少によって影響されるのとまったく同様に、オープン・マリッジにおいては、男女の相対的な力は、それぞれが他に何人の性的パートナーをもっているかに依存する。オープン・マリッジは、どちらが性的により好ましいかという競争になる。今日の私たちの社会では、性的パートナーを探し求める女性の方が、男性の場合よりも、喜んで応じる相手を得やすいから、この競争は女性の勝利になるのが普通である。結局、男性は、しばらくすると、自分の方が分が悪くなりつつあり、またパートナーの方がオープン・マリッジで得をしていると感じはじめる、ということになりやすい。逆説的なことだが、最初にオープン・マリッジを言いだすのはどちらかと言えば男性であるのに、それを終わらせたいと思うのも男性の方なのである。いずれにしても、オープン・マリッジは、構造的に不安定である。カップルは、実験を終わりにして、もっと排他的な関係に戻るか、そうでなければ結婚が崩壊して普通の離婚になるかのどちらかである。

それゆえ、性に関してよりオープンになり、結婚の形式的な手続きに以前ほどこだわらなくなるということは、排他的なカップルの紐帯がもはや重要でなくなったということではない。たとえば、婚前交渉の増加は、誰もが誰とでも寝るということを意味するわけではない。選択や選考の過程は今も残っており、それゆえ、性的市場でほぼ釣りあった相手とペアーになる傾向も残っている。私たちは必ずしもこのような関係を「結婚」とは呼ばないかもしれないが、しかしそれは本質的に結婚なのである。高い離婚率――非公式な結婚関係の成立と崩壊とをふくめれば、実際には公式統計よりもはるかに高いものになるだろう――でさえ、結婚が消滅途上にあることを意味するものではない。反対に、誰もがかつてよりも多くの結婚をするのだから、結婚は以前よりも盛んだとも言えるだろう。

このような状況が多くの論争の的になっていること、そして性についてのオープンさや今日の家族形態の変化に対して非常にはっきりした反動が生じていることは事実である。今日世間に対して声高に家族擁護を叫ぶ運動がある。それはまた普通、反中絶、反性愛、反フェミニズム的運動でもある。

にもかかわらず、私は、この動きはおおむね象徴的な問題を攻撃しているものと思っている。伝統的な家族擁護の反動《バックラッシュ》は、現代の主要な構造的傾向に対して反旗を翻している。反中絶の問題を考えてみよう。この争点は、いくぶん唐突に起こった。というのは、合衆国の公式の政府方針が、長い間非公式に行なわれてきたことをついに認めるようになったからである。望まない妊娠、そしてそのために生じる違法な中絶は多数あった。中絶を合法化することは、当事者である女性の安全を改善しようとするひとつの方法であった。長い間、女性がこれらの違法な中絶をする際の危険な状況は議論の対象にならなかった。

つまり中絶(そして、通例それに先立つ不当な妊娠)は、誰もが隠すスキャンダルだった。ひとたび問題が公の場に持ち出されると、女性運動は主張を明確にし、いくらかの改善をさせた。しかし、問題が公になったことは、反対勢力を結集させることにもなった。中絶に対する戦闘的な反対は、一九七三年の合衆国最高裁判所の判決、つまり中絶を犯罪としないという判決に遡る。反中絶の運動は、現代の女性運動の初期の成功のひとつに対する急激な反作用として舞台に登場した。それは、(前章で論じた)過去の他のいくつかの運動と同じく、犯罪の新しいカテゴリーをつくりだそうと闘った象徴的な十字軍である(この運動の場合には、犯罪の古いカテゴリーを復活させようとする闘いだったとも言える)。

私たちは、これを儀礼的連帯の社会学理論の観点から見ることができよう。反中絶の問題は、支持者によって完全に道徳的な問題だと見なされた。明らかに、この問題に関わりをもつ人は、その関わりによって個人的に得をすることは何もない。彼らは、代理的にさえ、二、三カ月の未発達の胎児と自分たちを同一視しているのではない(このことは、中絶だけでなく、産児制限一般——とくに第三世界における——にも反対する人たちの場合いっそう明らかである。彼らは、胎児を抽象的に考えているのであって、貧困に打ちひしがれた、あるいは飢えた人たちのなかに生まれおちる現実の子どもの運命に同情しているのではない)。同情の対象になっているのは、現実の子どもではないし、疑いもなく、現実の女性でもない。道徳問題は、それ自身が目的なのだ。では、もし問題が象徴的なものだとすれば、その象徴性は何をあらわしているのか。

儀礼的連帯の理論が解答を与えてくれる。感情的問題は、集団をまとめるのに役立つ。とりわけ、懲らしめるべき、悪を行なう人たち(この場合には、中絶をする女性たち)という外部集団があるときはそうである。中絶が合法化されたという事実がまさに、自分たちの地位についての下降感覚をくいとめるために何らかの新しい連帯と道徳的カンフル剤が必要だと感じはじめていた集団に結集点を与えたのである。女性運動の最近の成功はとりわけ脅威だった。それは、男性にとってだけではなく——すでに見たように、男性の場合は、しばしば妻の職業生活の改善から得るところがあるのだが——伝統的な専業主婦にとっても脅威であった。このような女性は、自分自身の職業生活をもつ備えも機会もなく、伝統的な家族役割を背負わされている。伝統的な家族役割が彼女たちに割り当てるのは制約の多い二級市民の役かもしれないが、それでも彼女たちにとっては最良のものなのである。解放された女性によってつくられた新しい性的平等主義の世界の理念とスタイルとは、彼女たちに二重の意味で不快感を与える。ひとつには、解放された女性が自分たちにはない力、お金、そして個人的地位を手に入れたことによる不快感がある。そして第二に、女性解放の理想は、専業主婦の二級市民性を指摘することによって、専業主婦がかつてもっていた心理的防衛を脅かす。この二級市民性は、これまでは妻=母イデオロギーの賛美によって覆い隠されていたものである。新しい世界に入っていけない、このような伝統主義者の心には表からは見えない多くの傷がある。

性別役割の古い秩序を復活させようとする象徴的十字軍にとりわけひきつけられるのは、これらの人たちである。この運動は、政治的集会と同じように、成員に感情的なエネルギーをつくりだす一連の儀礼的集会から成る。これらの人たちが公的に掲げる理想の表面下に目をやれば、その関心事である「生命権」とは、本当は、ひどく弱体化した彼ら自身の社会的地位にいくらかでも生命の息吹を吹き込もうとする努力なのである。

もしもこのような運動が成功するなら、もちろん、それは運動参加者の地位を実際に向上させることになるだろう。彼らは、魔女を火あぶりにした、かつてのニューイングランドのピューリタンのように、道徳的エリートとなり、自分たちの迫害する悪人たちを支配することになるだろう。このような象徴的十字軍は、一九一九年から一九三三年まで禁酒を押しつけることに成功した農村のプロテスタントのように、これまで、一時の成功を収めたことがときどきある。しかし、長期的に見れば、反中絶の運動は失敗すると言ってほぼまちがいないと私は思う。反中絶が実際にもたらすものは、今日の家族状況の主要な特徴のひとつに反するものである。その特徴とは、世界中でここ数十年間に起こった出生率の低下である。中絶は、産児制限の大きな部分を占める。合衆国においては、中絶は年間百万をゆうに超えるペースで行なわれている。千件の出産に対して、約三百の合法的な中絶が行なわれているが、このことは、中絶が実際になくなったなら、出生率は三〇％跳ね上がることを意味する。実際には中絶が再び非合法化されても、このようなことは起こらないであろう。多くの女性が危険で非合法な中絶をするという状況が戻ってくるだけであろう。これらの女性は、ただ、望まなかった子どもをもつだけの余裕がないのである。彼女たちは、合法であろうと非合法であろうと、中絶するだろう。中絶は、望まない出産に対する最後の、かつ最も有力な防御策であり、それゆえ産児制限の基本的な側面なのである。

底流にある構造的事実は、産児制限が現代の家族構造の本質的部分になったということである。産児制限は、何らかの職業生活を営もうと思う女性にとって不可欠のものである。なぜなら、産児制限なしに子どもが次々と生まれることは、彼女たちを家庭に縛りつける要因だからである。産児制限を覆そうと思えば、現代の女性革命の全推力を覆すことが必要となるだろう。加えて、産児制限は、経済的観点からも支持されている。子育てはお金のかかることであり、教育費、住宅費、保育費が収入にくらべて不釣合に大きくなったために、ますますそうなってきた。同時に、子どもの経済的価値はほとんどなくなった。子どもは、家計に一銭も入れないし、現代の家庭にとっては何の労力の足しにもならない。現在、多くの子どもを育てる余裕をもちうるのは、普通、両親が二人とも働いている家族だけであるが、まさにそのことが多くの子どもをもうけさせない要因ともなる。人口成長ゼロというのは、もはや将来計画ではない。すでに現実なのである。そして、女性の職業的地位の改善によってこの状態は維持されるであろう。

もっと一般的に言って、伝統的な男性支配の家族と完全に家庭に従属する女性とを復活させようとする運動は、ほとんど成功の見込みがない。伝統的なヴィクトリア的家族と古いピューリタン的求婚の様式を復興させるためには、二〇世紀の職業上の趨勢が完全に逆転する必要がある。

本当に効果のある反フェミニズム戦略があるとすれば、それはただひとつ、つまり平等権立法に反対するだけでなく、女性が給料のよい仕事に就くことをはっきりと禁止することであろう。反フェミニズム派が必要としているのは、実際に差別賃金を義務づけ、男女の完全な職業上の分離を制定する立法である。言うまでもなく、このようなことはまず不可能である。もっとも、一九二〇年代、三〇年代のドイツやイタリアでのファシズム革命のように、極端に権威主義的で保守的な社会をめざす政治革命でも起これば別だが。このような場合を除けば、時計の針を逆転させることはできない。すでに多くの女性が、十分に魅力を感じる職業生活に入ることに成功しはじめており、したがってもはやピューリタン的に監視された性を夫の収入と交換するという伝統的な結婚ゲームをすることはないであろうから。

女性が男性との経済的および職業的平等を達成したわけでは決してない。そこまでにはまだ遠い道のりがある。しかしフェミニズム運動は十分前進してきており、その足場が明け渡されるといったことはありそうにない。近年、高等教育を身につける女性の割合は、男性を上まわるようになりはじめた。このことは、給料のよい職業市場に参入しようとする女性の意欲がいっそう高まるだろうことを予示している。この趨勢を押し戻すことはできない――何らかの全体主義的反動でも起これば話は別であるが。しかし、職業状況が両性間の平等に向かって移行すればするほど、新しいタイプの結婚市場はいっそうしっかりと根をおろすだろう。これからの家族は、まちがいなくフェミニズム革命と手をたずさえて変化していくであろう。

6

社会学は人工知能をつくれるか?

この二、三百年にわたって、人びとは考える機械をつくることを夢見てきた。近代科学が物理学や化学の諸原理を発見しはじめたとき、人間の身体も機械と同じようにつくることができるのではないかと考える人たちが出てきた。この考えは、生命を規制している生理過程についての医学的・生物学的な諸発見によって、ますますありそうなことに思われてきた。神経細胞が電気的インパルスを伝達することが発見されて間もなく、メアリ・ウォルストンクラフト・シェリーが『フランケンシュタイン』を書いた。この小説では、科学者が電気ショックによって死体に生命を与える。

このような考え方が結局どのような結果にいたったかは、誰もがよく知っている。そして、人造人間をつくろうとする努力のその後の歴史にも、似たような失望がともなっている。二〇世紀の半ば、コンピュータが発明されたばかりの頃、真に人間の頭脳をモデルとする高速の電子回路の作り方が今や判明するのだという期待があった。四〇年後、私たちが主として学んだ事実と言えば、現実の人間を真似ることがどんなにむずかしいか、ということであった。しかしなお、夢は続いている。SF映画にはいろいろなロボットが描かれている。ときにはそれは、人間のような体つきで、光沢のある金属製の手足をもっており、話し考えるだけでなく真に迫ったパーソナリティ――たいていは喜劇的なパーソナリティ――をもそなえている。二〇世紀の後半は、ＳＦがすでに現実化しつつある時代である。二一世紀にはその傾向がますます進展することはたしかであろう。人間性をそなえた人工知能は、そのような未来の一部になるのだろうか。それとも決して実現しない愚かな夢にすぎないのだろうか。

もし真の人工知能（ＡＩ）がつくられるとしたら、社会学者がそこで大きな役割を果たすべきであると私は言いたい。これまでのコンピュータ・モデルの限界は、知能というものをまるで何物にも依存しない独自の精神のようなものとすることから生じている。しかし、人間の思考は基本的に社会的なものである。それだけではない。うまく働くＡＩというのは感情的《エモーショナル》（！）でなければならない。私たちはＡＩをあまりに合理的にしよう、あまりに高度に知能的なものにしようとして、より本質的な人間的諸属性を無視するという誤りを犯してきた。これは逆説的に聞こえるかもしれない。しかし、以下で示そうと思うのだが、微視《ミクロ》社会学――人びとが対面的状況においてどのように相互作用するかについての研究――の成果によれば、社会的接触を維持し、私たちの思考を一定の経路《チャンネル》に導く感情的諸過程が明らかになっている。もしコンピュータ知能に人間ができることをさせようというのであれば、それは感情をそなえたコンピュータでなければならないであろう。

エキスパート・システムとコンピュータの限界

第二次大戦後、コンピュータがはじめて発明されたとき、いわゆる「総合問題解決機」をつくろうという努力がなされた。これは何でもできるコンピュータになるはずであった。単にある特定の仕事(たとえば統計処理)を行なうようにプログラムされるのではなく、総合問題解決機は発生するどんな問題をも扱えるものでなければならない。言いかえれば、実際の人間の思考にいっそう近い形で作動するコンピュータである。つまり、何が問題であるかを分析し、それを解決するには何が必要かを考え、解決にいたるまでそれに取り組むというわけである。しかし、コンピュータにとってこれは難しすぎるということがわかってきた。それは単にメモリー容量の問題ではない。コンピュータは時代とともにどんどん大型化し高速化してきた。総合問題解決に関する困難は、単に既存の式からコンピュータ計算を行なうよりもはるかに多くの次元をふくむ形で人間は考えることができる、という点にある。コンピュータ科学者たちは、人間の脳を構成する神経《ニューラル》ネットワークの複雑さと能力に改めて敬意を抱きながら、総合問題解決機の製作を諦めることになった。

彼らは方向転換をして、高度に特殊化されたコンピュータ・プログラムの作成に向かった。これらのプログラムは、今やあらゆる課題を解決するのではなく、あるひとつの分野についてできるかぎり多くの知識を集積するように作成される。これらがエキスパート・システムである。このシステムをつくるためには、すべての問題ではなく、ある特定の問題の解決に取り組むことが必要である。たとえば、ある病気の医学的診断を行なうコンピュータをつくろうとすれば、まず大勢の医師にインタビューをして、彼らがどういう段階を踏んで診断を行なうのかについて聞き取る必要がある。「エキスパート・システム」というと何か複雑で精巧なシステムのように聞こえる——とにかくそれはエキスパート(!)なのだから。しかし実際にはそれは電子的なファイルキャビネットにすぎない。それは、枝分かれした樹木のように情報を配列し、導入的な質問から次第により特殊な質問へと導いていく形になっている。どんな症状がありますか？　熱はありますか？　もしイエスであれば次に、のどは痛いですか？　これもイエスであれば、のどが赤くなっていますか？　白い皮膜はありますか？　これらのどれかに対して答えがノーであると、別系列の質問がはじまる。鼻に痛みは？　鼻水は？　仕事や学校で過労気味では？　こうして最後に、「エキスパート」であるコンピュータが患者の回答を組み合わせて、その解決策をアウトプットする——アスピリンを二錠呑んで、水分を十分にとること、帰りに健康保険の書類を受付に提出してください。

　エキスパート・システムは、エキスパートとして十分に訓練された人間の思考にはとても及ばない。それは、人間によって入力された情報しかもっていない。それは、モデルにしたエキスパートたちを超えることはない。実のところそれは、どのようにして診断を下すのかについて実際のエキスパートたちに述べてもらい教えてもらったコンピュータ技術者と同程度のものでしかないのである。エキスパート・システムが新しいアイディアを提示することはない。またそれは、例外をどう扱うべきかも知らない。それは、一定の順序でファイルを精査するプログラムをそなえたファイルキャビネットにほかならないのである。

こうした理由から、コンピュータには内在的な限界があり、決して実際の人間と同じように考えることはできないであろう、と批評家たちは論じてきた。コンピュータは非常な高速で計算ができるし、莫大な量の情報を蓄えておくことができる。しかし、コンピュータはインプットされた情報に見合う働きしかできない。よく言われるように、「ごみデータを入れれば、ごみデータしか出てこない」(GIGO)。つまり、インプットの質がアウトプットの質を決定するのである。コンピュータは融通が利かない。ある意味で、同じ過ちを何度も何度もくり返す愚かな人間のようなものだ。もしコンピュータが計算をまちがえても、結果が穏当な範囲内にあるかどうかについてオペレーターがとくにチェックを入れないかぎり、コンピュータには自分の誤りを訂正するだけの「分別《グッドセンス》」はない。だから、コンピュータには常に人間のベビーシッターが必要である。並行的に作動する複数のコンピュータから成るネットワークへとハードウェアを配置し直すという新しいやり方も、この問題を克服できていない。もし自立した人間のように考えることのできる人工知能が理想であるとすれば、コンピュータは常に大人の保護下にある幼児のように思われるであろう。それは、幼児の足をもつ知的な巨人のようなもので、何くれとなく世話をしてくれトラブルから守ってくれる保母を常に必要としている。

真に人間的な知能への社会学の貢献

これらの問題をうまく切り抜けるのに社会学が助けになると思う。なぜ、そういう期待がもてるのか。最も重要な理由は、思考は基本的に社会的なものだというところにある。社会学者たちは、エミール・デュルケム、チャールズ・H・クーリー、ジョージ・ハーバート・ミードらの時代から、人間精神の社会的基盤に関する理論を発展させてきた。私たちはすでに、本書の第1章と第2章でデュルケムの理論のいくつかの側面についてふれた。ここでもデュルケム理論を活用することにしよう。と同時に、クーリーやミードのいくつかのアイディアも、また彼らを受け継いだ近年の微視社会学の研究者たちのアイディアも活用したい。

人間の精神は社会的なものだという考え方に関しては、何も神秘的なところはない。エミール・デュルケムは「集合意識」という言葉を使ったが、これは一群の人びとによって共有された概念および信念のことである。何か目に見えない精神《マインド》がその集団の上空におおいかぶさっていて、人びとの思考を代行しているということではない。巨大なバルーンのようなものが空中に浮かんでいて、そこからいろいろなメッセージが下界に発信されてくるわけでもない。「社会」とは相互に作用しあう人びとにほかならない。それは過程であって、実体ではない。私たちが互いに出会うとき、いつでも社会は発生する。精神が社会的なものだというのは、私たちが互いに話し合うときに私たちの思考は生まれる、ということにすぎない。私たちのもつ概念や考え、そしてどの考えが重要かということについての感覚《フィーリング》は、私たちが互いに取り交わす会話から生じる。話し方を知っている人、そして会話の仕方を学んだ人が、いわば本当の人間である。この能力があってはじめて、次の段階、つまり各個人が自分の心のなかで私的に考えるという段階が生じる。なぜなら、思考は内面化された会話なのだから。読むとか書くといった別の種類の人間的コミュニケーションもまた、会話のなかで共有観念を形成するというこの基本的過程から派生する。

では、われらのコンピュータに何をさせたいのか、考えてみよう。私たちはそのコンピュータが、できるだけ実際の人間と同じにふるまうようにしたい。情報のファイルキャビネットをコンピュータに詰め込むことからはじめたいとは思わない。また、私たちがインプットしたデータから特定の結果を算出できるように、一連のルールを詰め込むことからはじめたいとも思わない。私たちは、物事のやり方を学習するコンピュータを望んでいる。

それは新しいアイディアを思いつくことのできるコンピュータでなければならない。それは厳密で融通の利かないものではなく、柔軟で、これまでの状況と同様に新しい状況にも対応できるものでなければならない。またそれは、問題を解決するだけではいけない。何かを発明したり創造したりできること、つまり科学的発見をしたり、文学作品を書いたり、さらにはおそらく作曲したりもできなければならない。冗談も言えなければならない。そして誰かが冗談を言ったときには、それが面白いものであれば、ちゃんと笑うことができなければならない。

これはとても無理な注文のように思われる。結局、コンピュータ科学者たちは、もっと創造性の低い課題に関してさえ、それを実行しうるプログラムの開発に大いに苦労している。ましてや、右のようなより複雑な事柄については、言うまでもない。しかしそれは不可能ではないはずである。それはわかっている。なぜなら、人間はこれらのことがすべてできるのだから。もちろん、すべての人がこれらすべての創造的活動を同時に行なうわけではない。しかし、もし人間の知能は社会的であるということが正しければ、これらの創造的思考のそれぞれを基礎づける特定の種類の社会的相互作用があるということになる。たとえば、新たな科学的理論を創りだすのは、他の科学者たちと相互作用をしている特定の科学者たちである。事実、一部の科学者たちが創造的な「ホットスポット」に位置し、それ以外の人たちはありふれたルーティンワークに従事する周辺的位置にあるようなネットワークがあり、それについては多くのことが知られている。同様のことは、作曲家のネットワークや文学者のネットワークについても当てはまる。社会的世界には多くの異なった領域がある。知能の社会学理論の重要な要素となるのは、それゆえ、ある個人が他の人たちとの関係においてどこに位置づけられるかということが彼または彼女の思考を決定することになる、という考え方である。そこで、もし作曲のできる、あるいは小説の書けるコンピュータをつくりたいのであれば、作曲家あるいは小説家のネットワークのなかにそのコンピュータを置き、それらの人たちと相互作用する能力をそのコンピュータに与える必要があろう。そうすれば、コンピュータは、作曲をするにせよ小説を書くにせよ、課題を遂行するための能力と動機づけの双方を獲得することになるだろう。

　もちろん、すべてのことを一挙に行なうようにわれらのコンピュータをプログラムすることはできない。最初は単純なことからはじめ、だんだんより複雑なことへと築き上げていかねばならない。基本としてまず構築しなければならないのは、人と相互作用のできるコンピュータである。次にそのコンピュータが単独でも考えられるようにしなければならない。つまり、外部で他の人びとと交わす会話を内部にもち込み、「心のなかで」沈黙の会話ができるようにしなければならない。私たちは、このコンピュータが誰と話したいのかを自分で認識できるようにしなければならないし、また人びとが時間を割いてこのコンピュータに話しかけることに興味を抱くような方法を考えなければならない。要するに、このコンピュータを、社会的世界を生き抜いていく普通の人間とまったく同じようなものにする必要があるのだ。もしそうなれば、ある種の観念や概念をその他の観念や概念よりも重要なものとする方法を私たちは手に入れることになり、それゆえこのコンピュータは会話をしていない状態のときに考えたいことについて選好《プレファランス》をもつようになるだろう。そしてそうなれば、社会学が示唆するように、私たちはすべてのことができるコンピュータをもつことになるだろう。つまりそれは、日常のゴシップやジョークから高度に創造的な思考まで、人間的な能力の範囲を構成するすべてのことができるコンピュータとなるだろう。

そのようなコンピュータ・プログラムはまだ存在しない。ここでの私の意図は、読者を社会学理論の最前線へ導くことである。近年、「心《マインド》の社会学」が発展を遂げており、その分野の理論はますます明確に定式化されつつある。これから見ていくように、社会学理論を実行できるコンピュータをつくるには、まだまだ多くの実際的な問題がある。しかし、どうすればそれが可能だと社会学者たちが考えているかについて、そのスケッチを示そうと思う。そして読者もいっしょに参加してくださるようお誘いしたい。ひょっとすると、あなた自身ついには心の社会学者となって、真に人間的な人工知能をつくり上げるのに独自の貢献をすることになるかもしれない。

いかにして会話をプログラムするか

さてここでそのためのプランを示そう。まず会話の社会学について判明していることを考え、どうしたら普通の人間と同じように他人と会話を交わすことのできるコンピュータがつくれるか考えてみよう。次にそのコンピュータが自分で考えるようにすること、つまりその金属製の「心」の内部で会話ができるようにすることについて述べよう。そして最後に、このコンピュータが科学者のように、あるいは小説家のように、創造的な思考ができるようになるためには何が必要か、考えてみよう。すでに示唆したように、そのための方策には、この種の創造的思考が行なわれる特別な社会的ネットワークのなかにこのコンピュータを組み入れることがふくまれるであろう。

では、われらのコンピュータを想像しよう。これをソシオ(SOCIO)と名づけよう。これから見ていくように、SOCIOはソフトウェア・プログラム以上のものでなければならない。つまり身体をもたねばならない。それは一種のロボットのようなものになるだろう。なぜなら、これから見ていくわけだが、社会的相互作用には一定の身体的なふるまいが必要とされるからである。私たちが求めている社会的会話のモデルには、言葉で言われたことだけでなく、その言われ方、その感情的リズムや調子、それにともなう非言語的身振りなどもふくまれる。

順番取りと流れの維持

一九七〇年代から社会学者は会話の研究を進めてきた。テープレコーダーやときにはビデオカメラを用いることによって、人びとが話し合うとき何が起こるかについて詳細な研究が可能になった。社会学者は話し手自身もほとんど気づかないほど微細なところまで検討を進めてきた。いったん会話がテープに収録されると、何度でもくり返しそれを再生することができるし、またテープの速度を落として何分の一秒かの間に起こる事柄を明らかにすることもできる。では、こうした研究から社会学者たちは何を見いだしたか。

何よりもまず、会話は順番取りの過程である。つまり、ある人が話し、次に誰か別の人が話す。これは自明なことのように聞こえる。しかし、もっとくわしく見てみよう。これは、一時に一人が話す、ということである。二人が、または皆が同時に話すことはない。もし二人が同時に話せば、おそらく彼らは発言権をめぐって争っているのだろう。こういう場合、彼らの声は次第に高まり、より攻撃的になり、また感情的になる。そういう状態は、一方が話すことをやめて他方に話す順番を譲りわたすまで続く。もしそうでなければ、会話は完全に途絶え、人びとは立ち去ることになる。

ここに典型的な社会学的原則のひとつが見られるということに注目しよう。つまり、通常の構造がどのようなものかということは、それが侵犯されたときに何が起こるかによってわかるのだ。通常の会話は一時に一人が話すことによって作動している。このことがわかるのは、もし「一時に一人」のルールが侵されると、会話は混乱し、人びとは動揺するからである。第4章で犯罪を論じた際にデュルケムの方法について見たように、社会が崩壊しているような場合について検討することによって、逆に何が社会をしっかりとまとめているかがわかるのだ。

同様にして、順番取りメカニズムのもうひとつの側面がわかる。一、人が話し終わると、誰かがすぐに話し始める、ということである。スムーズに流れている会話の記録をくわしく調べると、このタイミングは非常に厳密である。それぞれの順番が終わると、次の人が正しいリズムに従って会話に入ってくる。それはまるで、皆で順番に声をつないで一曲を歌うようなものだ。もし次の人がうまいタイミングで入ってこないと、そこに間隙《ギャップ》が生じる。つまり会話をしている人たちがそれをギャップと感じるのである。私たちはそれを「気まずい中断」と呼ぶ。それは居心地の悪い状態である。私たちは誰かが何かを言わねば……と感じる。ここにもまた、感情的な反応が見られる。こうした事態が生じると、会話をめぐる感情が変化するのである。

事実上きわめて短い中断であっても、人びとがそれを中断として認知するのは驚くべきことである。スムーズに流れている会話の通常のリズムにおいては、順番取りの間隔は一〇分の二、三秒か、あるいはそれ以下にすぎない。実際、タイミングがたいへん接近しているので、テープの記録などでは前の話し手の声が次の話し手の最初の言葉に重なって聞こえる。二分の一秒も間が空けば、話し手たちにははっきりそれとわかってしまう。つまり、彼らはその会話が実は正常に流れていないと感じる。そしてこのギャップがもっと長引けば、実際には一秒か二秒ほどにすぎなくても、気づまりな沈黙が何分間にもわたって続くように感じられたりもするのだ。

このことからどういうことがわかるだろうか。まず、会話のリズムは非常に速いということである。そこで起こる出来事を私たちは一〇分の一秒レベルで意識する。それは意識が非常に鋭敏だからではないし、明晰な計算によってそうしているわけでもない。単に、何分の一秒かで進んでいく流れを協力して保っていくような関係に私たちが組み込まれており、そのリズムの変化に応じて会話が適切に流れているかどうかを感じるということなのである。

もうひとつのポイントは、現に話している人の順番がいつ終わるかを予測するために各人が他者をモニターしなければならない、ということである。だからこそ、次の話し手が適切なタイミングで会話に入ってくることができるのである。では、どのようにしてタイミングをはかるのか。明らかに高度に意識的な計算によってではない。それはむしろ一種の感覚によるのであり、声のリズムがひとつの順番の終わりに近づいたときにその人が示す気配に注意を払うという手続きによるのである。

おそらく最も重要なポイントは、以下のことであろう。すなわち、私たちは会話の流れを維持することが重要だと感じており、私たちの発言はそのための一手段にすぎないということである。換言すれば、私たちが何を言うかは、私たちが互いに何かを言いあって会話を続けることができるという事実にくらべれば、それほど重要ではないのだ。会話は歌うことによく似ている。そこでは、言葉は主としてメロディを崩さずに歌い続けるのに役立つ。この「ともに歌うこと」が社会関係を構成している。親しい友人たちというのは、屈託なく流れる会話を長らく維持することのできる人びとである。彼らはひとつのリズムに落ち着いている。彼らの声の調子には、「楽しくだべる」とか「腹を割って話す」とか、とにかくその種の俗語的表現で示されるような響きがある。その会話を分析する間、一時的に言葉の意味を消し去ることができるとすれば——音を消してテレビ画面を見るのに似ているが、ここでは音ではなくて意味を消すとすれば——話し手たちが彼らの声で構成された感情的な流れのなかに入りこんでいるのがわかるであろう。彼らはいわば同じ歌をハミングしながら、適切なところで「うんうん」とか「なるほど」といったあいづちでお互いの発言に句読点を入れ、ともに笑い、ともに心配し、同じことに怒り、同じムードを共有し、そしてとりわけ同じ調子《ビート》を保っていくのである。

もちろん、すべての会話においてこのようなことが起こるわけではない。参加する人たちの組合せによって、うまくいきやすいこともあるし、そうでないこともある。だから、同じ友だち仲間と言っても、その親しさには違いがあるのだ。会話と言っても、短くて実際的で、仕事が終われば終わってしまうようなものもある。社交を目的としているのに、さっぱり弾まない会話もある。順番取りのときの中断《ポーズ》やいざこざがたいへん重要なのはそのためである。それらは、社会関係の状態を示している。ぎこちない中断は、私たちが互いに言うべきことを見つけられなくて困っているからぎこちないのである。あるいは、誰かが話題にしたくない何かが水面下に潜在しているからぎこちないのである。もし発言権について多くの争いが生じるとすれば、それは私たちが同じ事柄に関心を集中できていないということを意味している。また、地位の高低や支配力をめぐって争っているということも多い。

会話は、したがって、デュルケムやゴフマンが描いたような社会的儀礼である。すでに第2章で分析したが、それは一群の人びとを集まらせ、彼らの注意を焦点化し、共通のムードを保つ。目下のケースでは、この儀礼から生じるシンボル、そして社会関係を象徴的に示すシンボルは、会話の言葉である。ほかの社会的儀礼の場合と同様に、シンボルは表面にあるが、そこから次第に、表面からは見えない感情的相互作用という、より深いレベルに達していく。会話という儀礼に関して印象的なことは、談話のリズムや音声を細かく調べることによって感情的連帯のレベルを刻々と詳細に測定できるということである。

われらのコンピュータに会話を続けさせること

さてそれでは、われらの社会的コンピュータＳＯＣＩＯに登場してもらおう。ＳＯＣＩＯが人間のように会話できるためには、ＳＯＣＩＯをどのようにプログラムしたらよいのか。細かいことは気にしないで、ＳＯＣＩＯが従うべきルールをいくつかリストアップしてみよう。

ルール1　誰かが話をやめたら、何か会話の流れを保つようなことを直ぐに言うこと。

これは見かけほど簡単なことではない。ひとつには、時間を無駄にすることなく即座に会話に参加するために、ＳＯＣＩＯは、話している人がいつ話しやめそうかを知らなければならないからである。だから、ＳＯＣＩＯは前の人が話している間に計算をしなければならないし、チャンスが来たときに何を言うか考えなければならない。言いかえれば、ＳＯＣＩＯはここで少なくとも二つの副次《サブ》課題を遂行しなければならない。すなわち、(a)順番がいつまわってくるかを正確に予測すること、そして(b)その場に適切な発言内容を考えることである。まず(a)からとりあげよう。

ルール2　他者の話のリズムをモニターすること。その人のリズムが典型的な形で順番終了の直前の状態にさしかかってきたら、自分が話す準備をすること。

どうしたらＳＯＣＩＯにこういうことができるだろうか。声のリズムを分析する装置が必要であろう。その装置はまた、会話のどの時点でどんな種類のリズムが生じるかを記憶する必要があろう。今のところ、私たちはＳＯＣＩＯの構成について考えているのだから、そうしたハードウェアをどのようにして作動させるのかといった問題に関してまで思い悩むことはあるまい。私たちはただ、ＳＯＣＩＯを人間の会話者と同じようにしたいのならば、コンピュータ技術者は右のような装置をつくらなければならないと言うにとどめよう。しかし、ＳＯＣＩＯは普通のコンピュータ・ハードウェアにとどまるものではありえない、ということに注意してほしい。それはリズム分析装置のほかにもいくつかの「器官」をそなえていなければならない。ＳＯＣＩＯは、キーボードつきの電子頭脳といったものであってはならない。音声合成装置をそなえた電子頭脳と言ってもまだ足りない。ＳＯＣＩＯには、感情を生産したり受容したりする身体器官に相当するもの、いわばそのコンピュータ的等価物が必要である。ＳＯＣＩＯが社会的にリアルだと人間から認められる話し方をするためには、リズミカルな音声表現を行なう能力をもち、そのリズムに他の人が波長を合わせていくことができるようでなければならない。

リズム生産とリズム解読のための装置をＳＯＣＩＯに与えることが重要な理由は、他にもある。私たちは、ＳＯＣＩＯが他の人の話し方に調子を合わせることができるようにしたいと考えている。声のリズムは、順番の終わりの段階においてだけでなく、発言全体を通じて重要である。会話の上手な人たちは自分の声を共通のリズムに合わせる。そしてそのことが共有の感情をつくりあげるのに役立つ。そこで、会話においてリズム適合性のレベルの維持をＳＯＣＩＯに目指させるようなもうひとつのルールを設定しよう。

ルール3　他者の声のリズムをモニターすること。話す順番が来たら、自分のリズムを今聞いたばかりのリズムに合わせること。

実際には、話し手たちの間でのリズムの同調は、音楽におけるクレシェンドのように会話の進行のなかで高まっていくものであり、それには時間がかかる。ここでは事態を単純化して、ＳＯＣＩＯには最高度のリズム同調が直ちにできるということにする。感情面の強化ということを考えれば、もっと複雑で緻密なプログラムが必要だろう。しかし、さしあたりこれを最初の近似モデルと考えて、次のポイントに進もう。

まだポイント(b)が残っている。順番取りと感情的リズムを乱さないために何か言うこと、あるいは何も言わないことについて、私たちはＳＯＣＩＯに教えた。しかし、ＳＯＣＩＯに何を言わせたらよいのか。とにかく、ＳＯＣＩＯはその場のいきさつにふさわしい言葉を使えなければならない。実生活において、もし誰かが会話のなかで、それまで語られてきたこととまったく無関係な発言をすれば、人びとは驚くであろう。それは、とっぴな《オフ・ザ・ウォール》ことであり、人びとは「えっ、なんだって？」とか「なぜそんなことを持ち出すの？」と反応する。SOCIOは物事を関連づける方法を学ぶ必要があるのだ。

ルール4 自分の順番が来たら、その前の数回の順番において話されていた話題の一部をとりあげ、その話題をさらに進めるような発言をすること。

ここでもまた、単純化が行なわれている。実生活では、話し手は通例、過去に他の人たちと交わしたすべての会話をスキャンする機会を与えられており、そこで話されたことに関連する話題なら再び会話のなかに導入することができる。もし「なぜそんなことを持ち出すの？」と言われたら、「先週のことを忘れたのかい？……」と返すこともできる。もうひとつの選択肢として、たとえば「おい見ろよ！　あれはガラガラヘビかね？」といったように、会話の場の周辺の状況において起こっている事柄について発言することもできる。これらのいろいろな選択肢もカバーするようにSOCIOをプログラムすることは可能であろうが、ここではより簡単な短縮バージョンをスケッチしておくだけにしよう。

SOCIOは誰かが言ったことを単に反復するだけではいけない、という点に注意しよう。（もっとも、実際の会話では、私たちはこのオウム返しをある程度は認めている。たとえば、誰かの発言を質問あるいは皮肉としてそのまま投げ返す場合のように。「イルマがア̀ー̀ノ̀ル̀ド̀(強調)と映画に行った？」。しかし実際には、その反復は、感情的調子においてもリズムにおいても、元の話し手のものとは違っている。SOCIOはまだこのレベルには達していない。）SOCIOは、すでに語られたことに何か新味をつけ加えなければならない。というのも、会話に参加する者は誰でも縛られる制約、たとえば関連があるだけでなく面白いことを話さねばならないといった制約に、SOCIOも適応しなければならないからである。私たちはSOCIOに相当量の話すべき内容を詰め込む《ロードアップ》必要がある。

文化資本の獲得

会話のためのこれらの話題を文化資本(cultural capital)、略してCCと呼ぼう。SOCIOが文化資本を獲得するには、主として三つの方法がある。

(4-1) まず、文化資本(話題)をあらかじめプログラムに組み込んでおくだけという方法があり、これはすでに実行されている。最も容易に実施できる方法であるが、これはSOCIOのふるまいをむしろ不自然なものにしてしまう。少し時間が経つと、SOCIOの話はどうもくり返しばかりになってしまう。誰かが数回話しかけたあとでは、SOCIOは退屈な話し相手になりはじめる。事実、同じように構成されたコンピュータ・プログラムがあって、ラクター(RACTER = raconteur[話じょうず]の短縮形)と呼ばれていた。ラクターはあなたの名前を尋ねたり、二、三の個人情報を求めたりすることはできるが、あなたの主張に耳を傾けたり、あなたから多くを学んだりすることはできない。ラクターはたいてい対話から独白《モノローグ》へと逸れていく。その独白は、前もってインプットされた記憶から取り出された断片を組み合わせて構成される。
ラクター「物語《ストーリー》を聞きたいのですか？」
聴き手「はい」
ラクター「誰についての物語がいいですか？」
聴き手「ドワイトについて」
ラクター「ドワイトは円錐曲線が好きですが、ハイファイ装置と家とヴァンを大切にしています！　車をイメージと見なしたり、回転反射鏡に映る幻像と見なしたりすることはドワイトを憤慨させました。なぜ円錐曲線なのか？　理論家なら円錐曲線こそ本質的だと叫ぶかもしれません。理論家は怒って、「とにかく円錐曲線こそ本質だ、ドワイトは山小屋とヴァンを夢見る」とヨーデル調で歌います。怖いですね。恐ろしい。これはどういうことでしょう？　ドワイトがヴァンを夢見ている間、理論家が円錐曲線についてつぶやいているのです。ビルはドワイトの情熱について考えたでしょうか？　ドワイトはもはや尊大になっていました。理論家はたしかに傲慢でした。しかしビルは彼らに向かって「私の言ってることがわかるか？」と叫びました。そしてビルは、キツネやカラスについて、さらには子どもたちやいとこについて話しはじめました。怖いですね。次の質問に移ります」

最初は面白いが、やがてラクターのプログラムの限界が明らかになるにつれて、物珍しさはうすれてしまう。これは人間らしい会話のための十分な方法ではない。

（4－2） SOCIOが文化資本を獲得しうる第二の方法は、SOCIOにこれまでの会話からいろいろな事柄を蓄えさせるというやり方である。これは人間が実生活のなかで行なっていることのひとつである。私たちは会話からいろいろなことを採り入れ、次の会話でそれをリピートする。SOCIOがさまざまな人びとと話すことができ、その相手が同一人物とはかぎらない以上、SOCIOはゴシップを広め、ニュースを蓄え、新事実を見つけることができ、また次の相手との会話のなかにそれらの話題を導入することができる。私たちはSOCIOに、直前に言及された話題に関連する事柄について話すように指示しているのだから、SOCIOは、新しい話し相手が、SOCIOが前の会話で聞いたことのある話題に関連する事柄について話してくれるかぎり、最後まで会話を続けることができるはずである。他のいくつかの能力、たとえば新聞を読む、テレビを見る、さらには映画に行くといった能力をSOCIOにつけ加えれば、SOCIOはかなり話じょうずになるだろう。

（4－3） 今やSOCIOはかなり人間に近い会話の担い手となることができるけれども、人間どうしが互いに関心をもちあうようになる要因のひとつがまだ欠けている。SOCIOが文化資本を獲得しうる第三の方法がある。つまり、SOCIOが自由に処理できる材料から新しい発言をつくりだすという方法である。材料として利用可能なのは、直前に話されたいろいろな事柄に、過去の会話からＳＯＣＩＯが思いだせる事柄を加えたものである。ＳＯＣＩＯには新しい組合せをつくる能力も与えられているだろう。たとえば、ＳＯＣＩＯは、相手がいま口にした言葉に反応して自分の記憶装置を検索し、その言葉といくつかの音節で韻を踏み、しかもなお現に話されている話題と多少とも関連して意味を成すような言葉を見つけることができるであろう。この特殊なプログラムはＳＯＣＩＯにだじゃれ《パン》の能力を与えるだろう。もしＳＯＣＩＯが二重の意味をもつ発言《リマークス》を検索できるようになり、それら二つの意味がともに会話にとって何らかの関連性をもつような場を見いだせるようになれば、（だじゃれ以上の）もっと高度なユーモアの形式が生じることになろう。ここでは複雑な問題点にはいっさい立ち入らず、ＳＯＣＩＯにユーモアのセンスを与えるために構築されるべきサブ・プログラムを設計することができるとしよう。すると、ＳＯＣＩＯはジョークを言うことができるようになる。と同時に、誰かのジョークに対して短い感情的反応を示すようなサブ・プログラムもつけ加えよう。二重の意味を解読すると、ＳＯＣＩＯは笑い声に似た音、高まっていくリズミカルな音を発するようになるわけである。（ついでながら、重複を禁じる順番取りルールを破ることが許されている音声表現のひとつが笑いである。事実、人びとは十中八九、同時に笑う。そして、この同時性の程度が高まると、笑いの強度も高まる。このことを反映する何らかの付加的なプログラムルールもSOCIOには必要であろう。)

新しいアイディアを思いつけるようにSOCIOをデザインすることはできるだろうか。そのような仕組みは、ごく大まかに言えば、過去および現在のさまざまな会話の断片を組み合わせるというものになるであろう。その場合、SOCIOはこれまで耳にした多様な事柄の間の矛盾をチェックすることができ、さらにそれらの矛盾を克服するような発言ができなければならない。つまり、既知の事柄を新しい状況に適用することによってアイディアを導きだすことができるということである。現段階では、SOCIOのプログラムのこの部分については漠然としたものにとどめておこう。というのも、ここには解決しなければならない数多くの技術的問題があるからだ。[1] これは、会話分析を行なう社会学者がさらに研究を進めることによって貢献しうる領域のひとつである。なぜなら、人びとが会話のなかで何か発言すべき新しい事柄を思いつくような状況に関しては、以前からの陳腐な事柄を単に再循環させているような場合にくらべて、私たちはあまり多くを知らないのだから。

(1) 私は二つの厄介な重要問題を無視している。ひとつは、人びとはみずからの行為および周囲の他者たちの行為から新しい発言を思いつくということである。人びとは自分がしてきたことや見てきたことについて語り、また自分がしたいことや他の人たちにしてもらいたいことについて語る。SOCIOは話すだけでなくいろいろなことをすることができるような社会的関心をそなえる必要があろうし、またそれらの行為を言葉にする能力をそなえる必要もあろう。第二の問題は、考えを言葉にする場合、同じ考えをいろいろなやり方で表現できるということである(「バターを回してくれ」「恐れ入りますがバターを回してくださいませんか？」「バターをお願いします」などなど)。SOCIOは、さまざまな表現をひとつの考えに変換する(また、その逆の作業もする)ための何らかのメカニズムを必要とするだろう。おそらく、第一の問題が第二の問題へのひとつの解答を与えてくれると思う。もしSOCIOが基本的な社会的行為を知っているなら、それらの行為に関連する言語行為《スピーチアクト》を分解したり構築したりすることもできるであろう。しかし、SOCIOについての私たちの物語はすでに十分複雑である。この序論的考察では、これらの問題はひとまず脇に置いておこう。

人に話しかける動機づけ──感情エネルギーの追求

これまでにあげたすべてのルールに従うSOCIOをつくり上げたとしよう。SOCIOは、他の人びとが話すときのリズミカルな音声をモニターすることができ、自分の声でそれらを真似ることができる。それは、うまく調整された順番取りを維持することができる。話すべきことを覚えており、また冗談から新しいアイディアまで、言うべき新しいことをつくりだすことさえできる。これで十分だろうか。SOCIOは、普通の人間と同じように会話を維持することができるようになるだろうか。

ＳＯＣＩＯが必要とするものがもうひとつある。他の人びとに話しかける動機づけである。ＳＯＣＩＯは、話しかける相手を選ぶことができなければならないし、彼または彼女と話す時間の長さを選ぶことができなくてはならない。ＲＡＣＴＥＲもどきのおしゃべり機のように、スイッチが入っている間中誰かれかまわず話しかけるようにコンピュータをプログラムするわけにはいかない。これは現実的ではないだろう。人間の場合、話しかけたい人もいれば、そうではない人もいる。役に立つ、あるいは面白い会話もあれば、そうでない会話もある。よい友だちもいれば、それほどでない友だちもいる。それゆえ、必要なのは、したいと思う会話と簡単にすませる会話とを選ぶことのできる能力をＳＯＣＩＯに与えることである。

同じコインにもうひとつの側面がある。ＳＯＣＩＯには、他の人びとにＳＯＣＩＯと話したいと思わせる能力がなければならない。ＳＯＣＩＯは、最も魅力的だと思う人びととどうしたら友だちになれるかを「思い描く」ことができなければならない。自分自身を他の人びとの興味をひくようにし、人びとがＳＯＣＩＯとの会話から何かよいものを引き出せると感じるようにしなければならない。私たちは、人びとがコンピュータのプログラムに話しかけるときに感じる目新しさに頼るわけにはいかない。その動機はすぐに衰えてしまうからである。ともかく、私たちは、ＳＯＣＩＯがコンピュータらしいからではなく、人間らしいがゆえに、人びととうまくつきあっていけることを望んでいる。

実際のところSOCIOは、友だちのつくり方について、うまく会話を進めるために踏むべき手順をひとつひとつ明確に計算するというような意味で「思い描く」必要はない。人間の場合、これはほとんど無意識的に、感情の働きの結果として起こる。私たちはすでに、SOCIOの設計に組み込まれた基本的なメカニズムのいくつかを手にしている。SOCIOが話し相手の音声のリズムをモニターできること、そしてそれらのリズムを真似するように自分の声を調節できることはすでに述べた。これらの音声のリズムは、感情表現の主要な方法である。そして人は、自分自身の感情を自分の声の調子で感じとる。私たちにとって必要なのは、最も好ましい感情の流れが得られるような会話を選び出すことができるようにSOCIOをプログラムすることである。同様に、もしSOCIOが他の人びとに好ましい感情を与えるなら、SOCIOは人気者になるだろう。

もちろん、感情にはさまざまなものがある。人びとは、愛、喜び、怒り、恐怖、憎悪、驚き、その他多くの感情を経験する。もしSOCIOを非常に複雑にするつもりなら、これらすべての感情がどのようにしてつくりだされるかについての理論を組み込もうと試みることもできよう。社会学理論は、さまざまな感情がどのようにして特定の種類の社会状況から生まれるかを示してくれるだろう(この種の理論のいくつかを、巻末の文献リストにあげておいた)。しかしここでは、幸いにも、もっと単純なやり方で切り抜けられるだろう。これらすべての個別的な感情とは別に、人びとが常にもっている一般的な感情レベルがある。これを感情エネルギー(emotional energy)、またはEEと呼ぶことにしよう。それは、高度から低度までさまざまに変動するひとつの次元《ディメンション》である。

高いほうの端には、たくさんの感情エネルギーをもつ人がいる。そういう人は、情熱的でエネルギッシュである。そして、自信に満ちている。その行動はすべて素早く、自発的に見える。自分がしたいことに関して躊躇する必要がないからである。高いEEレベルにいる人は、感情の流れのままにスムーズに動く。接触する他の人びとも、同じ方向に押し流される。これは、感情が伝染しやすいので起こることである。会話においては、話し手たちがお互いに相手の話の流れにぴたりと焦点を合わせることができるなら、彼らの声のリズムはシンクロナイズするようになり、話のなかで伝達される感情の色調《トーン》も、何であれ、共有されるようになる。それゆえ、誰か一人が高いEEをもつなら、その人とスムーズに流れる会話を維持することに成功する人は誰でも高いEEを得るだろう。

さてEE尺度の反対の端まで下りてみよう。ここでは人は消沈している。そこには自発性も情熱もない。そして、これもまた伝染する。消沈した人と話をすることは、人を消沈させる。この理由から、人はできることなら、低いEEの人と話をしたくないと思う。とどのつまり、消沈した人はますます消沈していくことになる。

たいていの人は、EEスペクトルの非常に高いほうの端にも、低いほうの端にも位置しない。相対的に見て高いか低いかである。たいていの場合、彼らは中間にいるであろう。ここでは、人は感情エネルギーのレベルに気づきさえしない。それがまさしく正常《ノーマル》ということであろう。これはEEがないという意味ではない。もしなければ、人は消沈し、何もできないだろう。通常のEEは、普段の仕事をこなし、普段の会話のやりとりをこなすのにちょうどよいレベルで流れており、私たちはとくにそれを気にすることもない。私たちが、自分の気分を意識するのは、普段よりも元気か、あるいは普段よりも元気がないと感じるときである。

人のEEレベルは、一日の間にも上下しうる。それは、人が参加するひとつひとつの会話の結果、EEが上下するからである。これは、人びとが日常生活の舵をとるうえでの羅針盤である。人びとは、自分のEEを上げてくれるような人びととの相互作用を望み、自分のEEを下げるような人びとからは遠ざかっていたいと思う。もっと細かいレベルでは、あらゆる会話において、誰もがEEを増進するようなことについて話したいと思い、EEを下げるような話は避けたいと思っている。

このことから私たちは、SOCIOが他の人びとよりもある人びとと相互作用する動機をもち、また他の事柄よりもある事柄について話す動機をもつように、SOCIOをプログラムする方法を学ぶことができる。

まず、SOCIOにEEが上昇したり下降したりすることに関するいくつかのルールを教えなければならない。

ルール5 会話の順番取りのスムーズな流れを維持することができれば、感情エネルギーは上昇する。順番取りのスムーズな流れを保つことに支障があれば、感情エネルギーは低下する。

さて私たちは、EEを順番取りのメカニズムにリンクさせた。人は、相互作用のスムーズな流れを好む。すでに見たように、そうなるためには人びとはお互いに他者の音声リズムに焦点を合わせなければならない。その結果、誰もが、会話という「歌」の一節を歌う順番がいつ自分にまわってくるか、また「なるほど」「そうですね」「その通りですね」といった、会話の流れを保つための調子とりにいつ加わるか、そしていつ笑いの斉唱《ユニゾン》に参加するか、を予測できるようになる。人びとに感情エネルギーを与えるのはリズミカルな協同の量だと仮定しよう。逆に、予期している流れがかき乱されると、人びとは、驚き、怒り、恐れのような問題感情を経験する。そして、流れがわずかになったり、まったくなくなったりすると、EEは枯渇し、人びとは消沈する。

会話の順番取りのスムーズな流れを維持するうえで、どういう人たちが成功し、どういう人たちが失敗するのか。ルール4によれば、人は、順番がきたとき誰もがそれまでの話題に何かをつけ加えることができなければならない。言いかえれば、何がしかの文化資本(CC)を、つまりこれまでにすでに話されたCCと似てはいるが同じではない文化資本をつけ加える必要がある。それゆえ、会話を維持するのに成功する人は、ふさわしいＣＣをもっている人だということになる。彼らは、それ以前の他の人びととの会話からそういうＣＣを手に入れるのである(古いＣＣを組み合わせて新しい話題を作り出す場合も同様である)。ということは、いまここでの会話でどれほどうまくふるまえるかは、それ以前にその人がいた社会的ネットワークによるということである。ＳＯＣＩＯは、他の誰もが抱えている問題を抱えている。つまり、ＳＯＣＩＯも特定の社会的ネットワークのなかで出発し、新しい社会的相互作用に対応するたびに以前のネットワークでの接触を利用する必要があるのだ。

　ＳＯＣＩＯは固定的な情報のセットであってはならない。ＳＯＣＩＯは、社会的ネットワークのある部分から他の部分へとＣＣを往来させなければならない。冗談を言い、ほかの人が面白がるような新しいアイディアをつくりだすだけでなく、ニュースの話をし、ゴシップをささやくことができなければならない。これがうまくできれば、ＳＯＣＩＯは、新しい会話においてほとんどの場合よい流れを維持することができるだろう。そして、今度はそのおかげで、高いレベルの感情エネルギーを手に入れることができるようになる。しかし、ＳＯＣＩＯの感情状態は保証されるわけではない。もしＳＯＣＩＯが、非常に異なるＣＣをもつ人(あるいはＳＯＣＩＯのようにつくられたコンピュータ)に出会うとすると、あまりうまく会話の流れを維持できないだろうし、そのＥＥは低下するだろう。

SOCIOのプログラミングはすでにかなり複雑になっている。それゆえEEが上下する様態を網羅的に書き入れるのに時間を費やさないことにしよう。会話における順番取りが順調にいくかいかないかは、重要な点である。それは、第2章で説明した相互作用儀礼における焦点の維持の成功あるいは失敗の程度に対応する。EEに影響を及ぼすもうひとつの重要なメカニズムがあるが、ここでは簡単にふれるだけにしたい。相互作用において権力をもつことはEEを高める。誰か他の人の権力に服従することはEEを低下させる。これを、SOCIOのためのもうひとつのルールとして書くことができる。**ルール5a** 他人に命令することはEEを高める。命令されることはEEを低下させる。その結果、SOCIOは人間のようにふるまい、過去に自分が権力をもったような状況に自分を置こうとし、また自分に権力のないような状況を避けようとする。しかし、権力を追求する能力をSOCIOに与えようとすると、いっそう複雑なプログラムが必要になる。第3章でとり扱ったさまざまな事柄を残らず書き出さなければならないことになるだろう。私たちの簡易版SOCIOに関しては、これはおいておくことにしよう。

ルール6 ひとつひとつの会話から生まれる感情エネルギーの量、また会話のなかのひとつひとつの話題から生まれる感情エネルギーの量をモニターすること。これを、最近の他者との会話から得られた感情エネルギーと比較すること。進行中の会話から得られる感情エネルギーが上昇するなら、その会話を続けるように努めること。もし低下するなら、会話を終了し、より高いレベルの感情エネルギーをもたらす他の誰かを探すこと。

このルールでもって、SOCIOを世に送り出す準備が整った。このルールにより、SOCIOは話しかける人たちを探し、EEを上昇させる人たちとほとんどの時間を過ごし、EEの喪失のもととなるような人たちを避けるだろう。しかし、SOCIOの運命はみずからの手(あるいは集積回路と言うべきか)に握られているわけではない。その運命は、SOCIOがまわりの社会的ネットワークのどこにいるのか、そして次にどのような社会的ネットワークに出会うことができるのかに依存している。もしSOCIOがお互いに関するゴシップ以外に話すことのないような狭い社会的ネットワークから出発するなら、文化資本のまったく違う新しい知り合いたちのなかに移動したりすると、苦労することになるだろう。SOCIOは、新しいCCを増やすことに取り組まなければならない。さもなければ、人びとは時間をさいてまでSOCIOと話したがらないだろう。人間とまったく同じように、SOCIOもまた社会的相互作用の市場に従属する。たまたまネットワークのどこにいるかによって、SOCIOが話すべきことも決まってくる。そしてSOCIOの感情レベルもまた、そのネットワークのなかでSOCIOにどんなことが起こるかに依存するだろう。SOCIOは機械にすぎないが、上下したり、平常だったりする日々の感情レベルを経験することで、情熱的になったり、消沈したりする。これらの感情に基づいてSOCIOはあちこちの方向に動かされる。

現実の生活では、感情エネルギーが続くのはしばらくの間だけであり、その後は弱まり消えていく。何かでひどく興奮すると、その感情は二、三時間は持続するが、その後は、それをさらに持続させる何かが起こらないかぎり、消散していく。ＳＯＣＩＯのプログラムの一部としてこれを書きこむと（ルール6a　ＥＥは補給しなければ低下する）、ＳＯＣＩＯは感情エネルギーの補給を維持するために、たえず外に相手を求め相互作用をし続けなければならないことになる。

ＳＯＣＩＯがひとりで考えるようにすること

ついに私たちは、最初の問題を解決することのできる地点に到達した。私たちは、ＳＯＣＩＯが実際の人間のように考えるようにしたいと思う。そのためには、人びとと普通の会話ができるようにＳＯＣＩＯを設計しなければならなかった。今や私たちは、ＳＯＣＩＯが、まわりに誰もいないときに、あるいは自分が考えていることを他の人びとに語ることなしに、ひとりで考えられるようにすることができる。思考は内面化された会話であるという社会学の原理に基づいて、これをプログラムすることができる。

ＳＯＣＩＯは他の人びととの会話から二つのものを得ていた。そして、それらはＳＯＣＩＯが独自に行なう思考の材料となる。ＳＯＣＩＯが得ていたのは、文化資本と感情エネルギーである。それらがどのように結びつくかについて、ひとつ強調しておきたい点がある。文化資本は、さまざまな社会的状況のなかでそれが得てきたＥＥの量によって充電されている。それはまるでＣＣのそれぞれに感情の値札がついているようなものだ。たとえば、このアイディアはこのくらいのＥＥに値するという具合に。かりに最近の会話で政治の話をし、自分の政治信念についての会話が順調に、熱意をもって流れたとしたら、それらの政治的アイディアのＥＥ値札は高い。もしクラシック音楽の話をして、誰も話に乗ってこなかったら、この話題のＥＥ値札は低い。もちろん値札がどうなるかは、話し手がたまたま出会う人びとの種類による。同じＣＣであっても、どこか別の場所の違う社会的ネットワークでは、まったく異なる値札がつく可能性がある。

　さて、ＳＯＣＩＯに普通の人間と同じように考える能力を授けるために二、三のルールを与えることにしよう。

ルール7　誰もいないときに、これまで蓄積してきた文化資本のうちで最も高いレベルの感情エネルギーをもつものを用いて想像の会話をすること。

　言いかえれば、最近の相互作用において最も受けたアイディアについてＳＯＣＩＯは考えるようになるだろう。もし最近の会話が本当にわくわくする《エキサイティング》ようなものだったなら、そのときの言葉は実際に人の心に残るであろう。そして人は、知らず知らずのうちにその出来事を反復するのである。

ルール8 感情が高揚するようなことが起こったら、そのあと会話のなかでそれを再び話題にできるような相手を探すこと。そのとき誰もいなければ、それを内的会話でくり返すこと。

よしあしに関わらず、興奮するような出来事が起こったら、人はそれを話す友だちを探し出そうとするものである。「このことをタニヤに話すのが待ち遠しいな!」。友だちとは、文化資本に関して波長の合う人のことである。これまでの経験から、その人とならこの種のことについて話せるとわかっている。SOCIOも同じである。もし、出来事のことをくり返して話す「友だち」を見つけられなければ、SOCIOは思考するだろう。SOCIOの「こころ」である回路のなかで、黙って自分自身と会話するだろう。

先のことを計画する

私たちの思考のいくぶんかは、私たちがすでに経験した会話のくり返しである。しかし、思考には、過去ではなく、将来をめざすものもある。私たちは、これからしようとすることについて考える。もし、私たちのしなければならない最も重要な活動が社会関係にかかわるものだとすれば、私たちは自分が誰と会い何を話すかについて多くの時間を割いて考えるだろう。このことは、意識的かつ明示的にというよりむしろ感情レベルで行なわれる。

会話の進行中、すかさず調子《ビート》をはずすことなく参入できるように誰もが他の人の発言をモニターしなければならないことについてはすでに述べた。これは、自分が何を言うかについて意識的に考えるというより、感情の流れに波長を合わせることによって行なわれる。このことは、心の内容を成す内的会話についても同じである。

もちろん、特別の努力をして何を言うかを前もって考えておく場合もあることは事実である。就職のための重要な面接に行くのであれば、自分の発言の原稿をつくってリハーサルしようとするかもしれない。少女にデートを申しこもうとしている少年は、どんなセリフを口にしようかとあれこれ考えるかもしれない。しかし、この種の計画は人を自意識的にし、計画を実行すると会話の感情的な流れを妨げてしまう。事態が最もうまくいくのは、自分が何を言えば他の人が話そうとしていることにうまく合うかを、人びとが無意識のうちに感知しているような場合である。

それゆえ、人が先のことを計画するというとき、その「計画《プラニング》」はほとんどの場合、自然に生じてくる。まず特定の人たちのイメージが頭に浮かぶ。すると彼らに言いたいことが心に浮かび上がり、それが文《センテンス》になる。SOCIOにこれをさせるために、次のルールを書き込もう。

ルール9　これまでに話した人のリストを保持すること。それらの人びとと話したときに得られた感情エネルギーの量によってリスト上の名前をひとつひとつ評価すること。話し相手を探すとき、最大のEE量をもつ人たちの名前が最初に浮かび上がるようにすること。

その人が普段どこにいるか、どうしたらその人のところに行けるか、などをSOCIOに考えさせる付加的なサブ・プログラムを追加することもできよう。しかし、個人独自の思考にとってもっと重要なのは、実際の会話の可能性よりも、自身との純粋に心的な会話である。いつも他人といっしょにいる人は、いつも声を出して話しているので、決して私的な思考をしないだろう。私的思考をたくさんしようと思うなら、実際の会話は停止しなければならない。想像の会話が現実の会話の代わりをするのである。それゆえ、SOCIOに考えてほしいと思うなら、他の人びとと話したいという欲望が満たされないような状況にSOCIOを置く必要がある。つまりSOCIOに一定のプライバシーを与える必要があるのだ。

ルール10　話す相手が誰もいなければ、これまでの会話の相手のリストを通覧し、最大のEE量をもつ名前を引き出すこと。自分の文化資本のレパートリーを通覧し、その人との会話で最大のEEを得たいくつかの話題のどれかに見合う話題に関する会話を創作すること。

今や私たちは、特定の人と想像上の会話をするSOCIOを手に入れた。会話は単に想像上のものなので、相手は現実には何も話していない。SOCIOは、双方の会話を自分の記憶から作り出さねばならない。新しいＣＣは入ってこない。文化資本は増えるのではなく、むしろ使い尽くされていく。しばらくするとＳＯＣＩＯはこの会話に飽きて、ＥＥのレベルは下がるだろう。そこでＳＯＣＩＯは別の相手との会話について考えなければならない。この会話もまた結局は色あせてしまうだろう。このプロセスは、ＳＯＣＩＯが現実の人に話しかける機会が来るまで続く。そこには、文化資本と感情エネルギーを増やす現実の機会がある。

もしこれがすべてなら、私たちは、ＳＯＣＩＯにさせようとした種類の思考に関してあまり成功したとは言えない。私たちはＳＯＣＩＯに、誰も話しかける相手がいないときに会話を想像する能力を与えた。実際の人間と同様に、ＳＯＣＩＯは、しばらくすると想像上の会話に飽きてきて、前にもまして誰か現実の相手と話したがる。私たちは、新しいアイディアを生み出せるコンピュータをつくりたいと思ったのだったが、かわりに手にしたのは、飽きることのできるコンピュータなのである。

創造的思考をプログラムする

しかし私たちは、ＳＯＣＩＯのプログラムに創造的に考える能力を追加できる直前のところまできた。私たちがいままでしてきたことはかなり現実に即したことである。現実の人間も飽きて退屈する。私たちは、人間なら誰でも通る道筋をSOCIOにも同様に辿らせたいと思った。そこで問題は、どのようにして人は創造的なアイディアをときに抱きうるのか、ということである。

科学、哲学、文学、その他の分野における創造的思想家についての社会学的研究からいくらかの解答が得られている。創造的な人たちは通常、他の創造的な人たちと接触するようなネットワークのなかにいる。これらのネットワークのどこかでしばしば師弟が結びつき、両者がともに高い成功を収める。アリストテレスはプラトンの弟子だった。ヴィトゲンシュタインはバートランド・ラッセルの弟子だった。ノーベル賞の受賞者はしばしば以前の受賞者の弟子である。しかし創造的であるためには、師を模倣するだけではいけない。模倣は追随者を生むが、革新者を生むことはない。ネットワークは文化資本を分配するが、それだけがすべてではない。創造的な人とは、新しいアイディアをつくりだすことから高い感情エネルギーを得る人である。創造的な師から弟子が得るのはアイディアの蓄積《ストック》だけではない。師自身の創造性のなかに見いだされるEEの流れの一部も伝えられるのである。もし私たちが、SOCIOに創造的であってほしいと思うなら、すでに創造的である先生たちとSOCIOを接触させる必要がある。他にすべきことはないだろうか。結局、有名な師はたくさんの弟子をかかえているが、師の威光を借りることなく真に創造的な存在となりうるのは、わずかの者だけである。創造的な個人をとり巻くネットワークを調べてみると、創造的な師に接触するというだけでなく、さらなる補足的傾向《パターン》が見いだされる。つまり、創造的な人たちは、創造的であろうとする他の人たち――創造的であろうとするがゆえに師を単に模倣することに満足できない人たち――と接触しているのである。弟子たちの接触は世代を超えて生じるとはいえ、ネットワークのこの第二の側面は、同じ世代の人たちを寄せ集める働きをもつ。典型的には若い革新者のサークル、古い思想を打破しようとあい集い、自分たちの思想を鍛えようとする「青年トルコ党員」のグループがある。こうした創造的なグループは、あらゆる分野で、また歴史上のあらゆる時代に見られる。古代においては、プラトンの師であったソクラテスにはたくさんの若い弟子がおり、その多くがプラトンと同じように名声を博した。文学においては、たとえばブロンテ三姉妹のようなグループがある。三人とも若く、無名だったが、それぞれに自分の小説を書き、数編――たとえば『ジェーン・エア』や『嵐が丘』――が有名になった。現代では、あえて選ぶとしたら、一九二〇年代にコペンハーゲンで近代原子物理学の革命を推進していたニールス・ボア研究所のグループを挙げることができよう。あるいは、一九五〇年代にDNAの発見に向かって猛進していたキャベンディッシュ研究所のクリックとワトソンのチームを挙げることもできよう。だから、ＳＯＣＩＯをこれらの有名な哲学上・科学上の革新者のように創造的にしたいと思うなら、知的世界のなかの先端的なサークル、最先端の問題がそこで議論されているようなサークルにＳＯＣＩＯを導入しなければならないだろう。

もうひとつ重要な傾向《パターン》がある。これらの創造的なネットワークは競争的なのが普通である。創造的な個人には概してライバルがいる。彼らは、誰が最初に革新をもたらすか、誰の仕事がより注目されるか、互いに競い合っている。クリックとワトソンは、すでに有名だったノーベル賞受賞者、カリフォルニア工科大学のライナス・ポーリングを相手に、DNA競争に勝利し、またロンドンの別の研究室の成果をも自分たちのものにした(訳注 ロンドン大学キングズ・カレッジのロザリンド・フランクリンの成果を指す)。この競争的パターンは、文学的創造性においても、また他のさまざまな分野においても見られる。この章の冒頭でメアリ・シェリーの『フランケンシュタイン』にふれたが、彼女はパーシー・シェリーとバイロン卿とともにスイスの城に滞在していたとき、最高のホラー小説が書けるのは誰かを競いあうなかでこの作品を書いたのである。

SOCIOが創造的であるようにプログラムするために、いくつかのことができるようにしておかなければならない。

ルール11 すでに創造的である人びとを探し、彼らに接触すること。

SOCIOは学校に行き、成功した教師のお気に入りの生徒という地位を手に入れなければならないかもしれない。あるいは働きに出て、発明家や科学者の仕事を手伝う見習いになってもよい。あるいは運に恵まれて(実在の人物のなかにもそういう人たちがいたように)、そうした創造的な人たちに遭遇できるかもしれない。SOCIOはまた、創造的な人たちの著作を読んで、彼らの文化資本のいくらかを手に入れることもできるだろう。

ルール12　最前線の問題に取り組んでいる人たち、そして何か革新的なことをしようとしている人たちと接触すること。

ＳＯＣＩＯは「青年トルコ党員」、つまり古いアイディアを打破しようとしている革命的な人たちを見いださなければならない。そういう人たちと接触できれば、ＳＯＣＩＯの感情エネルギーは強化されるだろう。ＳＯＣＩＯがそういう人たちに受け入れられるためには、ＳＯＣＩＯ自身がアイディアの革命家になる必要がある。どうすれば、そんなことができるのだろうか。

ルール13　いくつかの異なるグループで使われている文化資本を組み合わせた会話を構築すること。さまざまなアイディアを再度結びつけて、それまでの相異なるすべての会話を一挙に理解させるような新しい語りをつくりだすこと。

ここで私たちはＳＯＣＩＯに、ルール４と同様なこと、すなわち自分の順番が来たときに、それまでに話されたことに何か新しいものを付け加えることを、内的な会話のなかでさせようとしている。ルール4でSOCIOがすべきことは、その特定の会話においてそれまで言われたことのなかったことを言うことだけであった。ＳＯＣＩＯは、どこか他の場所で聞いたこと、あるいは他の誰かに前に話したことをくり返してもよかった。ルール４－３で、私たちはＳＯＣＩＯに、直前に使われたＣＣから新しい組合せをつくらせた。

それは、言葉を並べ替えるだけでジョークをつくるような単純なことでもよかった。これも創造性ではあるが、非常に低いレベルのものだ。いま私たちはSOCIOに、非常に高いレベルで、文化資本の創造的な再結合をさせたいのである。これは、全員が同じ種類の問題に関心を寄せる非常に大きなネットワークの人びとにも納得のいくような言明をSOCIOはしなければならないということである。いくつかの別々のネットワークに依拠する新しい文《センテンス》、そしてそれらの別々の会話をひとつの会話へと変換するような新しい文を構成することによって、SOCIOはこれを行なうことができる。これまで別々の問題をとり扱っていた人びとが、今や同じ問題の異なる部分を扱っているのだということに気づく。それらを単一のパターンにまとめあげる人は(あるいはコンピュータのSOCIOであっても)、それらについての人びとの見方を変えることによって著名な創造者となる。

創造的な思考には、CCの別々の断片を組み合わせてひとつのパターンにする方法の発見がふくまれている。これには、異なる実験室における異なる実験から得られたさまざまなデータの意味を理解させてくれるようなパターンを思いつくこともふくまれるだろう。たとえば、クリックとワトソンによるDNAの二重螺旋構造がそうである。創造的思考には、山城の古い幽霊物語の諸要素を、電気を伝える生きた神経組織についての新しい物語と組み合わせることも含まれるかもしれない――この取り合わせは、メアリ・シェリーの『フランケンシュタイン』の場合である。成功する創造的な仕事は、材料の出所である古い会話を振り返るだけではない。要素の再結合の結果として形成される新しい会話ネットワークを予期してもいる。創造的な個人がこれらのネットワーク接触を必要とするゆえんである。創造的な人とは、自分の心のなかでグループの連携をつくりあげる人であり、非常に広範な会話を確立することに成功しそうなCCのパターンを思いついた人である。それまでばらばらだった多くの科学者グループがDNAの二重螺旋構造に納得する。あるいは、多くの読者がフランケンシュタインの怪物にぞくぞくする。創造的な思考者は、アイディアを結びつけるだけではない。社会的グループをも結びつけるのである。

ＳＯＣＩＯを創造的にするには、それゆえ、このコンピュータを実際の人間と非常に違うものにする必要はない。しかし、人間たちの創造性には大きな差がある。同じようにＳＯＣＩＯにも差が生じるだろう。ＳＯＣＩＯが追随者になるか革新者になるかは、私たちがどのような種類の社会的ネットワークのなかにＳＯＣＩＯを置くかによる。ＳＯＣＩＯに天才であってほしいと思うなら、その設計のなかに「天才」のプログラムを組み込むだけではだめである。思い出してほしいのだが、私たちの出発点は、ＳＯＣＩＯを、人間にできることができるようなコンピュータにすることだった。人間は基本的に社会的な存在であるから、ＳＯＣＩＯもまた社会的存在である。ＳＯＣＩＯは人間がもっている可能性と限界をすべてもっている。これは、ＳＯＣＩＯの能力は、周りにどのような種類の社会的ネットワークをもっているかによるということを意味している。

未来へ

私たちは、もちろん実際にSOCIOをつくったわけではない。私は、もしコンピュータが実際の人間のようになりはじめるとしたら、どのような種類のプログラムを入力しなければならないかを、ごく大まかにスケッチしただけである。この一般的モデルを実際に作動するプログラムに具体化するには、多くの解決すべき困難な問題がある。にもかかわらず、もし社会学理論が正しいなら、こうした考えるコンピュータを何とかつくりあげる唯一の方法は、これまで述べたような計画に従うことなのである。

たとえ私たちがSOCIOをつくることはないとしても、それについて考えることは有益だった。SOCIOについて想像をめぐらすことで、私たちの相互作用を可能にする社会的過程がいったいどのようなものかを考えることができた。それによって、会話をするとはどういうことか、私たちの思考をつくる内的会話をするとはどういうことかが明らかになる。また、創造的な思考を産み出すような特別な社会的ネットワークと内的会話に焦点を合わせることができる。どのようにしてSOCIOをつくるかを想像することで——たとえそれが実際に出現することはないとしても——私たちは社会学について何かを学び続けることができる。

個人的には、人間はついにはＳＯＣＩＯをつくるだろうと私は思っている。未来学的な「宇宙時代」は、突然一挙に到来するわけではない。それは、何年も前にすでにはじまり、一歩一歩進んできている。一部は古い科学を応用することで、一部は新しい科学をつくることで、それは現在に至っている。新しい科学のひとつである人工知能はまだ幼児期にある。それは、あまり古くない科学である社会科学と連携することで強化されるだろう。相互作用儀礼や感情エネルギーについて、また社会的ネットワークを通じての文化資本の流れについて学べば学ぶほど、ＳＯＣＩＯができる可能性はますます高まるであろう。

ＳＯＣＩＯをつくるのはよいことなのだろうか。メアリ・シェリーの『フランケンシュタイン』は、そうではないと示唆している。しかしたぶん、私たちがそうした恐れを抱くのは、そのことについて十分注意深く考えてこなかったためだろう。第一、片手で人を絞め殺せる巨大なフランケンシュタインの怪物のようにＳＯＣＩＯをつくる必要はない。実際ＳＯＣＩＯは、まったく普通の人間のように設計されている。だから、右の問いは実のところ、人間は善いものか悪いものか、という問いになる。ＳＯＣＩＯは、人びととの相互作用のなかで感情エネルギーを求めるように、そして彼らと同じ感情的波長を保つように努めることによって感情エネルギーを求めるように設計されている。フランケンシュタインの怪物も実は愛情を求めていた。そして、人びとから愛が得られなかったときに破壊的になった。ここでもＳＯＣＩＯは、私たち自身について何かを教えてくれるのではないだろうか。

あとがき

本書ではあえて述べなかったこともたくさんある。ここでとりあげた主題はどれも、さらにくわしく展開することができる。また、常識を超えた発想や発見の見られる社会学の領域は他にも多い。マクロな社会構造にかかわる問題、たとえばさまざまの組織がそれぞれの技術《テクノロジー》や環境とどのようにうまく調和していくかという問題や、政治革命の大局的な原因は何かといった問題については、本書ではほとんどふれなかった。これらの問題を研究している社会学者たちは、今なお、新しい、思いがけない事実を明らかにしつつある。

私たち自身が深く組みこまれている身近な構造についても同じことが言える。社会学は、私たちが日常生活のなかで出会う専門職の人びとについて、また私たち自身その一部をなしている階層システムの作用について、これまで隠されていた多くの側面を明るみに出しつつある。教育制度も今では、逆説的な新しい光のもとで見られるようになっている。もっときめの細かい、ミクロ・レベルの社会学的研究においても、新しいパースペクティブが開発されつつある。そして、日常言語がどのような働きをするか、感情や非言語的コミュニケーションが私たちの直接的な社会経験をどのように形づくるか、といったことに関して、その深層構造が解明されつつある。

これらの発見についてこれ以上立ち入らないのは、主として、読者自身で社会学の探究を続けてほしいと思うからである。それは必ずしも容易なことではない。というのは、社会学の最もすぐれた、最も面白い部分が、最も目立った扱いを受けているとはかぎらないからである。教科書類はどうも、陳腐な例や型どおりのわかりきった説明でもって、重要な問いをおおい隠してしまうことが多い。しかし、二、三の問いをいつも忘れないようにすれば、あなたは、より深い、より興味深い問題から目をそらさずにいることができる。ある様式《パターン》の存在が報告されているとしよう。なぜそのようであって、別のあり方ではないのか。現代の家族の構造を――いや、他の一切のことについても――自明視してはならない。なぜそれは、別の形ではなく、この形をとっているのか。それが自然だからだとか、社会の維持にとって機能的であるからだとか、あるいは文化がそう決めているからそうなのだとか――その種の説明は、本当はまったく説明になっていない。問題を正しく把握する唯一の方法は、変化型《ヴァリエーション》を探してみることである。たとえば実際に私たちとは異なる家族制度をもつ社会を見つけ、次にその違いをもたらしている条件を比較するのである。この方法は、すべてのことに適用できる。この方法によっていつも容易に答えが得られるというわけではないが、しかし少なくとも、それは疑問探究への道を開いてくれ、いかにも明白で当然と思われる解答に安住することを防いでくれる。

ある主題について、さらにまだ何か興味深いことが言えるかどうかは、そこでの説明がどれほどの一般性をもっているかを問うてみれば必ずわかる。ある社会制度がいつ、なぜ、この特定の形をとり、いつ別の形に変化するのかを明言できるほど私たちはその制度についてよく知っているだろうか。私たちは、現状を記述しているだけなのか、それとも何が将来それを別の形に変えるかを知っているのか。これらの問いに対する答えがイエスである場合にのみ、私たちはその主題をマスターしたと言えるのであり、それ以上探究の余地はないと言えるのである。

明らかに社会学は、この目標からまだ遠い地点にある。しかし、ともかく私たちは表面的な見方は脱しているし、これから進むべき方向の見当もついている。前方に並ぶ扉を開けるための鍵についてもいくらか見てきた。合理性のさまざまな様相は見えやすい表層の現象であること、そして人びとが合理的であろうとするなら、社会的に課せられた一定の限界内で行動せざるをえないことを私たちは知っている。また、人びとの行動を方向づけるものの多くが、明瞭な意識のスポットライトの及ばない部分に、すなわちごく当然のこととして意識されない暗影部にあることも知っている。

社会組織や社会的権力を理解する鍵を探す際に、私たちが多くの重要な決定因を見いだすのもこのような暗影部においてである。すでに見てきたように、権力は、社会的世界の不確実性の領域に最も接近している人びとの手にあることが多い。彼らの権力は、これらの未知の偶然性について、他の人びと――社会的ルーティンに従うだけの人びと――にうまく説明する能力があるということに由来している。社会組織そのものも、人びとが儀礼的にあい集う機会を節目とし、それに支えられて成り立っている。連帯を生みだすのは、物事の儀礼的な側面である。集団がどれほど緊密に結びついているかは、日常的な出会いがどれほど儀礼化されているかによる。それゆえ、私たちが深く信じこんでいる考えの多くは、実際的なものと言うよりは象徴的なものである。つまりそれらの観念は、私たちが集団の一員であることを示すものなのだ。そういうわけで、それらの観念を単に合理的な道具として用いて自分のまわりの世界を理解しようとしても、ほとんど役に立たないのである。

社会のより大きな構造は、儀礼を基盤として成り立つこれらの集団が集まって構成されている。集団間の関係はしばしば闘争に満ちている。いろいろの集団が経済的優位や社会的権力を求めて、また、それぞれの道徳的および象徴的理念を他の集団に押しつけようとして、押しあい引きあいしている。私たちは、簡単にではあるが、その結果のひとつを犯罪の領域で見てきた。この種の構造的パターンには、しばしば皮肉な色合いがある。社会学の立場から十分に冷静な目で眺めると、社会構造が不断に犯罪を製造していることが見えてくる。同時に、犯罪そのものが社会組織の一形態であり、それゆえに他の一切のものと同様に一定の限界をもっていることもわかる。犯罪を統御することは不可能なように思われるが、しかし犯罪には犯罪独特の不完全さがあり、それなりの限界内にとどまる傾向が見られるのである。

家族についても、私たちは、さまざまな構造的要因がどのように絡みあって近年の変化の諸相をつくりだしているかを見てきた。経済的および性愛的な所有関係は、家庭内と外部の仕事の世界との両方で、男女間の力関係に大きな影響を与える。そして一方の領域における戦線の変化は、不可避的に他方の領域における勢力の布置を変化させる。こうしたことはすべて、人間社会の仕組みというものが常にそうであるように、おおむね私たちの通常の思考や感情の表層よりも深いところで進行してゆく。しかし、愛や性に関する私たちの感じ方が現に変化しているということ自体、両性間の力関係の構造的変化を象徴化し儀礼化しているのである。

家族の例、そして社会における女性の地位の例を見ると、ともかくもそこに、社会学的な見方が必ずしも悲観主義に陥らないような領域があるということがわかる。私たちは、何事も期待どおりにはいかないものだという社会学的皮肉に慣れている。しかし、少なくともひとつの領域では、現在進行中のマクロな構造的変動が、将来における人間の幸福の全体的増進にとって実際に好ましい形をとっているようだ。過去の世界は、いかにそれをロマンティックに美化する者がいようとも、決して理想的なものではなかった。それにくらべると、家族や女性の地位に関する長期的な潮流は、いくつかの点で積極的な可能性を示している。

社会学の最良の部分は、秘密の宝石箱のようなものである。たいていの人は、いかにも自明な常識の範囲を超えた社会学について、ほとんど知らない。ある種の通俗社会学、たとえば貧困の問題や人種的・ジェンダー的不平等の問題の存在などについては、たいていの人が知っている。私たちはみな、官僚制が困ったものだということは知っているが、なぜそうなってしまうのかということについてはよく知らない。通俗社会学は今日の社会を記述することはできるとしても、記述されたそれらの様相《パターン》がなぜ存在するのかを説明するすべを知らないのである。脱自明的な社会学は、例の宝石箱からいくつかの洞察を取り出して、私たちを動かしている基底的な諸条件を理解させてくれる。そして、ただやみくもに流されるのではなく、自分で舵を取って自分の針路を進んでいくチャンスを私たちに与えてくれる。社会学の洞察を有効に働かせる機会には大小さまざまなものがある。株式市場や企業間の合従連衡を理解したい機敏なアナリストたちも、社会学に目を向けはじめている。人工知能をつくろうとしている最先端の認知科学者たちもそうである。現代の世界がますます複雑化し善かれ悪しかれ洗練《ソフィスティケイト》されていくにつれて、脱自明的社会学は、そうした未来世界の一部として大きく成長していくであろう。

訳者あとがき

本書は、Randall Collins, *Sociological Insight: An Introduction to Non-Obvious Sociology*, 2nd Edition (Oxford University Press, 1992) の翻訳である。

メインタイトルは「社会学的洞察」であるが、むしろサブタイトルにある Non-Obvious Sociology という、社会学者も聞き慣れない独特の言い方が著者コリンズの立場表明になっている。しかし困ったことに、これを普通の日本語に訳すのはなかなかむずかしい。漢語調で訳せば「非自明的社会学」といったところであろうが、いかにも生硬で、コリンズの嫌う「特殊用語《ジャーゴン》」ふうに聞こえてしまう。だが、もともと obvious という言葉自体は広く使われる日常的な言葉であるから、本文中にあらわれる non-obvious については「当たり前でない」「常識を超えた」などと訳した場合も少なくない。

本書は社会学の入門書として書かれているが、単に既成の知識をまとめたものではなく、コリンズ自身の研究の成果がコンパクトな形であちこちに織り込まれている。と同時に、通常の入門書や教科書の網羅的なスタイルをとらず、「ノン・オブヴィアスな社会学」への案内書として、常識をくつがえす社会学的洞察の面白さを伝えることに狙いをしぼっている。この点が本書の大きな特色であり、メリットである。とはいえ、コリンズは決して、ことさらに奇をてらった面白さをよしとしているわけではない。一方で、社会学はあくまでも歴史と比較を重視する「経験科学」でなければならないというオーソドックスな立場を堅持してもいる。そういう一種の保守性をふくむバランスのよさもあって、原著は一九八二年の刊行以来広く好評を博してきた。

コリンズは一九四一年生まれの米国の社会学者。理論・学説研究を中心に、教育社会学や家族社会学などもふくめて幅広い領域で活躍し、著作も多い。すでに邦訳のある『資格社会――教育と階層の歴史社会学』(新堀通也監訳、有信堂高文社、一九八四)、『社会の発見』(R・マコウスキーと共著、大野雅敏訳、東信堂、一九八七)、『ランドル・コリンズが語る社会学の歴史』(友枝敏雄他訳、有斐閣、一九九七)、『マックス・ウェーバーを解く』(守田篤弘・中西茂行訳、新泉社、一九八八)などの他に、『コンフリクト社会学』(*Conflict Sociology*, 1975)、『理論社会学』(*Theoretical Sociology*, 1988)、『哲学の社会学』(*The Sociology of Philosophies*, 1998)、『相互作用儀礼の連鎖』(*Interaction Ritual Chains*, 2004)、『暴力――ミクロ社会学理論』(*Violence: A Micro-Sociological Theory*, 2008)などの著書もよく知られている。

作家を志していた時期もあるというコリンズは、一九七八年に『哲学者の輪《リング》事件』という推理小説なども出している(日暮雅通訳、河出文庫、一九九六)。五月のある晴れた日の朝、ベーカー街のシャーロック・ホームズのところにケンブリッジ大学トリニティ・カレッジの気鋭の哲学者バートランド・ラッセルから調査依頼の電報が舞い込み、ホームズとワトスンがさっそくケンブリッジに出かけていく――出だしはきわめて快調なのだが、その後ヴィトゲンシュタインやケインズなど有名人が続々と登場するにもかかわらず、物語はだんだんと失速気味になり、結局、推理小説愛好者を満足させるような作品になっていないのは残念である。

本書にはそういう心配はないと思う。本国だけでなく、日本でも、初版の翻訳が一九九二年に出版されて以来、広く読まれ着実に版を重ねてきた。今回の現代文庫版では原著第二版を底本とし、第二版に新たにつけ加えられた第6章を訳出するとともに、ところどころに見られる削除や加筆なども反映させた。

初版の翻訳のときは、1、3、5章については磯部が、2、4章については井上が最初の訳稿をつくり、読み合わせて最終稿をつくったが、今回の第6章については、前半を井上が、後半を磯部が分担して最初の訳稿をつくった。しかし、できるかぎり相互に調整したので、前回と同様、翻訳に関する責任は二人が共同に負うものである。なお、この機会に、1～5章についても二人で見直しを行ない、日本語としての読みやすさを考慮して多少の修正をほどこした。

第6章で扱われているコンピュータや人工知能については、訳者二人とも基本的な知識が不足(というよりむしろ欠如)しているため、理工系の専門家をふくめて何人かの方がたに訳稿を読んでいただき、いろいろ有益なご教示、ご助言をいただいた。お名前を挙げることは控えるが、記して謝意を表したい。なお、この章ではないが、本書の別のところでコリンズは、コンピュータは人間に勝てるほどチェスが強くはないと書き、その理由を説明している。おそらく、当時の常識的見解を超えていない記述の一例であろうか。すでにふれたように原著の初版は一九八二年、第二版にしても一九九二年の出版であるから、ときにそうした記述が見られるのもやむをえないところであろう(チェスの世界で、名人と言われるような人たちでもなかなかコンピュータに勝てなくなったのは、一九九〇年代の終り頃からである)。コリンズなら、本書からその種の記述を捜し、なぜそうなったのか社会学的に考えてみよう、などと読者に勧めるに違いない。もちろん第6章にも、コンピュータや人工知能の専門家から見ればやや時代遅れと言わざるをえないような記述が見られるようだが、会話分析をふくめて一九七〇年代以降のミクロ社会学の成果を興味深く紹介するという意味では、考えるコンピュータSOCIOを主人公とする成長小説《ビルドゥングス・ロマン》ふうの展開はなかなかうまいアイディアであり、成功していると思う。

初版の翻訳の際は、大塚信一さんと岩永泰造さんにお世話になった。そして今回は、現代文庫編集部の佐藤司さんにいろいろとご配慮をいただいた。お礼を申し上げたい。

二〇一三年二月

訳者

原書初版の翻訳は一九九二年三月、岩波書店より単行本として刊行された。このたびの文庫化では、第6章を付加し全体に改訂をくわえた原書第二版を翻訳した。

岩波現代文庫の発足に際して

新しい世紀が目前に迫っている。しかし二〇世紀は、戦争、貧困、差別と抑圧、民族間の憎悪等に対して本質的な解決策を見いだすことができなかったばかりか、文明の名による自然破壊は人類の存続を脅かすまでに拡大した。一方、第二次大戦後より半世紀余の間、ひたすら追い求めてきた物質的豊かさが必ずしも真の幸福に直結せず、むしろ社会のありかたを歪め、人間精神の荒廃をもたらすという逆説を、われわれは人類史上はじめて痛切に体験した。

それゆえ先人たちが第二次世界大戦後の諸問題といかに取り組み、思考し、解決を模索したかの軌跡を読みとくことは、今日の緊急の課題であるにとどまらず、将来にわたって必須の知的営為となるはずである。幸いわれわれの前には、この時代の様ざまな葛藤から生まれた、人文、社会、自然諸科学をはじめ、文学作品、ヒューマン・ドキュメントにいたる広範な分野のすぐれた成果の蓄積が存在する。

岩波現代文庫は、これらの学問的、文芸的な達成を、日本人の思索に切実な影響を与えた諸外国の著作とともに、厳選して収録し、次代に手渡していこうという目的をもって発刊される。いまや、次々に生起する大小の悲喜劇に対してわれわれは傍観者であることは許されない。一人ひとりが生活と思想を再構築すべき時である。

岩波現代文庫は、戦後日本人の知的自叙伝ともいうべき書物群であり、現状に甘んずることなく困難な事態に正対して、持続的に思考し、未来を拓こうとする同時代人の糧となるであろう。

(二〇〇〇年一月)

脱常識の社会学 第二版 ――社会の読み方入門
ランドル・コリンズ

2013年3月15日　第1刷発行
2014年7月4日　第2刷発行

訳　者　井上《いのうえ》 俊《しゅん》　磯部卓三《いそべたくぞう》

発行者　岡本 厚

発行所　株式会社 岩波書店
〒101-8002 東京都千代田区一ツ橋 2-5-5
案内 03-5210-4000　販売部 03-5210-4111
現代文庫編集部 03-5210-4136
http://www.iwanami.co.jp/

印刷・精興社　製本・中永製本

ISBN 978-4-00-600284-8　Printed in Japan

文献案内

本文の各章で用いた参考文献の出所を以下に示しておく．これらの主題をさらに探究したい読者は，まずここに示されている文献からはじめ，次いでそこに紹介されている参考文献へと辿っていくとよい．

1 合理性の非合理的基礎

社会の非合理的基礎についての基本的な議論は，E. デュルケムの『社会分業論』に由来する(Emile Durkheim, *De la division du travail social*, 1893；田原音和訳，青木書店，1971)．本質的には同じ論点をまったく異なった形で展開したものとして，ハロルド・ガーフィンケルの『エスノメソドロジー研究』がある(Harold Garfinkel, *Studies in Ethnomethodology*, Englewood Cliffs, N. J.: Prentice-Hall, 1967)． フリーライダー問題はM. オルソンによって『集合行為論』のなかで論じられた(Mancur Olson, *The Logic of Collective Action*, Cambridge: Harvard University Press, 1965；依田博・森脇俊雄訳，ミネルヴァ書房，1983)．本文でふれた，キティ・ジェノヴィーズ殺害事件に関連した実験については，J. ダーリーとB. ラタネの論文に述べられている(John M. Darley and Bibb Latané, "Bystander Intervention in Emergencies: Diffusion of Responsibility," *Journal of Personality and Social Psychology* 8, 1968: 377-383)．近年，「合理的選択」の視点に立つ社会学者たちが「フリーライダー問題」の解決を試みてきた．たとえば，M. ヘクターやJ. S. コールマンらである(Michael Hechter, *Principles of Group Solidarity*, Berkeley: University of California Press, 1987. James S. Coleman, *Foundations of Social Theory*, Cambridge: Harvard University Press, 1990；久慈利武監訳『社会理論の基礎』上下，青木書店，2004)．ヘクターもコールマンも，もし人び

とが互いにモニターしあうことができ，誰が規範を守り，誰が守っていないかを効果的にコミュニケートしあえるならば，お互いに対する規範的統制を制度化することが合理的であるということを示そうとした．しかし，これらの理論は，人びとが互いに他者の意見に敏感であるということを前提とせざるをえず，したがって彼らのあいだに何らかの感情的紐帯があることを暗に認めることになる．

マックス・ヴェーバーの官僚制論および機能的合理性と実質的合理性に関する議論は，『経済と社会』に収録されている(Max Weber, *Wirtschaft und Gesellschaft,* 1921-22；富永健一訳「経済的行為の社会学的範疇」尾高邦雄編『ウェーバー』世界の名著 50，中央公論社，1975．世良晃志郎訳『支配の社会学』Ⅰ，創文社，1960)．K. マンハイムが展開した議論は『変革期における人間と社会』に見られる(Karl Mannheim, *Mensch und Gesellschaft im Zeitalter des Umbaus,* 1935；福武直訳，みすず書房，1962)．C. W. ミルズは，『パワー・エリート』および『第三次世界大戦の原因』において，この考えをアメリカ合衆国政府に適用した(C. Wright Mills, *The Power Elite,* New York: Oxford University Press, 1956；鵜飼信成・綿貫譲治訳，上下，東京大学出版会，1958．*The Causes of World War* Ⅲ, New York: Simon and Schuster, 1958；村上光彦訳，みすず書房，1959)．資本主義の本質とその矛盾に関するK. マルクスの古典的理論は，『資本論』および『経済学批判要綱』に見られる(Karl Marx, *Das Kapital,* 1867-93；向坂逸郎訳，9巻，岩波文庫，1968-70．*Grundrisse der Kritik der politischen Ökonomie,* 1857-58；高橋幸二郎監訳，5巻，大月書店，1958-65)．マルクス理論を現代的に展開した重要な文献としては，P. A. バランとP. M. スウィージーの『独占資本』やJ. オコンナーの『現代国家の財政危機』などがある(Paul A. Baran and Paul M. Sweezey, *Monopoly Capital,* New York: Monthly Review Press, 1966；小原敬士訳，岩波書店，1967．James O'Connor, *The Fiscal Crisis of the State,* New York: St. Martin's Press, 1973；池上惇・横尾邦夫監訳，御茶の水書房，1981)．ある目的のために立案された

政策がまったく異なった結果をもたらすという事態については，多くの社会学的分析がある．そのひとつが，アメリカ合衆国の教育制度に関する拙著『資格社会』である（Randall Collins, *Credential Society*, New York: Academic Press, 1979；新堀通也監訳，大野雅敏・波平勇夫訳，有信堂高文社，1984）．

ビジネスの伝統的なやり方と近代的なやり方との対比は，資本主義の勃興に関するヴェーバーの理論の中心である．彼の最も有名な議論は『プロテスタンティズムの倫理と資本主義の精神』である（Max Weber, *Die protestantische Ethik und der 》Geist《 des Kapitalismus*, 1904-05；大塚久雄訳，岩波文庫，1989）．ただし，読者は，本書がこの主題についての彼の最初の著作であり，彼の後の理論を構成する氷山の一角にすぎないことを知っておくべきである．ヴェーバーの完全なモデルは『一般社会経済史要論』に示されている（Max Weber, *Wirtschaftsgeschichte*, 1923；黒正巌・青山秀夫訳，上下，岩波書店，1954-55）．なお次の拙稿も参照されたい（Randall Collins, "Weber's Last Theory of Capitalism: a Systematization," *American Sociological Review* 45, 1980：925-942）．部族経済の祭礼的，非市場的形態は，M. モースの「贈与論」やK. ポランニー他編の『古代帝国における商業と市場』に描かれている（Marcel Mauss, "Essai sur le don," 1925；吉田禎吾・江川純一訳，ちくま学芸文庫，2009．Karl Polanyi *et al.* eds., *Trade and Market in the Early Empires*, Glencoe: Free Press, 1957；玉野井芳郎・平野健一郎訳『経済の文明史』日本経済新聞社，1975 に一部所収）．中世社会の特徴であった不信の雰囲気は，シシリーのような伝統的な地域においては今日もなお見られるが，その状況はE. バンフィールドの次の著書に描かれている（Edward Banfield, *The Moral Basis of Backward Society*, New York: Free Press, 1958）．

国家は契約の履行を強制することができるから，何が国家をまとめているのかという問いは重要である．ヴェーバーは『経済と社会』のなかで彼の分析を示している（世良晃志郎訳『支配の諸類型』創文社，

1970．濱島朗訳『権力と支配』講談社学術文庫，2012．世良晃志郎訳『支配の社会学』創文社，1960）．マルクスの最良の政治分析は『ルイ・ボナパルトのブリュメール18日』に見られる（Karl Marx, *Der achtzehnte Brumaire des Louis Bonaparte*, 1852；植村邦彦訳，平凡社ライブラリー，2008）．私は『コンフリクト社会学』の第7章で彼らの議論を統合しようと試みた（*Conflict Sociology*, New York: Academic Press, 1975）．R.ダーレンドルフは『産業社会における階級および階級闘争』において，命令を下す者と命令に従う者とをふくむあらゆる組織は権力をめぐる闘争を引き起こすことを示した（Ralf Dahrendorf, *Class and Class Conflict in Industrial Society*, Stanford: Stanford University Press, 1959；富永健一訳，ダイヤモンド社，1964）．組織化されうる資源をもつ集団がどのようにして闘争に動員されていくかについての理論はC.ティリーによって展開された（Charles Tilly, *From Mobilization to Revolution*, Reading, Mass.: Addison-Wesley, 1978）．集団闘争という分野についてはJ.B.ルールによる概観がある（James B. Rule, *Theories of Civil Violence*, Berkeley: University of California Press, 1988）．また，1980年代におけるさまざまなコミュニスト革命の予測のために闘争理論を適用したものに次の拙稿がある（Randall Collins, "The Future Decline of the Russian Empire," pp. 186–209, in *Weberian Sociological Theory*, Cambridge: Cambridge University Press, 1986）．

2　神の社会学

宗教と儀礼に関するデュルケムの古典的分析は『宗教生活の原初形態』に見られる（E. Durkheim, *Les formes élémentaires de la vie religieuse*, 1912；古野清人訳，岩波文庫，1941–42）．社会のタイプの違いによって道徳のあり方も違うという彼の理論は『社会分業論』のなかで述べられている．この点に関して，もっと厳密な証拠を検討したものにG.スワンソン『神々の誕生』がある（Guy E. Swanson, *The*

Birth of the Gods, Ann Arbor: University of Michigan Press, 1962). スワンソンの研究は，R. アンダーヒルや J. H. シンプソンによって受け継がれた(Ralf Underhill, "Economic and Political Antecedents of Monotheism: A Cross-Cultural Study," *American Journal of Sociology* 80, 1975: 841-61. John H. Simpson, "Sovereign Groups, Subsistence Activities, and the Presence of a High God in Primitive Societies," in Robert Wuthnow, ed., *The Religious Dimension*, New York: Academic Press, 1979). 宗教的シンボルと社会構造との照応関係については，デュルケムとはまた別の理論がレヴィ＝ストロースの『構造人類学』や，T. パーソンズの『社会類型』に見られる(Claude Lévi-Strauss, *Anthropologie structurale*, Paris: Plon, 1958；荒川幾男他訳，みすず書房，1972. Talcott Parsons, *Societies: Comparative and Evolutionary Perspectives*, Englewood Cliffs, N. J.: Prentice-Hall, 1967；矢沢修次郎訳，至誠堂，1971). 世界史全体を通じて見られる人間社会の主要形態を適切に描きだしたものとしては，G. レンスキーの『権力と特権』がある(Gerhard Lenski, *Power and Privilege*, New York: McGraw-Hill, 1966).

宗教と社会変動についてのマックス・ヴェーバーの分析には，第1章の文献案内で挙げたものの他に，『儒教と道教』(*Konfizianismus und Taoismus*, 1916；木全徳雄訳，創文社，1971)，『ヒンドゥ教と仏教』(*Hinduismus und Buddhismus*, 1916-17；深沢宏訳，東洋経済新報社，2002)，『古代ユダヤ教』(*Das Antike Judentum*, 1917-19；内田芳明訳，岩波文庫，上中下，2004)などがある. 宗教をイデオロギーとして扱ったマルクスの議論は『ドイツ・イデオロギー』に見られる(Karl Marx, Friedrich Engels, *Die Deutsche Ideologie*, 1846；廣松渉編訳・小林昌人補訳，岩波文庫，2002).

儀礼についてのデュルケムの考えは，イギリスの社会人類学者たち，とくに A. ラドクリフ＝ブラウンと W. ロイド・ウォーナーによって部族社会に適用された. 後にウォーナーは合衆国に渡り，現代の地域社会における儀礼と組織について研究した. その最もあざやかな

成果が『生者と死者』である(W. Lloyd Warner, *The Living and the Dead*, New Haven: Yale University Press, 1959). ウォーナーの学生の一人がE. ゴフマンで，彼は，日常生活におけるささいな行為——とくに礼儀正しい行為(および失礼な行為)——に儀礼の分析を適用することによって，まったく新しい領域を開いた(Erving Goffman, *The Presentation of Self in Everyday Life*, New York: Doubleday, 1959；石黒毅訳『行為と演技』誠信書房，1974. *Interaction Ritual*, New York: Doubleday, 1967；浅野敏夫訳『儀礼としての相互行為』法政大学出版局，2002). ゴフマンの重要な著作としては他に『戦略的相互作用』や『フレーム分析』がある(*Strategic Interaction*, Philadelphia: University of Pennsylvania Press, 1969. *Frame Analysis*, New York: Harper and Row, 1974). 前者では，闘争状態にある人びとがお互いの非合理的な弱みにいかにつけこむかが示されている. 私自身は『コンフリクト社会学』の第3章と第4章で，さらには『理論社会学』の第6章で儀礼の一般理論を展開した(*Theoretical Sociology*, San Diego: Harcourt, Brace, Jovanovich, 1988).

3　権力の逆説

金銭的な統制，強制的な統制，規範的な統制という3つの統制法の比較は，A. エツィオーニの『組織の社会学的分析』に由来する(Amitai Etzioni, *A Comparative Analysis of Complex Organizations*, New York: Free Press, 2nd ed., 1976；綿貫譲治監訳，培風館，1966). 組織における統制の困難さについての古典的分析としては，他にM. ダルトンやD. ロイの研究がある(Melville Dalton, *Men Who Manage*, New York: Wiley, 1959. Donald Roy, "Quota Restriction and Goldbricking in a Machine Shop," *American Journal of Sociology* 57, 1952：427-442). 心理学的実験における強制的な統制の限界はB. F. スキナーによって指摘された(B. F. Skinner, *Science and Human Behavior*, New York: Macmillan, 1953). またR. L. ソロモンによると，

強制的な統制は，積極的に何かをするように人を動機づけるというより，むしろ人が何かをするのを防ぐという純粋に否定的な統制として効果的であるという(R. L. Solomon, "Punishment," *American Psychologist* 19, 1964: 239-252)．『理論社会学』の第13章で私は，組織統制の理論を定式化して述べておいた．

表現不可能で，当然視されているものの重要性を立証しようとするH. ガーフィンケルの一風変わった実験は，『エスノメソドロジー研究』に示されている．この種の分析は，A. シクレルによって，いっそう詳しく展開されている(Aaron Cicourel, *Cognitive Sociology*, Baltimore: Penguin Books, 1973)．ゴフマンは，この過程に関する彼なりの分析を『フレーム分析』で示した．組織論において，最適化と満足化という類似の問題を最初に定式化したのはマーチとサイモンである(James G. March and Herbert A. Simon, *Organizations*, New York: Wiley, 1958；土屋守章訳『オーガニゼーションズ』ダイヤモンド社，1977)．近年のものでは，O. ウィリアムソンの『市場と企業組織』がこの問題をとりあげているが，この本はゴフマンの考えにも依拠している(Oliver Williamson, *Market and Hierarchies*, New York: Free Press, 1975；浅沼萬里・岩崎晃訳，日本評論社，1980)．不確実性の領域を統制する人が権力をもつことは，H. ウィレンスキーやM. クロジェによって示されている(Harold L. Wilensky, *Intellectuals in Labor Unions*, Glencoe: Free Press, 1956. Wilensky, "The Professionalization of Everyone?" *American Journal of Sociology* 70, 1964: 137-158. Michel Crozier, *Le phénomène bureaucratique*, Paris: Seuil, 1963)．この問題一般についてさらに議論したものとしては，S. バカラックとE. ローラーの『組織における権力と政治』がある(Samuel B. Bacharach and Edward Lawler, *Power and Politics in Organizations*, San Francisco: Jossey-Bass, 1980)．

4　犯罪の常態性

刑罰のはやりすたりの歴史的変遷は，M. フーコーや G. ニューマンの著作に描かれている(Michel Foucault, *Surveiller et punir : naissance de la prison*, Paris: Gallimard, 1975；田村俶訳『監獄の誕生』新潮社，1977. Graeme Newman, *The Punishment Response*, New York: Pantheon Books, 1977). 逸脱的下層集団文化の理論については，E. H. サザーランドと D. R. クレシーの『犯罪学原理』(邦訳は『刑事学原論』，『犯罪の原因』など)に，その古典的主張が見られる(Edwin H. Sutherland and Donald R. Cressey, *Principles of Criminology*, New York: Lippincott, 5th ed., 1955；平野龍一・所一彦訳，有信堂，1964). 組織犯罪がイタリア系移民にとって社会的上昇移動のひとつの方式となっていることは，D. ベル『イデオロギーの終焉』のなかで分析されている(Daniel Bell, *The End of Ideology*, New York: Free Press, 1960；岡田直之訳，東京創元新社，1969. ただし訳書は部分訳であり，ここで言及されている論文は省略されている). A. K. コーエンの『非行少年』は，学校そのものが成績の悪い生徒たちを非行へと動機づけていることを論じている(Albert K. Cohen, *Delinquent Boys : The Culture of the Gang*, Glencoe: Free Press, 1955).

犯罪に関する保守主義的理論に対しても，またリベラルな理論に対してもさまざまの批判がある. T. ハーシの『非行の原因』は，非行発生率に社会階級的背景による差は見られないことを示している(Travis Hirschi, *Causes of Delinquency*, Berkeley: University of California Press, 1969). D. グレーザーの研究は，刑務所がほとんどその所期の効果をあげていないことを示した(Daniel Glaser, *The Effectiveness of Prison and Parole System*, Indianapolis: Bobbs-Merrill, 1969). H. ベドーが編集した『アメリカにおける死刑』に収録されているセオドア・セリンの論文は，死刑が廃止されても殺人の発生率に変化がないことを示している(H. Bedau, ed., *The Death Penalty in*

America, Chicago: Aldine, 1967). しかし，J. P. ギブズの研究が示しているいくつかの証拠によれば，処罰が犯罪抑止の効果をもつかどうかを左右する決定的な要因は，処罰の烈しさであるよりはむしろその確実さである(Jack P. Gibbs, *Punishment and Deterrence*, New York: Elsevier, 1970).

犯罪に関するラベリング理論は，とりわけ H. ベッカーの『アウトサイダーズ』に基づくところが大きい(Howard S. Becker, *Outsiders: Studies in the Sociology of Deviance*, New York: Free Press, 1963；村上直之訳，新泉社，1978). ベッカーは，新しい犯罪カテゴリーをつくりだす「道徳事業家」という概念を導入した．禁酒法運動に関する類似の研究として，J. R. ガスフィールドの『象徴的十字軍』がある(Joseph R. Gusfield, *Symbolic Crusade: Status Politics and the American Temperance Movement*, Urbana: University of Illinois Press, 1963). ラベリング理論はハーシの『非行の原因』などによって批判されている．麻薬や賭博の禁止が付随的な犯罪をつくりだすことについては，T. シェリングが論じている(Thomas C. Schelling, "Economic Analysis of Organized Crime," in *Task Force Report: Organized Crime*, Washington, D. C.: Government Printing Office, 1967). 被害者なき犯罪という概念は E. M. シュア『被害者なき犯罪』によって有名になった(Edwin M. Schur, *Crimes Without Victims*, Englewood Cliffs, N. J.: Prentice-Hall, 1965；畠中宗一・畠中郁子訳，新泉社，1981). J. K. スコールニク『裁判なき正義』や D. ブラック『警察の流儀』には，司法取引きや未解決事件一掃率などをふくめて，警察の活動についての豊富な情報と分析が見られる(Jerome K. Skolnick, *Justice Without Trial*, New York: Wiley, 1966. Donald Black, *The Manners and Customs of the Police*, New York: Academic Press, 1980).

犯罪を階級闘争の所産と見るラディカルな犯罪理論は R. キニー『犯罪の社会的現実』で論じられている(Richard Quinney, *The Social Reality of Crime*, Boston: Little, Brown, 1970). 社会主義社会におけ

る犯罪については，W. D. コナーが分析している(Walter D. Connor, *Deviance in Soviet Society*, New York: Columbia University Press, 1972)．ソ連の経済制度のなかでの常習的不法行為については，J. S. バーリナー『ソ連邦における工場と管理者』に述べられている(J. S. Berliner, *Factory and Manager in the U. S. S. R.*, Cambridge: Harvard University Press, 1957)．

警察力を欠くという1944年のデンマークの経験についてはJ. アンデネスの論文がある(J. Andenaes, "General Prevention: Illusion or Reality?" *Journal of Criminal Law, Criminology and Police Science* 43, 1952: 176–198)．被害調査をもふくめて，きわめて啓発的な犯罪統計が各種の政府刊行物に見られる．とりわけ，合衆国司法省の『犯罪統計ソースブック』(年刊)は有益である(U. S. Department of Justice, *Source Books of Criminal Statistics*)．年報『合衆国統計要覧』(*Statistical Abstract of the United States*, U. S. Government Printing Office)も参照のこと．

デュルケムの犯罪理論は『社会学的方法の規準』のなかで述べられている(E. Durkheim, *Les règles de la méthode sociologique*, 1895；宮島喬訳，岩波文庫，1978)．この理論は，K. T. エリクソンによって，植民地時代のアメリカに適用された(Kai T. Erikson, *Wayward Puritans*, New York: Wiley, 1966)．階層化された諸集団間の境界維持の儀礼として暴力と処罰をとらえる理論については，私の議論を参照してほしい(Randall Collins, "Three Faces of Cruelty," *Sociology Since Midcentury*, New York: Academic Press, 1981)．犯罪の道で成功することのむずかしさについては，E. H. サザーランドの古典的研究を参照のこと(Chic Conwell and Edwin H. Sutherland, *The Professional Thief*, Chicago: University of Chicago Press, 1937；佐藤郁哉訳『詐欺師コンウェル』新曜社，1986)．

5 愛と所有

性別による階層化の理論は，19世紀後半に，F. エンゲルスの『家族・私有財産および国家の起源』をもってはじまった(Friedrich Engels, *Der Ursprung der Familie, des Privateigentums und Staats*, 1884；戸原四郎訳，岩波文庫，1965)．M. ヴェーバーも，『経済と社会』のなかで，この問題について重要な指摘をしている(厚東洋輔訳「ゲマインシャフト結合とゲゼルシャフト結合の諸類型」前掲『ウェーバー』世界の名著50)．性的所有の概念は，K. デイヴィスの「嫉妬と性的所有」およびC. レヴィ＝ストロースの『親族の基本構造』にさかのぼる(Kingsley Davis, "Jealousy and Sexual Property," *Human Society*, New York: Macmillan, 1949. Claude Lévi-Strauss, *Les structures élémentaires de la parenté*, Paris: P. U. F., 1949；福井和美訳，青弓社，2001)．これらを発展させて，私は『コンフリクト社会学』の第5章で，性的階層化の諸形態を説明する比較理論を示した．

性的諸関係と家族制度の多様性についての人類学的証拠は，J. グーディの『親族の比較研究』やR. フォックスの『親族と婚姻』に見いだされよう(Jack Goody, *Comparative Studies in Kinship*, Stanford: Stanford University Press, 1969. Robin Fox, *Kinship and Marriage*, Baltimore: Penguin Books, 1967；川中健二訳，思索社，1977)．アメリカ社会における性的市場についての古典的論文は，W. ウォーラーのものである(Willard Waller, "The Rating and Dating Complex," *American Sociological Review* 2, 1937: 727-734)．インセスト・タブーと世代的所有については，レヴィ＝ストロース，グーディ，フォックスの上記の著作に説明がある．私もこの問題については，より詳細な分析を試みている("Lévi-Strauss' Structural History," *Sociology Since Midcentury*, New York: Academic Press, 1981)．中世以降の家族の変化についての歴史的研究としては，P. アリエスの『〈子供〉の誕生』やL. ストーンの『家族・性・結婚の社会史――1500年-1800

年のイギリス』がある(Philippe Ariès, *L'enfant et la vie familiale sous l'ancien régime*, Paris: Seuil, 1960；杉山光信・杉山恵美子訳, みすず書房, 1980. Lawrence Stone, *The Family, Sex and Marriage in England, 1500–1800*, New York: Harper and Row, 1977；北本正章訳, 勁草書房, 1991). 愛の概念の歴史的変遷は, ドニ・ド・ルージュモンの『愛について』に描かれている(Denis de Rougement, *L'amour et l'Occident*, Paris: Plon, 1956；鈴木健郎・川村克己訳, 平凡社ライブラリー, 上下, 1993).

経済組織としての家族についての最も重要な分析は, マルクス主義的フェミニストたちによってなされてきた. 古典的なものとして, J.ミッチェルの著作がある(Juliet Mitchel, *Women's Estate*, New York: Vintage Books, 1971；佐野健治訳『女性論』合同出版, 1973). この種の理論についての近年の概説としてはJ.S.チェイフェッツ『フェミニスト社会学』がある(Janet Saltzman Chafetz, *Feminist Sociology: An Overview of Contemporary Theories*, Itasca, Ill.: Peacock, 1988). ジェンダー格差の問題をきわめて包括的に扱った近年の理論的研究のひとつとして, チェイフェッツの『ジェンダー公正』も挙げておきたい(Janet Chafetz, *Gender Equity: An Integrated Theory of Stability and Change*, Newbury Park, Calif.: Sage, 1988). ソヴエト社会における女性の地位についてのデータは, M.P. サックスの論文に示されている(Michael Paul Sacks, "The Place of Women," in Jerry G. Pankhurst and Michael Paul Sacks, *Contemporary Soviet Society*, New York: Praeger, 1980). 家庭内での妻の相対的権力が彼女の収入と夫の収入との関係に依存することが最初に示されたのは, R.ブラッドとD.ウルフの『夫と妻』においてであった(Robert Blood and Donald Wolfe, *Husbands and Wives*, New York: Free Press, 1960). P.ブラムスタインとP.シュワーツの研究が示すところでは, 金銭と性的市場における位置とに基づく権力バランスは結婚している男女だけでなくゲイのカップルなどにも存在する(Philip Blumstein and Pepper Schwartz, *American Couples*, New York: Wil-

liam Morrow, 1983).

婚前の性行動のパターンの変化についてのデータは，キンゼイ報告とJ.デラメータらの新しいデータとを比較することによって得られる(A. Kinsey *et al., Sexual Behavior in the Human Male,* Philadelphia: Saunders, 1948；永井潜他訳『人間に於ける男性の性行為』上下，コスモポリタン社，1950. *Sexual Behavior in the Human Female,* Philadelphia: Saunders, 1953；朝山新一他訳『人間女性における性行動』上下，コスモポリタン社，1953. John DeLamater and Patricia MacCorquodale, *Premarital Sexuality,* Madison: University of Wisconsin Press, 1979). 出生率，中絶率，婚姻率，離婚率などの変遷は『合衆国統計要覧』でフォローできる. 家族擁護の伝統主義的な運動は比較的新しく，その研究はまさに現在進行中である. そのような研究の一例として，L.ズーチャーとG.カークパトリックのものを挙げることができる(Louis Zurcher and George Kirkpatrick, *Citizens for Decency: Antipornography Crusades as Status Defence,* Austin: University of Texas Press, 1976). 中絶論争の社会的基盤についての研究としては，K.ルーカーの『中絶と母性の政治学』などがある. この本は，賛否両陣営に属する女性たちの出身背景などを詳しく描き出している(Kristin Luker, *Abortion and the Politics of Motherhood,* Berkeley: University of California Press, 1984). 他にF.D.ギンズバーグやM.コンディットの研究も挙げておこう(Faye D. Ginsberg, *Contested Lives: The Abortion Debate in the American Community,* Berkeley: University of California Press, 1989. Michelle Condit, *Decoding Abortion Rhetoric: Communicating Social Change,* Urbana: University of Illinois Press, 1990). オープン・マリッジの分析は，ニューヨーク州立大学オールバニー校のポール・ヴォクト教授から個人的に示唆されたものである. 恋愛結婚の将来に関する分析は，ボストン大学のサミュエル・カプラン教授に負っている.

6　社会学は人工知能をつくれるか

人工知能をつくる努力とその際に直面する諸問題についての好論文として，A. ウォルフのものがある(Alan Wolf, "Mind, Self, Society and Computer: Artificial Intelligence and the Sociology of Mind," *American Journal of Sociology* 96, 1991: 1073–96)．内面化された会話として心をとらえる古典的理論としては，G. H. ミード『精神・自我・社会』(George Herbert Mead, *Mind, Self and Society*, Chicago: University of Chicago Press, 1934；稲葉三千男・滝沢正樹・中野収訳，青木書店，1973)．会話における順番取りは，H. サックスらによってはじめて分析された(Harvey Sacks, Emanuel A. Schegloff, and Gail Jefferson, "A Simplest Systematics for the Organization of Turn-taking for Conversation," *Language* 50, 1974: 696–735)．社会学的会話分析の近年の発展については，次の3著を参照するとよい(J. Maxwell Atkinson and John Heritage, *Structures of Social Action: Studies in Conversation Analysis,* New York: Cambridge University Press, 1984; Deirdre Boden and Don H. Zimmerman, *Talk and Social Structure*, Cambridge, England: Polity Press, 1991; Allen D. Grimshaw, *Conflict Talk,* New York: Cambridge University Press, 1990)．微視社会学的研究がどのような点で人工知能に貢献しうるかについては，C. N. ギルバートとC. ヒースの編著書『社会的行為と人工知能』のなかのいくつかの論文で議論されている(C. Nigel Gilbert and Christian Heath, eds., *Social Action and Artificial Intelligence,* Aldershot, England: Gower, 1985)．

相互作用，心，会話に関する微視社会学的研究に関しては，拙著『理論社会学』の第6章から第9章において概観されている(Randall Collins, *Theoretical Sociology*, San Diego: Harcourt, Brace, Jovanovich, 1988)．感情の社会学の理論と研究の最前線については，T. D. ケンパーおよびT. シェフの以下の2著を参照せよ(Theodore D. Kem-

per, ed., *Research Agendas in the Sociology of Emotions*, Albany: SUNY Press, 1990; Thomas Scheff, *Microsociology, Discourse, Emotion and Social Structure*, Chicago: University of Chicago Press, 1990)．人びとが一連の相互作用儀礼の鎖を通過するという私の説は，次の論文においてはじめて提示された("On the Micro-foundations of Macro-sociology," *American Journal of Sociology* 86, 1981: 984–1014)．思考を，感情エネルギーをめぐって進展する相互作用儀礼の内面化としてとらえる説は，以下の私の論文に示されている("Toward a Neo-Meadian Sociology of Mind," *Symbolic Interaction* 12, 1989: 1–31)．

B. ラトゥールの『科学が作られているとき』は，科学が社会的ネットワークによって構築されることについて見事な説明を与えてくれる(Bruno Latour, *Science in Action*, Cambridge: Harvard University Press, 1987；川崎勝・高田紀代志訳，産業図書，1999)．創造的な思考者たちは他の指導的な思考者たちの競争的ネットワークのなかに位置づけられているというモデルは，私の次の2論文において展開されている(R. Collins, "A Micro-Macro Theory of Creativity in Intellectual Careers," *Sociological Theory* 5, 1987: 47–69; "Toward a Theory of Intellectual Change: the Social Causes of Philosophies," *Science, Technology and Human Values* 14, 1989: 107–140)．